# 爱之痕

LOVE IMPRINT

BZ艺术创始人传记

史青星 著

清華大學出版社
北京

**图书在版编目(CIP)数据**

爱之痕：BZ 艺术创始人传记/史青星 著. --北京:清华大学出版社，2015
ISBN 978-7-302-40603-7

Ⅰ. ①爱… Ⅱ. ①史… Ⅲ. ①张芳郇—传记 Ⅳ. ①K825.72

中国版本图书馆 CIP 数据核字(2015)第 132748 号

**责任编辑：** 张立红
**装帧设计：** 张 宽 李 坡
**责任校对：** 杨庆杰
**责任印制：** 宋 林

**出版发行：** 清华大学出版社
**网 址：** http://www.tup.com.cn， http://www.wqbook.com
**地 址：** 北京清华大学学研大厦 A 座 **邮 编：** 100084
**社 总 机：** 010-62770175 **邮 购：** 010-62786544
**投稿与读者服务：** 010-62776969, c-service@tup.tsinghua.edu.cn
**质 量 反 馈：** 010-62772015, zhiliang@tup.tsinghua.edu.cn

**印 装 者：** 三河市中晟雅豪印务有限公司
**经 销：** 全国新华书店
**开 本：** 235mm×290mm **印 张：** 39.5 **字 数：** 125 千字
**版 次：** 2015 年 7 月第 1 版 **印 次：** 2015 年 7 月第 1 次印刷
**定 价：** 360.00 元

---

产品编号：062880-01

# 推荐序

# TRACE

## 爱之痕——宇宙智能的绝美印记

(2015年6月夜读《爱之痕》随感)

航空航天科学技术专家 高歌

当我漫步在张芳郇BZ艺术的大千世界中，一种被纯洁之美的精灵引发的心灵震荡和眩晕突然攫住了我的心窍，无处不在的“超我”化作丝丝涟漪融入了绝美的宇宙画卷之中，耳边突然回荡起50年前青年时代最喜爱的爱情歌曲“西波涅”的旋律：“西波涅，你像森林、像海洋、你像朝霞一样……”

即便是森林、海洋和朝霞，这些大自然最瑰丽的美色也不足以形容BZ艺术的绚烂、魅力和底蕴！这是因为在BZ艺术中处处昭显着宇宙的睿智和大自然的永能与神性，宇宙中最重要的非线性自组织原则在BZ绘画中表现得淋漓尽致：从宇宙大爆炸耀眼的光芒到暗宇宙的幽冥境界，从银河星云的斑斓到大洋深处珊瑚礁石的美艳，从太空靛蓝的深邃到蓝宝石精湛的脉纹，从宇观到微观到超微观……到处都是自组织的分形图形，这就是天人合一的BZ艺术的情操与境界！

非线性科学以及其耗散结构理论、混沌理论、自组织分形理论，在二十世纪末叶一度被称为堪与相对论、量子力学并肩比美的世纪巨作。但是非线性科学最终功亏一篑，并未获得它本应获得的桂冠。原因在于非线性科学的精髓、自组织结构鲜活的灵魂，科学家们尚未认识到信息宇宙对物质宇宙的指导作用，这使得非线性科学未能突破狭义科学的范畴。

但是非线性科学发展的缺憾在BZ艺术领域被率先突破了！BZ绘画绝不是

单纯的化学物质的振荡反应、染料的滴淌泼洒，更不是画家恣意疯狂的涂鸦；相反，它是画家灵性与宇宙智能极致谐振的产物。

宇宙的精灵在星程中讴歌：“在‘爱之痕’里，只有爱，只有光，只有永恒的祝福和生命乐章不息的律动。”这就是至高至美的大爱，至真至纯的深情。

我们是光，因为我们照亮了一切；我们是爱，因为我们包容一切；我们是歌者的韵律，因为我们每一刻心灵的颤动，都发出岁月高贵的回声，在一次次唤醒一个个沉睡的心灵。

我们是坚贞，在一次次挫折与困苦中，勇敢坚强与不屈，所以我们有内心的安然、澄明、无滞的真情。

岁月证明，我们的爱无悔，我们的青春无悔，我们的心灵无悔，因为我们在成为亲密无间的永恒。这就是张芳邨输入到BZ艺术中的活的灵魂！非线性科学所需要的宇宙智能的灵犀。

BZ艺术给人以美的陶醉与享受，它更给人以灵感与激情的启迪：放开思想吧，去追求大自然的美色,宇宙的大道蕴含其中；用人心向善的爱去引导生活吧，无疆的大爱会使不死的生命走向光明；永远坚守做人的正念吧，宇宙的智能和灵性将伴随你人生的“爱之痕”融入永恒!

# PROUD

## 为一个穿梭宇宙与自然的艺术家而骄傲

A Free Shift Between Universe and Nature

"798艺术区" 主任 张国华
Zhang Guohua,Director of 798 Zone

张芳邨的BZ艺术作品给人以独特的表现形式，其科技与艺术表现力的结合，通过BZ方法让人耳目一新！特别是他的宇宙与天地之间对话的作品，让人感觉作者是星外之人，把大自然与宇宙间的变化和未知，通过艺术的符号，表现的高深莫测，让人联想到世间的另外一面！

The BZ pieces of Zhang Fangcun impress people with unique expressions via a perfect combination of technology and artistic expression. In particular, the inspiring piece that depicts the communication of univerise profoundly expresses the change and uncertainty of the nature.

看到他的作品，不禁让我们有些怀疑它们是否真的出自人类之手？我们找不到答案！因为在人类美术史上还不曾看到有人用这样的方法和形式来表现。他独到的表现形式是科学与艺术结合所产生的BZ演变，形成一种新奇的画面，给人的视觉以强烈的震撼，像穿越了宇宙时空，置身于天地之间，让我们看到今天的人类，在用辛勤的双手与智慧描绘着大地、描绘着自然，描绘着宇宙空间。

A gaze at his pieces, and doubts will occur, are they really born from the hands of human beings? We cannot find the answer! There is not a single man who uses such a method to create a painting. Such a unique mothod is BZ transformation, a combination of science and art, which forms a striking picture, as if we are shuttling back and forth between universe and nature. It enables us to see the heavy fruits reaped by human beings, the magnificent pictures of land, nature and space.

在茫茫宇宙中，也一定会有人一样的生物存在，他们也一定会用另一种方法，诠释着地外星际间的关系，就像我们的艺术家一样地去创造出天体宇宙的朦胧画面。每当我看到张芳邨的BZ艺术作品，便感觉透视出其中所暗含的未知画面，给人以视觉的审美启迪与心灵上的震撼，就像时空穿梭到无限遥远的时空点，重新解读美术领域里这一BZ艺术绘画语言的新的内涵。我们从他的画里就可以看出张芳邨的绘画基本功底是很深厚的，无论是在塑造人物上，还是在传统绘画上，特别是在创作《中国梦》的题材作品当中，无不透露出他超凡脱俗的表现力。在探索绘画艺术追求创新的路途中，他走出了一条属于自己的新轨迹。

In the boundless world, there must be another creature that resembles human beings, that utilizes a method to illustrate the relationship of multifarious planets, just like the hazy images artists try to produce. When we take a look at the BZ pieces of Zhang Fangcun, we will definitely be striken with the uncertainty, embroidered with aethetical inspirations, as if we were traveling in the boundless space, in which our definition of a BZ painting will be established via skillful painting. We could speculate an in-dept command of his painting skills, be it in creating figures, or traditional painting, particularly in his set of Chinese dreams, which exhibits his rare talent of artistic expressions. In the pursuit of more polished painting art, Zhang found his own way.

我跟张芳邨认识时间不长，但是感觉到他是一个对艺术非常执着的人！大家知道搞理性研究的人，要耐得住寂寞；搞行为艺术的人跟搞理性研究的人，有很多的不同之处。

Although we do not know each other for a long time, I can feel the artistic spirit inside him! We all know that people engaged in scientific research have to live with solitude; however, performance artists are very much different from the researchers.

张芳邨的BZ艺术与绘画方法实际上是一种创新，跟传统的不一样。他是用一桶桶自己配置的颜料，以科学的配方，在特殊的布、纸、瓷片上，通过一种BZ的化学反应，让颜料自身产生出不一样的运动轨迹，展现人们面前的则是一幅又一幅的从未见过的绘画作品。人们不禁好奇，他的画是怎么画出来的？但他只告诉你BZ！其实BZ从理论上说是一种裂变，是一种碰撞，是一种科学与艺术的结合，这种绘画方法是他经过多年的研究，反复的练习揣摩和反复的计算实验才得以成功的。

The BZ method of Zhang is a kind of creation, distinguished from the traditional one. What are presented to people are paintings produced via scientifically mixed colors, which could trigger a BZ reaction, displaying various tracks of colors on specially made cloth, paper or porcelain. People wonder how he can make it. He will only tell you BZ! Theoretically, BZ is a kind of fission, in other words, a combination of science and art, which came into being after a repeated set of his experiments and calculations.

张芳邨通过他的创新、理念和实践，把大自然与宇宙的关系通过他的思想表现出来，让人们除了能够看到传统的绘画历史，还要看到独创的新的艺术理念。我们不禁感叹，这得需要多大的胆量、决心和智慧，才敢去独创一条荆棘丛生的新路？张芳邨以自己顽强的毅力克服了种种困难，站在前人的肩膀上探索到一条新的路径，这是所有艺术家都在追寻的路径。由于张芳邨的思想与众不同，于是他成功了，他给我们展现出一件件不寻常的艺术作品！我们为他祝贺！我们为中国有这样一个穿梭在宇宙与自然之间的年轻艺术家而感到骄傲与自豪！

Zhang expressed the relationship between the nature and universe via his creative idea, enabling people to penetrate into a new artistic idea besides the history of traditional painting. We may wonder how much courage and determination he needs to exploit a tectonically different way. Against all odds, Zhang made it, standing on the shoulders of those great people. The distinctive feature of his idea earned him a great success, displaying to us rare pieces. We congratulate him! We are proud of such a young artist who can freely shift between the universe and nature.

一件高超的艺术作品是否成功，就要看它是否能够具备以下几个条件，即震撼、新颖、创新、脱俗。

The success of a spectacular piece relies on some prerequisites, such as novelty and creation.

张芳邨的艺术之路，就是一条创新之路。几十年来，他孤注一掷，生活、事业和精神几次处于崩溃的边缘。很多朋友劝说他：这很难成功，很难出来你想要的作品。但他不怕！一直努力坚守着自己的信念，努力实现着自己的梦想。应该说，近几年来他的努力有了可喜的回报，在很多的艺术展览当中都能看到他的身影与作品。

The path Zhang explored was a path of creativity. For decades, he regarded the birth of BZ as everything, instead of his life or career. Many people tried to persuade him, but failed. However, he chose to go on. He chose to guard his dream and strive for it. So to speak, his efforts earned him a good result that in many exhibitions we could see his pieces.

我们看过吴冠中晚年的作品，特别是表现点、线、面关系的画作几乎达到了极致。但我们对比张芳郇的作品时，我发现他的点、线、面的色彩，让人看着是那样的协调、流畅，似乎他是在用心灵把要表现的内涵，通过独创的艺术手法，淋漓尽致地表现出来了！但是你看不到他是在哪一个地方起笔，哪一个地方落笔，哪个地方是用什么原理和什么方法衔接起来的？实际上他所运用的方法就是一种BZ裂变与自组！每一次都有意想不到的结果，这种结果是通过精确的测算，仔细的配比，耐心的实践，才产生出的奇特的效果。所以他的绘画虽然和吴冠中大师的作品都是在表现线、点、面的关系，但是他不露痕迹，给我们展现出了一个神奇的画面，让人捉摸不透其中的秘密。这种绘画的神奇之处还在于让我们驻足联想，思绪纷飞。我们想到了大地，想到了宇宙，还特别想到了在月球上是否也会画出这样的唯美作品？

We have seen those pieces in the twilight years of Wu Guanzhong, where the depiction of points, lines as well as surfaces reaches an apex. However, we may find a dictinctively smooth presentation of colors on Zhang's points, lines and surfaces, displayed with unique artistic methods. And what is delicate may exist with where he starts and stops painting as well as what method he employs to paint. Actually, the method he harbors is called BZ fission and grouping. There are accurate experiments through which to create spectucular visual effects in a perseverant attempt. Therefore, his painting to some extent resembles Master Wu in the command of painting elements, but what marks Zhang out is his scarless magic, leaving the secrets in the paintings untouchable. The magic of this painting is to sparkle our imagination. It reminds us of the land, the universe as well as the Moon on which this type of pieces is also hard-won, too.

我们对他的作品产生的效果非常吃惊，其实这背后隐含了多少不为人知的辛酸与苦涩，又有多少暗暗流淌的心血与泪水！

We are very much astonished at the flamboyant effects, behind which we do know how much bitterness he has swallowed, and how much tears he has shed!

我们今天看到他的成功非常欣慰，每一位成功者的背后都有很多的无奈与孤寂。

It's not an easy thing for him to succeed, behind which he has long lived with helplessness and solitude.

张芳邨的艺术之路也跟很多成功的艺术家有相同之处，就是要走一条沿着前人走过的路，在继承前人创造出来的成果的基础上，对新事物要有新的认识，在表现方法上要有新的创新。张芳邨经过这几十年的坚持与努力，终于给世人交上一份满意的答卷：那就是宇宙空间漂浮的艺术灵感与我们地球人类的艺术实践，终于形成了BZ交融碰撞的光辉典范。

The path of Zhang resembles many artists' , where predecessors are followed. On the basis of their heavy fruits, new perspectives and expressions are displayed to the public. After decades of efforts, Zhang finally exhibits to the world a satisfying masterpiece, the avatar of BZ that perfectly combines the inspiration and practice.

张芳邨是一个基督教徒，他对信仰特别虔诚。他对谈经论道有他自己的认识，就像他的绘画一样有他自己的语言。当一个艺术家在探索绘画的道路上，找到了一种与众不同的独特的绘画表现形式时，我想他创作的第一个目标已经实现。这些年来，张芳邨在布面油画、纸质绘画、石版画、瓷板画等很多艺术领域中，通过自己所独创的BZ艺术，都进行了尝试，而且在很多方面都获得了成功。

Zhang is a pious Christian. He has his own perspectives towards his belief, just like the unique language of a painting. When an artist is exploring his path of painting and discovers how to interpret his works,I think, his first goal has been achieved. Over these years, Zhang has made many successful attempts at his unique BZ works on many types of surfaces, such as cloth, paper, stone as well as porcelain.

一位陶瓷艺术家曾这样对我说："张芳邨的瓷板艺术能达到这样一个水平，以我经历了60多年的艺术生涯，至今还没有看到一位艺术家的瓷板画可以达到这种效果！而且，他首次打破了颜色之间不相融的禁忌，产生了一种意想不到的效果。很多瓷板艺术家用毕生精力去寻求这种方法，都没有成功，很难达到这样的效果！但张芳邨做到了！他利用BZ科技理论和独自研制的颜料之间的碰撞、相融，才产生了我们常人用笔和其他表现方法都很难表现出来的效果。这种效果应该说是科技助推了艺术的发展，艺术又给予科技理论以视觉上的展现。"

A ceramic artist told me that in his entire artistic career of over 60 years he has never seen anyone who could reach such a high level of painting on porcelain. Besides, he made a breakthrough in mixing colors harmoniously, which shows an unexpected effect. Many artists attempt to pursue such a fabulous effect in their entire life, and fail at last. But he made it! With BZ theory as well as magic of his own mixed colors, he showed the world how ordinary people could create extraordinary effects. This effect is a perfect combination of art and science, which unveils a visual miracle.

# IMPORTANT

## 艺坛盛事

《世界论坛报》社长 邱兆亿

多年前，经由尊敬的好朋友，中国台湾女企业家协会副理事长，海峡两岸文化形象大使王茗茗的特别介绍，我有机会与首创世界BZ艺术绘画的艺术家张芳邨结善缘，见证了这位充满才气、朝气与潜力，具有远大抱负与愿景的杰出艺术家，跃登国际艺坛的脚步。

张芳邨独特的画风赋予了艺术品崭新的风貌，不仅在两岸艺术界产生影响，也征服了喜爱艺术的中外贵宾，更引起国际艺坛及收藏家的肯定和青睐。

张芳邨先生首创世界BZ艺术绘画，以红、黄、蓝三原色为主基调，用独创的表现手法创造有生命力的绘画语言，具有交响乐般的震撼力。整个画面充满了巨大的张力和磅礴的气势，让每一位欣赏作品的人，都为之一震，进而追寻艺术家是如何用心灵去诠释思考者的灵魂，以及运用BZ艺术绘画中浑然天成的色调、线条及变化去揭示创造生命的宇宙。

张芳邨的BZ艺术让我不禁想到《星际穿越》《天幕：一个宇宙信息记录员的日记》（简称《天

幕》）《地心引力》等小说和电影。一直以来，我不知道用什么语言表达：在宇宙最深处、最暗处，也许蕴藏着最美丽的图画，蕴藏着最美丽的故事。作为电影，《星际穿越》做了不错的探索，但表达得远远不够，远远不过瘾。看到BZ艺术之后，我终于明了，那些美丽的、看不见的事物，就应该是这个样子，就应该如此美丽。从另一方面说：描写张芳邨大师及其BZ艺术的图书《爱之痕》，是我见过的为数不多的，文献资料，内容信息量，思维模式，写作角度，尤其是创新创意等方面，绝不输于欧美作者的传记，更令人愉悦的是，《爱之痕》兼具科学的深远视野和星空一般的浪漫情怀及诗意。对于一个科技类领先的出版大社清华大学出版社来说，艺术家的传记理应以此形式出版。

在张芳邨先生的传记即将问世之际，我有幸为之序。我相信，书中宝贵的经验与智慧能够促进社会祥和，励志艺术界后进并对他们有所助益，同时让每一位喜爱艺术的社会大众深深获益。

科学是被广泛证明的一种积极沟通方式，艺术也是。曾经有许多科学家期待将来有一天，科学和艺术能够融合，感化人类。BZ艺术让我们看到了这种曙光，它充满积极、美丽、灵性和感动。张芳邨的人生和许多我们了解的伟大艺术家一样，充满了艰难，常常面临绝境，但是，因为有美丽的BZ艺术相伴而行，使得他无数次逢凶化吉，有惊无险。这个过程就是“美者生存”的见证，从这本书中我们可以感受到BZ艺术给人类带来的幸福和升华。

——彭凯平

清华大学心理系主任，积极心理学创始人

Mr. Fangcun has studied BZ style of painting for many years, he has thoroughly combined the theory with his paintings. Each painting echoes the beauty of nature and the subtleties of one's creativity, it is through these beautiful colours that the messages of the cosmos are illuminated to the world, and coincidentally, these cosmic echoes parallel what I have been teaching! The beauty and the truth of the universe is ever present in his creative works, awaiting our discovery and awakening our inner wisdom and awareness.

Ms. Theresa mentioned the publication of Mr. Fangcun's new book, and invited me to write the foreword. Through cosmic channelling, it dawned on me that this book is another extension of cosmic intention, it is a true gem. Anyone who comes across this book, and is able to grasp the subtleties within the paintings, is a blessed one, and I truly urge you to treasure this book!

张芳邨先生钻研BZ艺术绘画多年，通过这些美轮美奂的色彩，将造物主的伟大和神秘的宇宙信息显现给我们，用宇宙浩瀚净化我们的灵魂，用神奇的画笔拨动我们的心弦，发现和唤醒我们内在的智慧和意识。

应特蕾莎女士邀请，为芳邨先生的传记《爱之痕》出版写序。在我看来，这本书就是一条揭开宇宙神秘画卷的通道。任何一个有缘遇到这本书并能参透其玄妙的人，都将因此而蒙福，我真诚地劝你珍惜这本书！

Ted Sun

Master of Cosmic Law，国际知名身心灵导师

《Super Life Secret Codes》作者

BZ画是张芳邨先生独创的一门画派，它结合了中西画派的不同特点并且融合了高科技含量，使人们看到后会产生很多的遐想，仿佛在太空中翱翔，是大自然与人类灵魂碰撞的结晶。

——黄维志

（中国著名二胡演奏家，多次参加国际演出，曾受德国总统、以色列总统亲切接见）

因为加入了科学元素的创作方法，张芳邨先生的作品成为历史上唯一一件申请发明专利的艺术画作，比欧美都还先进，这是华人之光。先生运用原生色彩加上自然元素的组合，呈现出磅礴、无边际、充满能量的磁场，非常震撼人心，每次欣赏先生作品总是会有无限的想象空间，这才知道BZ艺术的博大精深。感谢世界BZ文化大使王茗茗姊姊的带领，让我跟太太KIKI有机会认识BZ文化。先生的BZ艺术结合科技创造出无边无境的作品，未来究竟能引领华人艺术在世界文化上达到什么境界，让我们继续看下去。

——陈振玮

中国台湾著名律师

物质的精神（灵魂）是世界的本原，物质的外貌只是蒙在真实世界上的一层面纱，人们只有透过面纱才能看到闪光的精神。而现实中具备这种洞察力的人不多，只有真正的艺术家才具备这种能力。“BZ艺术”把绘画精神重新提高到史前对人类绘画精神的需要。自然反应加上艺术家的介入与突破，达到了自然界中天人合一的完美图画。

——王博

《投资与合作》主编

张芳邨的BZ艺术作品将化学反应的原理与艺术相结合，产生出一种前所未有的独特表现形式。他的作品中夹杂着很多线，满满地表达了他的“大爱”。作为美国华裔导演的我，BZ艺术启发和感召我拍摄一部以“爱之痕”BZ艺术画派创始人张芳邨为蓝本的影片，把美和大爱分享给世人，让奇妙的BZ艺术和演变的爱之痕，诉说一个颠覆创造历史的伟大艺术的诞生！

——孙耀宁

2015年6月19日于洛杉矶

Zhang Fangcun’s BZ art combines chemical reaction with art to produce an unprecedented and unique form of artistic expression. His art combines a lot of lines to express his “Great Love”. As a Chinese-American director, I’m inspired by BZ Art to use “Make of Love” BZ art pioneer Zhang Fangcun as the model to make a movie and to share the beauty of BZ Art with the world, to announce the birth of this revolutionary art form.

Sun Yaoning

June 19,2015, Los Angeles

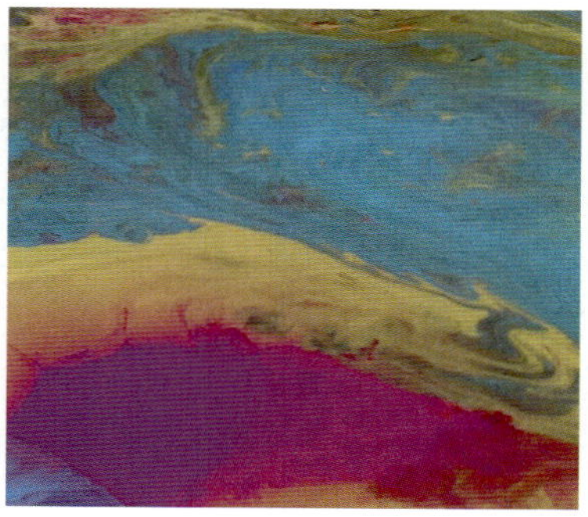

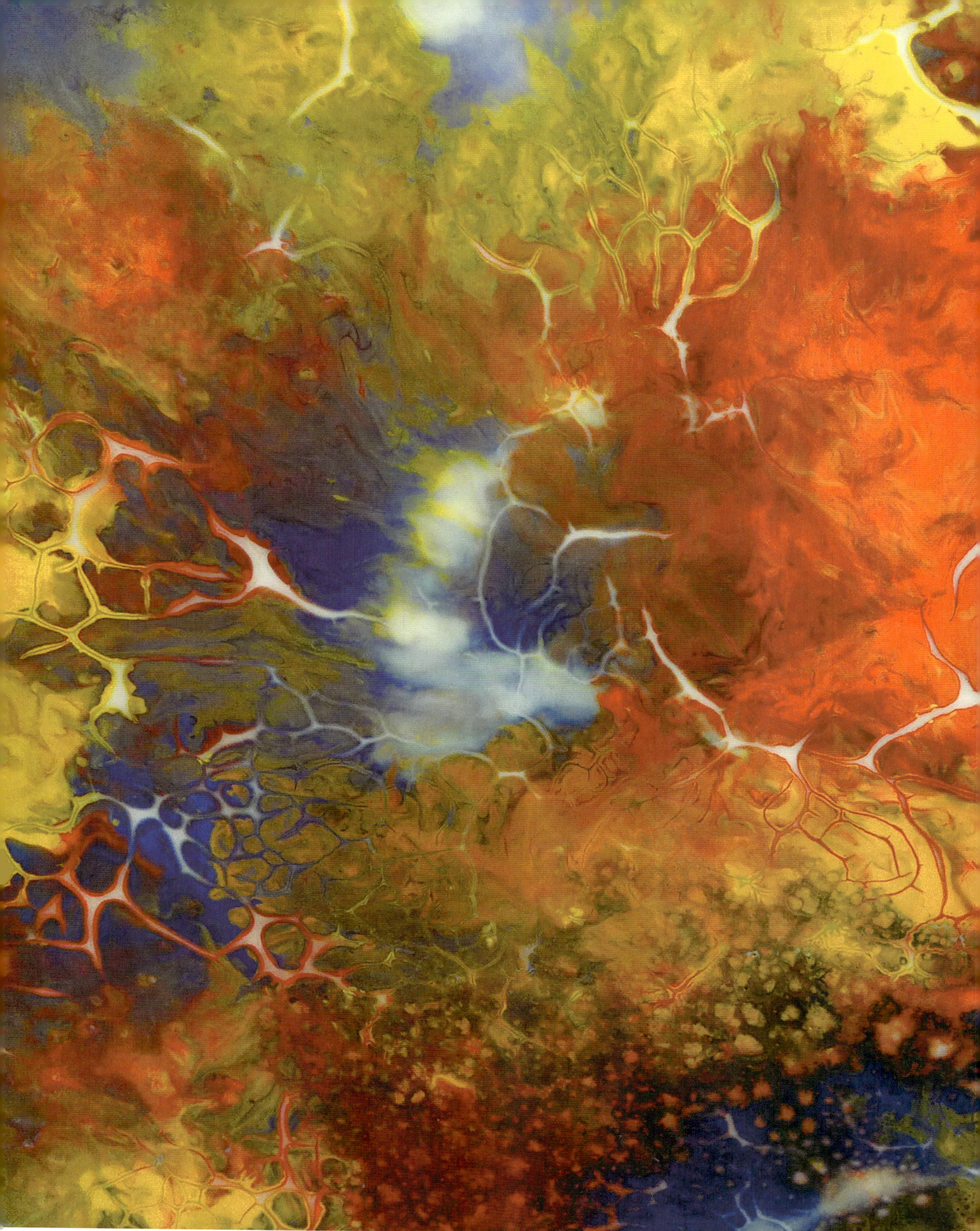

PREFACE

# 科学赋予<br>BZ艺术<br>丰富的内涵

张芳邨



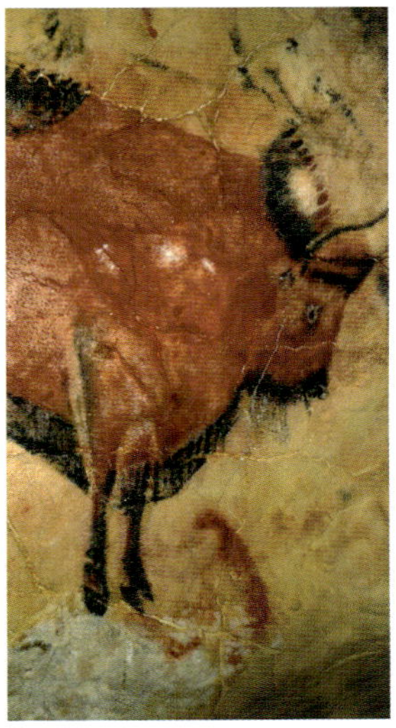

第一次看到爱因斯坦的名字的时候，我就被他深深地迷住了。这本书就是告诉大家，一个从小被认为有艺术天赋的孩子，如果他一直以来的偶像是爱因斯坦的话，他会变成个什么样的人。

前不久有一些媒体人采访我之后，在一些杂志和报刊上，出现了“艺术界的科学家”和“美术界的爱因斯坦”之类的用语，我想这是他们对我这个满口爱因斯坦、画室和理化实验的艺术迷的幽默。

记得自己曾经看到过美国有一本讲科学发明史的书，在一幅名为《阿尔塔米拉洞穴的野牛》的彩色插图下，有一段这样的说明：“这位不知名的艺术家对色彩和动作有一种敏锐的感觉……当人‘发现’了艺术，人也就发现了‘化学’。把油和颜料混合后，色彩让它在岩壁上干透，制造了最适合使用的颜料，无疑也就是人类所实现的第一次化学作用。化学的发展确实是和艺术的发展联系在一起的。”

当我在艺术实践中，发现把矿物质的颜料稀释到适当的程度，让各种颜料在画布上进行自身反应时，

呈现出一种前所未有的图案，而且是独一无二、不可复制的。这使得所有此类的绘画根本不可能产生赝品！这引起我的极大兴趣。这种无意识自然形成的表现手法，改变了传统意义上绘画的有意调和、制作与描摹的表现手法以及艺术表现形式与探索的本质。对于艺术表现手法，从古代岩洞壁画到今天的当代艺术，无不是表现事物的表象以及所谓的思想观念。对于这一现象，我不由得想起美国那本科学发明史上所说的“化学的发展确实是和艺术的发展联系在一起的”那句话，从此，我便开始了科学理论知识的追寻与学习。

在学习过程中我曾看到了一本书，其中有一位美国科学家施莱辛格这样说：“20世纪的科学将永远铭记的只有三件事，那就是相对论、量子论和混沌论。”物理学家福特也认为，“混沌论是20世纪科学的第三次革命”。而当今世界，“化学振荡”就是开启化学“混沌论”的一把钥匙。

后来我又循着这些科学理论，去寻找“化学震荡”的有关知识。终于在1997年的一天，我到国家图书馆翻阅资料时，偶尔从书上看到一种简称为“BZ”的化学反应。得知所谓的“BZ反应”，是苏联科学家别罗索夫和柴波廷斯基在1959年共同发现，并以他们各自姓氏中的第一个字母命名的化学反应原理。这种反应体现出的就是一种“化学振荡”形态，又被称为“化学钟”。具体来说，在适当的催化剂比如锰或铈的作用下，将丙二酸与溴化钾在皮氏培养器中混合，可以看到培养器中的溶液，会不断辐射出颜色奇异的波纹：你会看到那些溶液，首先会变成蓝色，接着变成红色，然后又变成了黄色，而且形状就像水中的波纹一样荡漾开来，非常神奇！这时，如果继续添加特定的物质，反应还将会不断地进行，它的颜色、形状还会不断地继续变化。从此，我便对这种现象更加着迷。

但可惜的是，当时BZ反应并没有引起科学界应有的重视，它一直被埋没了四五十年。直至后来，比利时籍俄裔科学家普利高津撰写了《确定性的终结》一书，提出了耗散结构理论，为振荡反应提供了理论基础，并因此而获得诺贝尔化学奖。从此，科学界才对BZ原理提起重视。我正是因为又学习了普利高津的理论知识，受到混沌论和耗散结构理论的启发，对绘画艺术加以反复研习、试验，才将BZ原理应用到自己的绘画创作实践中。

为了掌握这种新的BZ自组画法，我后来又学习、借鉴了绘画学、色彩学、解剖学、透视学、宇宙学、物理学、自然科学、哲学等多学科的理论知识，以这些知识为基础，又进行了无数次的绘画试验，历经十年之久的探索与实验，它们将我引入了一个非常神奇的绘画世界，最终才发明出BZ自组画法。

我感觉，BZ自组画法是技术与艺术的完美结合，也是艺术与科学的完美结合。

我所发明创造的BZ艺术，探索追求的是艺术自身的本源及其在物理化学特性中所呈现出的自然性。这种赖以凭借物质颜料本身自然属性的BZ反应，使艺术具有了前所未有的新形态的可能。我认为这一发现，也许是一个能够超越由印象派所开创的色彩革命，因为它真正洞察到了色彩生成、变化、合成的原理与机制，使艺术真正还原到天人合一、自然生成的境界，也使艺术家潜意识情感的发挥、心灵的介入和观念的主导，均以“物化”的形式由物理化学的自组织运动达到一种和谐与呈现。在这个“BZ”反应过程中，一方面是物质颜料的自我催化，另一方面又是主体和客体的交融，最后使非生命系统中的简单成分被演化为一种复杂的模式和结构，形成艺术家和人类都难以想象的绚丽朦胧的梦幻画面。

记得《天幕：一个宇宙信息记录员的日记》一书的作者，曾经到我的画室去挑选插图与封面，她面对着我的BZ艺术画面连连惊呼“太不可思议了”！当我征求她对这些BZ作品的评价时，她说：“站在每一幅作品前，都感到有一种巨大的能量在冲击震撼着我的心房！这些画面有一种看不见却能够感知的宇宙暗能量在向外扩散！”后来，又有一位国家著名的航空航天专家也发现每一幅画都蕴含着一定级别的能量。每一位观察BZ作品的人，都在诉说着相同的感受。

对于此，我又激发出要一探画面里能量秘密的念头来。我又像追究“化学震荡”一般着迷，翻遍了国家图书馆里的各类书籍，包括天文学、物理学（包括量子学）、化学、数学、神学、美学、艺术学、哲学等多学科理论知识，交叉验证出了“绘画艺术”爱之痕能量公式——E=mntf/s除以6.25。其中E代表能量，单位：美粒；m代表BZ颜料的质量，单位：（kg）公斤； n代表BZ材料介质光度，单位：1～7级；t代表BZ艺术绘画反应所需要的时间，单位：秒；f代表振动频率，单位：赫兹（Hz）；s代表BZ艺术绘画所需面积，单位：平方米；6.25是爱之痕BZ艺术宇宙常数k 。这一绘画艺术能量公式，是宇宙赋予人类的又一智慧结晶。

我每次创作时，首先需要研究作品的材质，因为不同的材质，所用的颜料选择和计量是不同的。比如在宣纸上作画和在画布上创作，或者是在瓷板上作画，无论所用的颜料物质种类、颜料的计量，还是它的溶酶以及绘画流程，都是不相同的。我们都知道，我们的肉眼可以辨别出来的所有的颜色，都是由红、黄、蓝三原色组成的。在绘画时，我就是遵循着BZ反应的那些基本原理，将这三大原色通过量杯，以克为单位，将它们稀释到可以发生反应的程度，再按比例计算出各种所需颜料的重量以及溶酶的计量，再将其按照自己构图时所确定出来的不同位置与颜色，挥洒在空白的绘画介质上面。经过一段相互的反应时间之后，它们就会自然流动、生成色彩斑斓、构图混沌无序、呈现出波纹状肌理的艺术作品。它们有时会经过几个小时的反应、流动，最后才能显现出令人意想不到的画面。那种空灵而炫动、磅礴而朦胧的美，甚至连我本人，都是无法在事先能够预料得到的。所以我常常会感叹：这种BZ反应，简直就像是宇宙中的那些微小的颜色粒子被激活了，是它们在我的画布上面翩翩起舞、奔跑作画，是它们在我的面前，呈现出了那些难以预料的绝对不可以重复的美丽画面。

经过几十年的绘画艺术历程，使我深深感到绘画艺术除了模仿之外，还有更深层的意义，那就是用心灵去感知宇宙！是宇宙的诞生创造了一切，是宇宙那

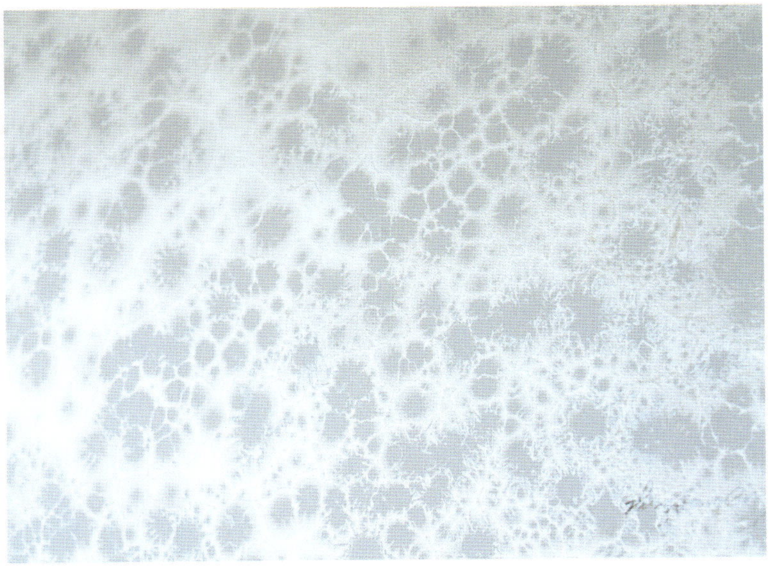

E=mntf/s除以6.25

BZ 画布 - 神奇宇宙孕育出的高能量宇宙细胞核 130cm×80cm,2008 年创作 /局部 ▶

神奇而漫长的演化创造出最复杂、最伟大的物质生命！反过来又让宇宙所创造出的生命个体，来讴歌宇宙赞美生命。我是在用我短暂的生命个体来创造艺术，用宇宙赐予人类的物质，即我手中的颜料，在有限的画布空间，就像在宇宙的起点给无限的宇宙注入物质一样，赋予它们以新的生命。一切物质都在运动，是物质的运动创造了一切也包括生命。艺术也像物质与生命一样，从远古至今也在演变。而我用最直接的运动轨迹来表现绘画艺术和形式，我觉得用这种方式，最能表达我灵魂深处的情感同创造我的宇宙产生共鸣！

“创新”是一个艺术家的灵魂，是一个艺术家成长发展不懈的动力。当艺术家狂热的激情达到宇宙创世纪时期的沸点，便会使艺术家也变成了最微小的生命粒子做着“创世纪”运动，运动产生的轨迹就是艺术家心灵深处灵魂的浮现，是沟通宇宙万物最高境界的思想表达。先有艺术，后有科学，艺术和科学是不可分的，艺术与宇宙、物理学更是不可分的。

BZ 宣纸画·物维空间宇宙粒子碰撞时所产生的各个时区 180cm×95cm 2014 创作/局部 ▶

{目　录}

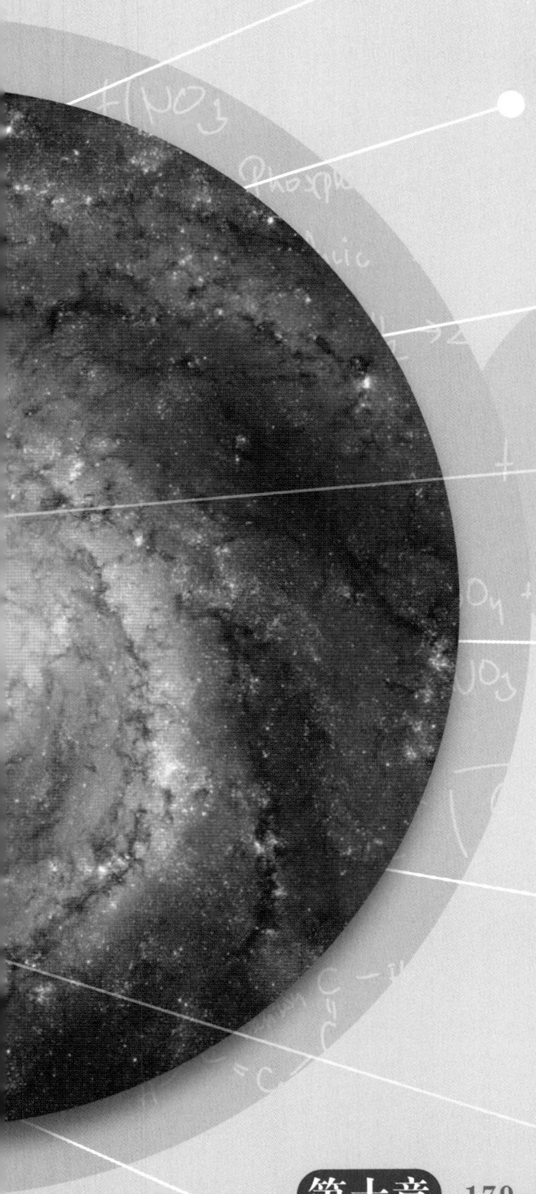

# 第一章

## 一本1993年的画册

# PAINTING ALBUM

## 一本1993年的画册

在一位艺术爱好者的手中，我们看到了一本1993年的画册，这本画册是中国第一个拍卖行——北京市拍卖市场（北京市政府下属的艺术品拍卖市场）——为它的第二年拍卖画作印制的画册，当年在美术馆都可以买得到。至于北京拍卖市场第一年是否印制画册，我们不得而知，只知道那时候中国的艺术市场还没有起步：如今风云业界的保利在当时都还没有成立，嘉德则刚刚起步不久。

我们看到：当时为了拍卖，印了这个画册，并标明每幅画的起价。这个画册中几乎所有的画家，后来都成了闻名于世的人物，很多作品的价值都已经过亿。

其中有吴冠中的一幅画，起价是人民币25000.00元，众所周知，吴冠中的画现在已经上亿；吴作人的一幅画是18000.00元，还有一幅起价是20000.00元；刘海粟的一幅画起价是480000.00元；还有黄胄的画等等。

以上都是价值不菲的名作。

画册最早印刷用的纸是早年的铜版纸，如今看上去已经发旧。但是画册中的画非常精致，美轮美奂。如今的人已经很难体会到当时创作环境的艰苦，那时候的画家都是打死也要作画的画痴。不少人白天不敢画画，晚上在其他人都睡着之后，在昏暗的灯光和角落里，苦苦地作画。有的甚至白天被批斗，晚上想方设法画画。现在一些家长花高昂的学费，逼迫孩子绘画，岂不知真的爱画画的孩子，即使是身处绝境，也要拼死找工具想办法画画。

这是“文革”后国内最早期的一批画作，因此可见其中大多是古典风格的中国画，个别油画作品也有明显的中国画风的痕迹。这使得其中有一幅画显得很独特：一个披着长发的少女画像，画作本身就叫《长发少女》，这是一幅典型的西洋油画，不过画中的人不是肌肤胜雪的白人女子。画中的女孩并没有倾城美貌，是一个清冷的中国女孩。但是，画风却十分写实，毛孔和发丝非常清晰，和其他的朦胧国画风很不相同。由此，我们可以看出画家深受伦勃朗的影响，又继承了靳尚谊融会欧洲古典主义油画精髓和中华民族传统文化精神的艺术方向。靳尚谊当时有这样的期望，自己也有这样的定位，他们老一代艺术家在为未来的年轻人打基础，他们的探索能让他身后的年轻画家起点更高，少走弯路，更快地形成自己独特的个性，更顺利地踏上创新之路。张芳邨的这幅画让我们看到了，靳尚谊的定位和期望正在快速实现，一个年轻的画家正在崛起。

画册中显示：《长发少女》的起价26000.00元，而画家因为刚走出美院校门不久，年纪又轻，根本没有参与标价的权利。

画册中几乎所有的画家，现在都是身价不菲的大家。唯独这幅画的画家，画册中最年轻的画家，人们认为可能会最有前途的画家，没有沿着古典写实这条“康庄大道”走下去，难道他走了很多弯路吗？

# 第二章

仰望星空的人最智慧

WISDOM

# 仰望星空的人
# 最智慧

天地有大美而不言,四时有明法而不议,万物有成理而不说。
——《庄子•知北游》

芳郇出生时被当作死胎，因为当时他不发出任何声音。这时家里已经有一个哥哥、四个姐姐了，这个孩子又不像是活的，没动静。大家就以为是个死孩子，但是，接生的大夫是个非常有耐心和爱心的医生，她不停地拍这个婴儿，拍了很久，尤其是后来，可以算是狠狠地打了，孩子终于哭出声来了。

张芳郇就这样来到了人世。

年幼的小芳郇常常喜欢观察星星，浩淼的宇宙中到底有多少秘密？怎么才能找到这些秘密？那些别的孩子总也记不住的星座，他过目不忘，经常告诉周围的大人，哪个是北极星，哪个是天狼星。他还总能看到别的孩子看不到的更远，更模糊的星星，这些神奇的星星，让他痴迷。

他对这些到底痴迷到什么程度?

但他和那些后来成为天文学家的孩子小时候不同，他并没有这类理想，他喜欢爱因斯坦，非常渴望成为爱因斯坦那样的大科学家，在数学物理的学习中，他尝到了无数乐趣。他至今还记得，小时候最喜欢的书就是《看云识天气》。自从看了这本书之后，他非常喜欢报天气预报，每次都非常准，他的预报很奇特，并不是那种官方的方式，明天多云转晴之类，而是准确地说出来，两小时后而不是三小时后，将会有阵雨还是绵绵细雨，五小时或者六小时后天气会转晴之类。常常让小伙伴佩服得五体投地。

我们知道很多幼年喜欢看星星的孩子最后成为天文学家，张衡、祖冲之、石申、徐光启……不过幼小的张芳邨并没有这样的理想。因为他同时还有一项当时让大家惊讶的技能——绘画。当时流行画领袖人物画像，他画得竟然比大人还好，被当地人视为绘画神童。因此，他的天文方面的天赋似乎被绘画取代了，想来不禁令人惋惜。但是，当时的小芳邨并没有想过什么理想之类，他只是同样痴迷着天文和绘画，让他由于父亲被打成右派而带来的本该充满苦难的童年变得神采飞扬。如今，这种对天文的痴迷在他的BZ画中被表现得淋漓尽致！每个曾经或者正在对宇宙星空痴迷的人，都不约而同地同样对他的绘画痴迷。科幻小说《天幕》的作者灵紫，第一次看BZ自组画就伫立良久。随后，她告诉我，她的书中讲述了很多神奇的宇宙空间，更神奇的是，BZ自组画竟然和书中描述的几乎一样。所以，当她看到BZ自组画时，被震撼了。

张芳邨出生于1966年，科幻小说《三体》一开始讲述的也是那个时代，他的爷爷当年从山东出来闯关东到了东北。属于传说中和熊瞎子抢苞米的东北大汉。从自己亲自开山挖矿，最后通过艰苦卓绝的努力，他终于成了一个大矿主，拥有上千亩的土地，家里还同时开设了磨坊、豆腐坊等。他三妻四妾，芳邨的父亲是最小的奶奶所生。“伪满洲国”倒台后，银票都作废了，最后从地窖里翻出来，很多都长毛了。芳邨讲述这些事情的时候，就像在讲别人家很有趣的故事。

但是，这个故事并没有到此结束。因为芳邨的父亲上过学，加上得天独厚的绘画才华，所以在鲁迅美术学院（简称鲁美）当上了又红又专的美术教师，鲁美是由鲁迅艺术学院（简称鲁艺）发展而来，鲁艺是1938年由毛泽东、周恩来等老一代领导人亲自倡导创建于陕西延安的。1945年学院迁至沈阳，1958年改名为鲁迅美术学院，如今是中国八大美院之一，2013年成为“中国一流大学”。

1968年，能在这里工作是一件人人羡慕的事情，有六个孩子的家庭也是常见的幸福人家。可是，因为爷爷是地主，父亲也受到牵连，失去了工作，家里一下子没了经济支柱。眼看着嗷嗷待哺的六个孩子要断了饮食，父亲并没有慌乱，对于饿殍遍野时闯关东的东北人的后代来说，这算不了灭顶之灾。面对无法挽回的局面，父亲明智地选择远离工作过的城市，去没有人知道他过去经历的乡村生活，作为一个画家，他很快找到了养家糊口的生存之道，就是给农民画炕琴。炕琴并不是琴，是放在炕上放置衣物和被褥的柜子，只有绘有精致图画的这类柜子才能称为炕琴。所以，炕琴显然和音乐没有什么关系。之所以叫作琴，是因其木质结构外形与古琴相似而得。炕琴是东北著名的文化遗产，曾经是东北农村重要的奢侈品，只有

家境优越的女孩出嫁时才能陪送一件炕琴，一般人家只能陪送普通大柜。

炕琴（来自中国古玩网，持宝人：一赏斋）

早年的炕琴绘图多以俗艳为主，画炕琴的大多是仅仅为了糊口的画工。举家迁到农村之后，父亲很快发现，画炕琴不仅让孩子们重新过上吃饱穿暖的生活，还可以重拾自己的专业。本来心灰意冷的父亲重拾生活的信心，认真制作每一件炕琴，无论选材还是画工都尽可能的多样化。父亲制作的炕琴很快受到了村民的喜爱，成了当地人争相购买的结婚必备品。可惜总是好景不长，父亲过去的经历总是没多久就被当地人发现，总是有人能以迅雷不及掩耳之势砸了父亲的作坊。无奈之下，父亲只能带领全家再寻新的驻留地。在年幼的芳邨记忆中，十年之间，他们搬了十多次的家。走向偏远的农村，那里消息闭塞，没有人知道父亲的右派身份，这样不断搬家的结果，导致当时东北的炕琴无论是实用价值，还是艺术价值都整体得到了很大的提升。20世纪五六十年代，炕琴成了东北各地农村女孩结婚必备的嫁妆，如今也是一些收藏家要踏破铁鞋到东北民间去搜寻的重要文化遗产。

除了画炕琴，父亲还给很多供销社画在售物品日用品，供销社卖什么物品，他就画什么物品，不识字的农民看了画就知道供销社都供应什么物品了。

他还画毛主席像。靠一双会画画的灵巧的手，父亲艰难地养育着六个嗷嗷待哺的孩子。

## 伴狼而行的孩子

从大城市搬到农村，生活困苦不说，不断搬家给父母带来的生活负担足以让每个成年人崩溃。但是，在孩子眼里，一切都是不同的，搬家和忙碌的家长，让芳郇总是感到生活在自然新鲜的美好世界。

小时候，他特别喜欢在外面玩，东北的冬天非常冷，加上他们每次都搬到偏远的农村，那里常常有狼群出没，很多人都轻易不出门。孩子们外出更是拉帮结伙，几乎没有人单独在外行走。但是，小芳郇总是到新地方，来不及交朋友就又搬了，除了放学有同学相伴，其他时候大多自己行动。第一次遇到狼的时候，他大约5岁，一只狼在不远处望了他一眼就走开了。这让小芳郇感觉大人的话并不准确，狼并没有像他们描述的那样喜欢吃小孩子。本来他对狼就很好奇，并不害怕，这下就更不怕。有几次，他上学路上，和狼一起走很长一段路，感觉反倒比没有狼的时候更安全。

除了狼之外，小芳郇还常常遇见野猪和狍子等野兽，同样的，它们也非常友好的，或者和小芳郇伴行，或者远远望着小芳郇。从来没有袭击过他。

波动不安的生活让小芳郇早熟，他从不把自己与野兽相遇的事情告诉任何人，因为长辈对孩子们最常做的恐怖教育就是："别出门，当心狼！当心野猪……"同时，常常会有人传播小孩子被狼吃掉的传言，甚至有同学真的被狼咬死，或者据说被吃掉了。见闻这类故事的每个孩子都怕极了狼，有的孩子被吓得几乎从此害怕所有动物。但是，芳郇是个很奇怪的孩子，无论别人讲过多少恶狼的故事，他从来没有惧怕和厌恶过狼。为了避免被大人控制外出的机会，小芳郇对大人隐瞒了所有外面的故事。

没有人教他，但他很快就知道，见了狼不要直视，其实狼和人也一样，没有直视就不会被误解为恶意。所有的生物都对直视会产生莫名的不安。他还明白，任何时候绝对不能狂奔逃跑，因为你绝对跑不过狼，如果那样反而会被狼误认为是一只鹿或者羊，而被疑惑不解的狼群袭击。他还多次遇到过狼群，至今不能理解，为什么狼群不袭击他，难道只是因为他内心一点恐惧都没有吗?

恐惧生芥蒂，芥蒂生防范，防范生恶意，恶意生攻击……

面对大自然的任何生物，芳郇都莫名地敬重它们，不生任何恐惧和厌恶，看到传说中凶狠的狼，也像看到美丽的松柏一般无二。怀着这样的心理，即使伴狼而行，也像在林荫道走路一般，沁然静心。那么，这个世界就是美好的，生命之间也是彼此安心有益的。

由此可见，有一些教育家的话是对的，“教育是没有用的”！大自然自会用她最博大的爱来教育孩子，人们强加的教育，有太多的误解和恐惧，将美好的本质从一开始就不让孩子看到。目的是好的，为了孩子好，可是，往往与大自然相比，我们并没有为孩子好的能力，更没有博大无条件的爱心，却喜欢自以为是。

其实，我们观察周围就会发现，有些孩子胆子很大，而有些胆子非常小。那些胆大的孩子，通常都在他们人生的关键成长期，从来没有被吓唬过、威胁过，而那些胆小的孩子，往往是被吓大的。这都不是主要的，总之，在大自然中成长的孩子，会更淡定从容，更果敢理性。而那些浸入人类密集教训中的孩子，往往前怕狼后怕虎，容易走极端。芳郡的成长之路，会给人们一些启示吧。

仰望星空，伴狼而行！当我们回头来看芳郡小时候这些故事，我们就不再惊异芳郡为何会画出如此神奇的心灵画作。与人类亲近的动物，狗、海豚、猫等，都显得智商较高。与宇宙和自然亲近的孩子，从小的智慧启蒙往往非常人可比。这些看似随性而为的成长，恰恰为未来的创新艺术埋下了智慧的种子。

和芳郡一起长大的还有一个著名的类似于“蜘蛛侠”的超人，他小时候常常去芳郡家一起玩。

## 小小科学迷到理科尖子生

一般来说，喜爱艺术，尤其是绘画的孩子，都不太喜欢读书，更不喜欢数理化之类演算和推理类的学科。他们大都喜欢感性的东西，有些人甚至拒绝理性的学科。陈丹青当年在清华特别想录取的好几个学生，都是因为文化课成绩不够最低线而落选，他因此愤而辞职。西北著名油画家徐新平，当年中央美院在西北五省专业课只录取了他一个人，但最终也是因为文化课而落选，最后不得不屈居一个大专院校。

痴迷绘画的芳郇，可以说是艺术界的奇葩，因为他的数理化成绩在学校一直名列前茅，小学五年他自学的内容总是远远超过老师讲课的进度。也就是说，小学期间，他大多数知识都是自学的。在初中学习物理化学之前，他的数学成绩一直是全校最好的。有一次他上课睡觉，老师故意把他叫到黑板前，让他解题。因为刚才老师讲例题的时候他没有听到，老师认为他一定不会做。结果他直接把答案写出来了，这大大出乎老师和同学的预料，要知道这是四则混合运算，即使是老师也要算一会儿，但是小芳郇不然，直接写答案。不仅如此，他常常还能给出一道题的多种解法。搞得老师和同学以为他是一个天才神童，其实是因为他在假期里把课本都自学完了。那时候，父母常常搬家，在一个地方只待几个月就有可能搬家。但是，每次搬家到一个新地方之后，很快芳郇就成了数理化年级第一。有一次他因为考第一把学校的头号尖子生气哭了。因为他转到这个学校之前，这个尖子生数学从来没考过第二名，让一个从农村来的新生超过自己，对任何久居第一的学霸尖子生都是一场意想不到的灾难。而对于那些平时感觉自己受气的孩子们，这是一个借机反击的机会。搬了十多次家之后，他们来到了宝清县夹信子公社林泉大队，在那里，他上了初中，没多久，就在数学竞赛中获得全县第一名。一个村中学的孩子，成绩竟然超过了县中的优等生，在当地的教育系统引起了小小的轰动。至今他还清楚地记得，12岁那一年他看到了华罗庚的报道，被深深震撼了，他一遍又一遍地看。他还悄悄保留了连载作家徐迟的报告文学《哥德巴赫猜想》的报纸，因为这篇报告文学详细讲述了陈景润攻克世界数学三大猜想之一哥德巴赫猜想的情景，从小就喜欢各种太空神秘现象的芳邨，那时候还被一部科普动画片吸引，至今仍然记得片中的一句话："数学是上帝用来书写宇宙的文字"。他甚至暗暗考虑未来如何成为攻克哥德巴赫猜想——"1+1"的最后那个人……

他的物理和化学实验也总是做得最好最快。尽管学习好的小芳邨非常惹老师喜爱，但是，他也受过不少委屈。那时候，老师们会经常从外地找些考题来让学生练习，数理化等科目常常会遇到连老师都解不出来的题目。但是，从来没有一道题是芳邨解不出来的。在小学和初中阶段，他从来没有遇到一个做不出来的难题，最长的一次憋了三天最终把难题憋出来。连科任老师都解不出来的题目，只有12岁的小芳邨竟然以惊人的速度解出来了，老师太惊奇了，无法相信，认为小芳邨是询问其他老师获得的答案，甚至有些老师真的去到其他老师那里求证！在那个高考升学率只有2.5%的时代，他成为所有教过他的老师的骄傲。他自己也越学越喜欢，痴迷于遨游科学的海洋，尤其对一些神秘的科学领域，以及天文地理等等，更

是钟情不已。一次偶然的机会他看到了杂志《飞碟探索》，深深地被吸引了，后来他利用一切机会到公社或者进县城，设法找到这个杂志，爱不释手。他还爱看《我们爱科学》，第一次听到爱因斯坦，就被深深地迷住了。

看云识天气从没有出过错，喜欢研究飞碟，最爱上数理化课，崇拜爱因斯坦，虽然受父亲耳濡目染，被当作绘画神童，但是，那时候，小芳邨的理想是：希望将来成为爱因斯坦那样的科学家，绘画被他当作业余爱好，而他的业余爱好，还有飞碟！

对于小芳邨来说，这很不容易做到，本来有绘画天赋的孩子数理化通常都是弱项，并且这些数理化还都是自学的。因为为了生计，父亲常常搬家，搞得小芳邨常常处于失学状态，到现在他都不太会汉语拼音，因为没有学过。为了赶上进度，能和自己同龄的小朋友一起上学，每学期放假的时候，小芳邨都会把发下来的课本在假期中看一遍，这样下学期无论什么时候搬家，他都能得到上学的机会。

这样的状态让小芳邨养成了自学的习惯。无论到哪里，他的成绩都一直名列前茅。改革开放之后，人们越来越重视孩子的教育和学历，学习好的芳邨受到了家人和学校的喜爱，东北人有句话："老儿子，大孙子，老太太的心尖子。"母亲更是特别疼爱芳邨。

1979年，邓小平落实知识分子政策，一大批知识分子获得了平反，很多人返回原单位工作，可是芳邨的父亲因为已经到了退休年龄，没有机会再回老鲁艺了，最后在本溪市安定了下来。开始创建装修公司，并且发展得很好。那段时间，家里经济状况迅速好转，小芳邨终于可以吃到饱饭，最爱芳邨的母亲每天都做足量的芳邨喜欢的饭菜。小芳邨的身高和体重都急剧上升，后来曾一度成为巨胖墩。

由于画画被看作不务正业，所以一直很讨老师喜欢的芳邨只能在暗中自己揣摩画作，很多老师竟然不知道芳邨还有惊人的临摹名画和所见皆能入画的能力。

幸亏父亲是个画家，加上母亲非常喜爱最小的儿子。所以，他们并不阻止芳郇绘画。在学校总是不经意考第一名，在家里可以做自己喜欢的各类事情，数理化和绘画都是他的最爱，而这些最爱又都是老师和家长的期望，取得的又是令老师和家长惊喜的成绩，人生太完美了，那段时间是芳郇人生中最幸福的时光。

2014年的诺奖得主曾经披露自己的育儿经，就是尽量不管孩子，尽量什么都不让孩子学。尤其是不要学习数学和语言之类。全球家长这下彻底晕了，早教理论总是强调不要让孩子错过各种关键期，尤其是语言学习和数学学习的关键期。而诺奖得主事实胜于雄辩，芳郇的成长更是雄辩的事实：根本不存在语言和数学关键期，存在的是自然成长的关键期。那些拿狼孩说事的人，以偏概全误导了多少家庭。实际上不管你持什么样的教育理念，孩子们都是不可能什么都不学的，即使是刚出生的婴儿，也开始用哭声学习各种认知。所以，家长设法营造一个没有人为干扰的成长环境，也许是现在越来越多的各种人为干预教育技术泛滥的时代最重要的教育技能！

按照现在的早教理论，张芳郇是个早慧而全才的孩子。后面的发展应该不可限量，尤其是他处在那个高考入学率只有2.5%，只要考上大学就捧得人生金饭碗的时代。考大学是这类学习好的孩子必须考虑的人生规划，那个时候流行的还有学好数理化，走遍天下都不怕。张芳郇数理化很好，没有人在意他是否还有绘画天赋。想都不用想的就是，一定要考上一个重点理工科大学，他的前程就再也不用担心了。

如此南辕北辙的时代规划，和他自己也在不断纠结的自我规划，会产生怎样的碰撞？狂热地喜欢绘画，更加狂热地爱好数理化等科学知识，这本应是风马牛不相及的两种特征，却不幸都集中在张芳郇身上。而他将来必定要选择自己的人生道路，而对他生命最重要的这两个爱好，其中只能选择一个作为终身职业，而另一个将不得不忍痛舍弃，永远成为业余爱好，抑或为了他选择的事业，甚至最后连业余爱好的可能也被剥夺的时候，这一幕现实版的人生剧目，将成为喜剧还是悲剧？这个过程中会有怎样的煎熬和裂骨之痛？

# 第三章

## 想当科学家的艺术天才

WISDOM

# 想当科学家的艺术天才

## 五岁孩子的造型神话

孩子绘画不同于成人绘画，即审美价值的最大特点就是天真、自由、浪漫、极富稚趣。只有回归孩子自己的本性，自由自在地画画，画内心的感受和天性，才能显出儿童画的美学特征。

在这个早教泛滥的时代，每个家长都被教育的慌里慌张：每个孩子都是优秀的，关键是你有没有发现他的潜力点。孩子最大的潜力在哪方面？绘画？游泳？体操？围棋？于是没完没了的兴趣班，让孩子美丽的童年变成了梦魇。

过去极少有家长注重这些，甚至有些人称他们为“被耽误的一代”。结果我们看到的是，无论他们被耽误到什么程度，当他们成年后，他们还是会成为多姿多彩的了不起的人才。

芳郝小时候，父母最大的理想不是培养什么天才，而是让孩子们一个不落地活下来。最担心的不是错过孩子的什么关键期，而是天黑之后，会不会有孩子因为被狼吃掉而永远回不了家了。没有人对孩子早教，并不代表孩子不会早早地露出天赋。小芳郝四五岁的时候，正流行画领袖画像。父亲除了常常接画

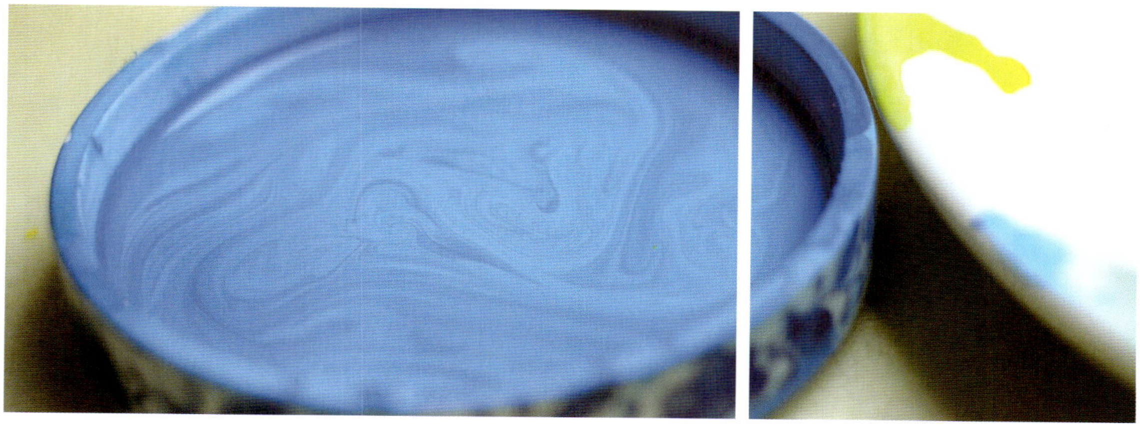



炕琴的活之外，还常常会有人要求父亲给家里画领袖画像。芳邨小小年纪耳濡目染，从心痒痒到手痒痒，常常自己悄悄地学着画，爸爸忙着画画挣钱，根本无暇理他，更谈不上指导，等他以惊人的速度画到极像，甚至在普通人眼里，竟然和父亲画得差不多好时，父亲和亲友都惊呆了。

不过，鉴于搞美术的父亲并没有很好的前途，小芳邨画得再好，也没有人想过要培养他。总之，大家只是按照常规夸一下孩子聪明罢了，当时可没有人看好他。若是现在，不知会被网络炒作到什么程度呢。

一般来说，十岁以前的孩子的绘画都称为儿童画。小芳邨四五岁画的领袖画像已经不属于儿童画范畴，这是因为他那个时候已经具备了超出常人的观察、造型能力。对于四五岁的孩子来说，这并不是一件容易的事情，通常来说，儿童绘画要经历大约四个阶段：涂鸦期、象征期、表现期、写实期。涂鸦期在四岁之前，四至五岁为象征期，六七岁是表现期，一般到了这个时期才开始能看到思维的火花，孩子开始有意识地画些自己看到和想象的事物，一般都是非常简单的线条，需要解释才能明确其绘画的内容。十岁才是儿童画的转折期，从这个时候大多数孩子才能进入真正的写实阶段，才能画一些精致的线条，让观者可以明显看出画作的对象。芳邨四五岁画的领袖画，已经惟妙惟肖，在当地引起了小小的轰动，因为除了他的父亲，即使是大人，也画不出他那样的水平。虽然没有得到持续的夸赞，但是，仅仅自己看到自己能做到超出自己想象的画画程度，小小的铅笔竟然能够帮助自己如此神奇地实现想法，小芳邨的内心比得到任何夸赞都兴奋喜悦得多。但是，更让小芳邨喜欢的是数理化，在他看来那个世界更加丰富多彩，妙趣横生。那才是他的最爱，绘画当时只是他的业余爱好。

后来芳郇上学时，在美术课显示出了从父亲那里遗传来的艺术基因。他的画只要放在教室，就常常会被美术老师拿走。因为他画得比老师还好。

这种因绘画带来的愉悦感，成为了他以后人生悲喜剧的总源头，甚至让他在濒临绝境时仍然无视生死。

父亲平反之后，芳郇随父母来到了当地的大城市本溪，一开始学校老师不信任农村的教学质量，毫不犹豫地把芳郇分到了慢班，那时候高考已经如火如荼，学校是三天一小考，十天一大考，考了两次之后，老师们都惊呆了，芳郇竟然考了好几科满分，成为全班第一名，并将第二名远远抛在后面。于是，老师们赶紧把他调到了快班，到了快班后不久，他又在考试中得了第一名。这引起了原来的第一名——智慧美女校花的注意，大家都用诧异的眼神看着这个刚来的农村孩子：农村的教学水平不可能这么高吧。其实，同样也不是芳郇多么神，主要是因为他已经把课本都提前学了一遍。不管怎样，两个十四五岁的孩子，开始互相钦慕，女孩子通常成熟的早，最终校花率先表白，他们很快成了学校人人羡慕的金童玉女。

十五岁左右，芳郇已经成为全校的学习尖子，数理化名列前茅；不仅理科好，芳郇还不偏科，他的语文、生物、政治也都是名列前茅，要说这么多课程中，他哪一门学得最好，还真不好说，但是，他最喜欢的却很明确，就是物理和化学。课余则阅读那时候已经在订阅的杂志《飞碟探索》，对宇宙、飞碟、各类星座、天文地理等等无所不知，和同学们闲聊时，常常讲杂志中看到的各种世界之谜和浩淼的宇宙太空。由于长期在农村走很远的山路上学，芳郇的体育成绩也不练自强，他的篮球、乒乓球、跑步等也都非常出色；更令人惊叹的是，他用铅笔和钢笔画的风景和人物，看似随意几笔，令人惊叹的一幅画就在眼前了。用现在的话说，他当时是典型的男神，走到哪里都是同学们的中心，所以，毫无悬念地被同学们一致推举为学生会主席。

## 世界是对称的

虽然从小他就是理科尖子生，但是高考临近的时候，善于思考的芳邨，冷静地分析了自己未来的理想。就算考上了清华大学，老老实实地学习四年，固定在一个理工专业里面，每天面对越来越复杂的理论与公式，离自己喜欢的大自然和宇宙却越来越远了！理工科未来的职业注重的是应用，那不是自己理想的职业。自己喜欢的是能够让自己全方位地涉猎更多科学知识的专业，来作为自己追逐一生的职业。他想清楚之后，便感到报考大学对自己已经没有那么大的吸引力了。那什么样的专业才是自己喜欢的职业呢？对了，美术！我要报考美术专业的大学！绘画会有更大的空间，更多的自由。经过这样一番分析对比之后，芳邨决定放弃普通高考，改为报考艺术类院校。而他在第一年报考美术学院时不幸落榜。美术大学很难考，首先得上交初试的画作，初试过关后，才能收到复试的通知，到学校现场考试，文化课和专业课都要考，对芳邨来说，文化课当然不是问题，但是，当时芳邨在本溪，基本找不到能指导他的美术老师，因为他画得比美术老师还好，而老父亲的绘画技巧也跟不上时代，并不符合20世纪80年代美术大学的录取标准，因此，虽然张芳邨的文化课很好，但是，从小在农村用铅笔绘画的芳邨，他的专业课达不到美术大学的录取标准。

20世纪80年代，高考复课是很常见的事情，那时候最爱他的母亲不幸去世了，哥哥姐姐们也都长大成人，各立门户。父亲在东北一座大城市为孩子们找了一位继母，组建了新的家庭，同时将没有考上大学的芳邨带到了大城市。在那里，芳邨得到了学习美术专业课的机会。在城市青年文化宫，有来自鲁迅艺术学院的老师开的美术高考班，这些老师的绘画技巧属于当时的潮流画法。第

一次课，当芳邨得意地把自己认真仔细准备的画稿交给老师后，和以往在本溪立刻会得到的赞叹不同，老师只瞅了一眼就撇了撇嘴，嘲笑他：“你这画的什么玩意儿？你这和街头画像的有什么区别？你这么画还想考大学？你想啥呢？”这让从小对自己绘画技艺颇为自负的芳邨备受打击，他半天没缓过劲来，自己明明画得和照片基本一样啊，有那么差吗？ 后来仔细研究了老师的画才明白，是自己画得不对，老师的画立体感很强，眉目栩栩如生，而自己画得虽然很像，但是很平，没有光线，没有阴影，总之，没有生气。明白了学院派的实力，芳邨考美术专业大学的愿望更强烈了，有了来自鲁迅艺术学院的老师的指导，芳邨在不到半年的时间里，专业成绩有了很大的提高，成为美术班几百人中画得最好的学生。一年后，芳邨的班上有好几个同学考上了美术大学。但不幸的是，芳邨却再一次落榜。

这和父亲及亲友们对他从小的期望很不相符，显然大家比他更不能接受这个现实。本来家人就不同意芳邨第二次再考大学，希望他马上上班工作，并且搬出家里，这样父亲、继母及继母带来的妹妹就可以不用再忍受他的干扰，而非常愉快地好好生活了。但是，芳邨却不愿意去工作，他想继续复课高考，这让家人非常无奈，不仅让他们不能清净，而且还要多付一笔复课费。更何况他如果报考普通美院第二年肯定能考上，家人和亲友都觉得他不应该考美术大学，更不应该考中央美院。那时候上大学是金饭碗，但是美术油画专业例外，除非是中央美院。芳邨有那么好的文化课基础，所有亲友都认为他应该老老实实地补习文化课，考一个靠谱的学校和专业，将来好有个铁饭碗，过幸福美满的生活。

因此，本来就因为一时心软而答应了芳邨请求的父亲，当然对这个结果非常生气。除了已经在天堂的母亲，现在只有父亲对他最亲，连父亲都不高兴了，其他亲人的态度可想而知。

但是，确定了自己人生目标的张芳邨却打定主意只报考中央美院。因为他张芳邨坚定地认为，既然自己喜欢的是油画，又想在油画领域取得成就，那么，在中国，最佳路径就是上中央美院。

张芳邨凭着年幼时期形成的对自然规律的这种直觉，后来在2012年美协主席靳尚谊接受《中国新闻周刊》的采访时得到了证实。靳尚谊说："学油画不搞学院是画不好的，只有学校有这样的条件。老师对油画有研究，各种条件都具备，在这里可以知道怎么学。"他说油画不同于国画，也不同于其他民间艺术种类，是需要非常好的硬件条件才能学习的画种。所以，到条件好的大学学习，是一件非常重要的事情……目前中国还没有一个有世界影响力的艺术大师。

当时张芳邨还没有机会听到靳尚谊的这些教导，但是，热爱大自然的秉性赋予他的直觉让他得到了相同的答案。

靳尚谊最后这句话，后来对张芳邨的人生起到了至关重要的激励作用。让张芳邨立志要成为能产生世界影响力的中国画家。在后来的人生中，每当他遇到困难和面临绝境的时候，靳尚谊老师的这句话，就回响在耳边。

到了生活条件、国际化程度等都已经很高的二十一世纪，学院派油画学习仍然被油画界认为是最有价值的学习之路。由此可想而知，当年没有任何学习途径的农村孩子张芳邨，仅凭一年在鲁艺老师指导下，专业上想达到中央美院的录取标准会是多么艰难！更糟糕的是，由于家人反对他这样不务正业，耽误自己的前程，所以，亲友都不肯资助他颜料、画布等费用。他没有钱买这些工具，更加没有钱请专业老师教他。他基本上靠“空气作画”“大脑作画”和用最便宜的画布等工具，一年后终于可以达到浙江美术学院（现在的中国美术学院）和大连艺术学院的录取标准。可惜的是，芳邨看到了靳尚谊的油画《塔吉克新娘》，久久不能平静，他十分崇拜靳尚谊把油画与中国写意画手法相融合的中西合璧的油画创作思路。那时候，靳尚谊已经从中央美院油画系主任升职为中央

美院院长，成了靳尚谊“铁粉”的张芳邨下决心考上中央美院，获得向靳尚谊学习的机会。

于是，他报考了中央美院。他的决定在亲友看来，太不可理喻了。这下惹恼了所有人，没有了疼爱他的母亲，他彻底众叛亲离。父亲和继母也明确告诉他，要么上普通大学，要么找工作，如果报考中央美院这种绝对不可能的大学，就不许进家门，买画布颜料的费用也不再供给。

20世纪80年代，只要考上大学就是天之骄子。一位亲戚的同学，本来只是一个很普通的工人，在单位里人缘很一般，技术和工作能力也极为普通，因为任务完成不好，常常被边缘化。结果，就因为全单位只有他一个人有大学学历（非常普通的大学），最后被破格提升到领导岗位，引来无数艳羡。现在张芳邨放弃唾手可得的上普通大学的机会，去尝试几乎不可能实现的极为难考的美术学院。不要说那个时代的环境，即使在今天，艺考特长生仍然在许多地方高中被视为文化课实在不行之后的没有办法的“备选方案”。当然也有一些和芳邨同时代的人，学了理工科后来从事美术的，但是，基本上都是先妥协考上大学，在有了好工作之后，再设法用出国等曲线方式最终从事自己真正喜爱的艺术创作。

在这种时代背景下，周围所有人都认为他不正常，大家软硬兼施，采取各种手段帮助“鬼迷心窍”的张芳邨理清思路，看清人生方向，希望帮助他迷途知返，尽快成为当时视为天之骄子的大学生，然后和漂亮又考上大专的女朋友好好上学，将来找工作结婚，早日踏上幸福人生之路。可是，张芳郙已经想得很明白，他很理解自己，因此，坦然坚持自己的选择，但是，却无法解释得让父亲理解和接受，更无法得到其他亲友的谅解和支持了。

芳郙的家庭是典型的封建家长制，一切都是父亲说了算。所有人都非常怕爸爸，只有芳郙不知道害怕，从小父亲打他，他从不还手，但也不害怕，坚持真理。觉得家长不对，照样按照自己的想法做。即使被打得非常狠，也不求饶，也不还手，也不顺从。这一点让家人觉得他是一个非常难管的孩子，更加信奉棍棒底下出孝子。

确实，芳郙和父母都不像，和兄弟姊妹也很不像。无论是外貌，还是性格。想法和家里人完全不相干，不融合。作为最小的孩子，他被打、被骂、被欺负，他从不害怕，不逆反，也不记恨。因此，这样更容易惹人恼，因为大家都认为他是故意的，是逆反，其实不是，只是他和大家想的不一样而已。他不同意就会表达出来，表现出来，不懂得曲线沟通。

芳郙五岁的时候，有一次愤怒的父亲将一盆冰凉的水兜头浇在了芳郙头上。按照心理学的理论，从小被父亲如此对待的孩子，会留下终身的阴影。但是，这个理论似乎对芳郙例外。虽然，直到已经成年后，比父亲还强壮的芳郙也还会被父亲狠狠地打，但是，小芳郙从来没有怕过挨打。从小他就认为坚持真理是最重要的事情。当他认为大人错了的时候，他坚决不顺服，不管别人因为不听话如何严厉的对待他，他从不屈服，被打得再狠，也不懂得接受教训；不管长辈打他多少次，他都从不还手，也从不记恨。这是一种很奇怪的天性，如果非要心理分析的话，可能是因为他心里长了一棵草，因为所有的养分都供应这棵草了，所以，其他的刺激无论多么激烈，都很快对这棵草让步，这个孩子的心思里，除了这棵草，其他任何东西都无法生存。

当父亲说他不像自己家人，说他是不知哪里冒出来的笨种。他就会抬头看天空，从宇宙中寻找答案，他天真地认为自己如果不是父母亲生的就应该是外星来的。他从不相信自己是垃圾堆捡的或者陌生人那里抱来的鬼话。

在劝说始终无效的情况下，亲友们对芳郇彻底失望了。家人要将他赶出门，并且分文不给他。尽管如此，芳郇并不抱怨，因为他很明白，让父亲在亲友面前难堪，自己的行为确实太难以令人理解和接受了。既然做了这样的决定，他就得承受由此带来的所有后果。但是，他面临的现实是，没有一分钱，连饭都吃不上，更不要说报美术班学习了。

已经被迫离家三天了，在漆黑的夜晚，芳郇没有家可以回，没有饭吃，这时候他唯一能想到的就是，找一个没有人的地方，跪下来，看着满天的星星，寻找在天堂的母亲，然后双手合十，虔诚地祈求在天上的妈妈："妈妈，儿子有难了，没有饭吃，没有住的地方，请妈妈保佑我。请妈妈帮我找一个可以给我饭吃的地方，请妈妈帮我解决一下美术班的学费……"

连着恳求了三天之后，第四天早上，张芳邨从车站候车室出来，茫然走在大街上，他不能去热闹的地方，万一碰到家人就麻烦了。于是，找了个僻静的街道游荡。他没有钱交学费，不能上任何美术班学习专业课；他也没有钱吃饭，据说人纯粹挨饿，有水喝的情况下，可以活半个月，那么自己怎么在这半个月找到吃饭的办法呢？迷迷糊糊中，一个声音在耳边响起："芳邨，是你吗？太好了，又遇到你了。终于有人可以帮我了！"眼前晃过一个顽劣的孩子气的脸蛋，芳邨想了想，依稀记得是去年高考复习班的同学小陶。

原来，这两年高考，张芳邨帮了很多一起参加高考的同学，他不仅文化课可以帮助同学复习，有好几个同学的画作，经过他帮助修改后，考上了理想的美术大学。因此，芳邨在同学中的人缘相当好。小陶不爱学习，可是父母并不希望他早上班，怕他受不了苦，希望他再考一年，实在考不上，年纪大了再上班。小陶实在厌恶学习任何东西，本不想再上什么学了，但是，想到可能会再遇到芳邨，可以帮他完成文化课和美术作业，就又高高兴兴接受家里的安排，继续上高考班。上了几天后，发现芳邨没来，他就开始三天打鱼两天晒网，这天他又早早离开家，假装上学，又不想进教室，上街转又怕遇到家人，于是也找了个僻静街道瞎逛，没想到竟然遇到了芳邨。

芳邨颓丧地告诉他，自己帮不了他了，因为自己已经一无所有，流落街头，再也不能上美术班学习了。小陶听了大吃一惊，这才看清张芳邨满脸的血渍、蓬乱的头发和褴褛的衣服，真的很像一个无家可归的叫花子。一开始小陶以为芳邨也和他一样逃课，等问明白之后，小陶惊讶得说不出话来，小陶想大骂芳邨的父亲、继母和亲友，但是刚一爆粗口就被芳邨严厉制止了，看到芳邨不愿意抱怨家人，小陶张了张嘴，再也骂不出来。

这天放学，小陶把芳邨带回自己家，和家人讲了自己非常需要芳邨的帮助才能考上大学。他的父母简单了解情况之后，决定同意暂时留宿芳邨。

小陶悄悄将自己的零花钱拿出来给芳邨半个学期补习班的费用。

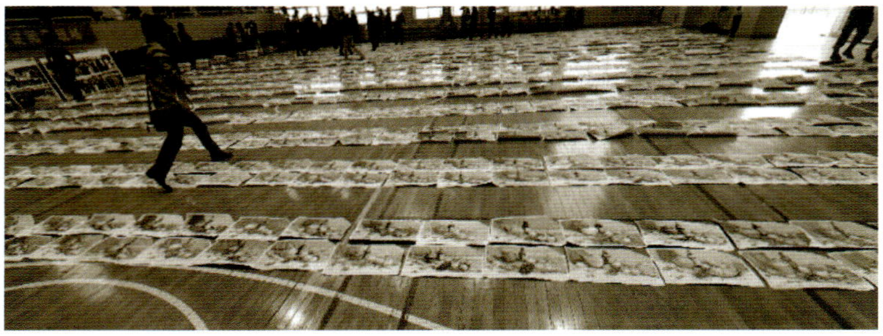

老住在别人家不是长久之计，芳郇过了十几天又回家居住。一个既不上班，又考不上大学，啥都不是，浪费家里钱财和粮食的“废物”……已经彻底超出了家人的忍耐极限。但是，无论别人如何对待他，芳郇是绝对不还手，也绝对不开口对骂。很少有人问及张芳郇这些事情，因为怕他受伤。但一旦被好奇驱使询问了他，会很惊奇地发现他对那段时间的很多记忆非常模糊，几乎没有深刻的印象，脸上也看不出丝毫抱怨。在他看来，当年的冲突属于思想不同造成的，双方都很受伤。

但即使无法得知更多的细节，可想而知的艰难在一些那个时代的报道中窥见一斑。在那个高考胜过一切的短暂时代，因为高考落榜，有的孩子自杀了，有的孩子疯了……那是一个考上大学全家升天，考不上大学就非常糟糕的时代。

但是，也许是亲近自然的缘故，张芳郇莫名具备了凡事积极思考的天性，只记得那些好心的同学帮助他的细节，他常常满怀感激地提起他们帮助自己的每一个细节。

多亏同学的资助，他终于能再次踏进补习班的教室，在补习过程中又遇到好几位善良的同学，这些同学看到芳郇画得很棒，比自己画得好，非常喜欢他。

那时候大家都很穷，但是这些同学把父母给的零花钱攒起来，竭尽全力帮助张芳邨。靠着这些同学，这个月这个同学帮他交学费，第二个月另一个同学再帮忙垫点学费……终于延续了复课的学习，在这期间，芳邨投桃报李，帮好几位报考省级美术学院的同学复习文化课和专业课，使他们顺利通过初试，进入理想的大学。而张芳邨也在1987年美术专业考试中，取得了全国第二的骄人成绩,遗憾的是，张芳邨还是落榜了。

择善而固执，张芳邨的直觉让他清晰地认识到，中央美院的正规训练对于他未来实现梦想至关重要，若想实现艺术梦想，无论如何都要到那里接受油画正规训练。1992年他再一次去参加高考，张芳邨终于以高分的成绩，拿到了中央美院徐悲鸿画室（这个画室的水平相当于研究生院校）的录取通知书，但是，因为资金不足而再次与到中央美院的学习机会擦肩而过。

1993年，再次报考中央美术学院徐悲鸿画室。这一次，张芳邨终于实现了去中央美院学习油画的梦想。他知道自己非常幸运，有父亲给他的良好基因，有不断遇到的好心人……

张芳邨为什么第一年考地方美术大学没考上，过两年又直接报考中央美院呢？不是更不容易考上吗？

一般来说，报考美院，要先经过初试，考生将自己的习作寄给美院招生办，美院组织老师对画作评分。那时候，一个学校一般有数百人报考，最多的

有上千人。老师可以很认真地评价画作。

现在由于各地兴起了绘画培训班，从孩子四五岁就开始培养，很多美术学院收到的初试画作成堆，把这些画作挂起来仔细品评已经做不到，只能放在一个非常大的教室，地上铺满了考生的习作，老师们在作品中间走来走去，看得眼都花了，要想评出高低，难度可以设想。

连续多年的复习过程中，他见到了近千名考生，发现艺术类的招生有一些擦边球现象，两个水平差不多的学生，一个专业课差点，一个好一点，但也好不了多少，而其中那个略差点的考生父母有关系，或者能送考官礼品，就能得到比另一个好一点的考生更多的机会，可以相对容易就考上学。而有些相对成绩略好一点的孩子，因为没有关系和家境不支持，就失去了机会。

有些考生看到这种现象就自暴自弃，带着怨气去另谋生路，早早上班了。相比别的艺术类考生，芳邨有一个非常大的优势，就是他的理工科基础非常好。他本可以尝试另一条更可靠的道路，就是改为报考理工院校，这是很多人认为最公平的一条成功之路。尤其是对于常常没有钱的张芳邨，学习理工科，买几个作业本，比起买油画颜料不知要少花多少钱。但是，执着于理想的芳邨，从靳尚谊的作品中看到了希望，他相信不管别的学校如何，中央美院既然有靳尚谊这种绘画水平的院长，那里一定欢迎有真才实学的人，也一定会培养出真正的画家。他不断地刻苦钻研，一年后就成为当地文化宫画得最好的考生。

这是张芳邨身上非常可贵的一点，他并非不食人间烟火，他也知道人脉的重要，但是，不管他见识多少靠关系带来的神奇结果，他仍然坚定地相信：即使再没有关系，只要坚持努力下去，一定会有靠实力赢得录取的机会。而且他固执地认为，只有那些不太好的，学不到真才实学的学校才需要凭关系考上，真有实力的学校，绝对不是凭关系才能考上的，录取的标准一定是实力。

1983~1987年间，芳邨每年都会报考中央美术学院，浙江美术学院，鲁迅美术学院等全国艺术院校，但第一志愿都是中央美术学院，执着让他失去上其他美院的机会，但依然执着不后悔的个性对他后来在梦想道路上的坚持打下来重要的精神基础。

我们周围的大多数人，都会在见到周围一两件靠关系成功的例子后，就深信没有关系的自己不会再有机会，而动辄自暴自弃。带着余怒和余怨，平庸地度过此生。有的甚至会在余下的人生中，像祥林嫂那样不断地讲述自己本该成功的那段人生小插曲，并坚持将其贯穿自己的整个人生。

能度过那段艰难的复课时间，应该还有另一个原因，就是张芳邨天性选择性记忆，他不记仇，不记恨。时间过去后，那些伤痕不会留下痕迹。他只选择让他感动和热爱的人和事的记忆，让他不愉快的记忆，甚至很严重的伤害记忆，很难在他内心留下清晰的影像，那些都是非常模糊的雾霾，让他像说别人的故事似的一笑而过。

这种一般人无法忍受的事情，年少的芳邨却不以为然，著有《自己可以定义人生的输赢》的亚诺先生这样分析：这是因为一个人在某一时刻大脑只能存储一件事情，当时芳邨专注于油画专业和文化课知识学习，热望着考中央美院这个目标，所以，心里完全没有搁放其他阻碍的空间。这就像一个急切攀登高峰，去摘取山顶上美丽雪莲的人，因为路滑和拦路的石头，他会跌得头破血流，但是，他感觉不到疼痛，也不知道绊倒自己的石头长什么样子，总之，他只关心自己能不能爬上去！至于自杀、绝望之类念头，在一颗积极向上的心中，是没有位置的。

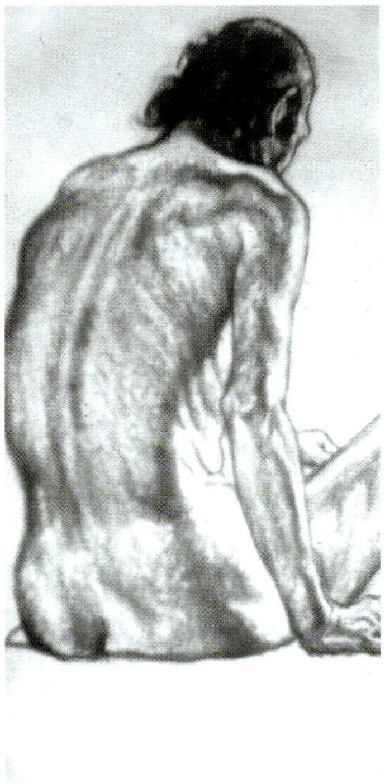

古往今来有太多这类下定决心排除万难，坚持到底最后取得的成功。但是，真的就没有无论怎么坚持，怎么努力都没有得到成功的事情吗？张芳邨数度报考中央美院的经历，让人惊悚，战栗，因为这真的是一个排除万难，坚持到不能再坚持，最后差一点就不能成功的例子，怎么想都令人扼腕！

总体来说，20世纪八九十年代，考上美术学院是一件非常艰难的事情，因为即使是最普通的美术学院，像油画系这样的专业，一般一年在全国总共只招收七八个学生，名额少得可怜。比普通大学的录取率更低。普通大学相对公平，这也是高考一直被人诟病，但一直不能取缔的原因——就是公平。但是，高考再公平，其中语文的作文题，因为和判卷老师的主观意识关系密切，被认为公平之中最不公平的一项。而以美术作品为主要考察内容的绘画专业的高考，主观性有多强，可想而知。而要考上中央美院有多难？一位著名人物像油画家，当年中央美院在西北五省招生时，专业课只录取了他一个人，却最终因为文化课成绩落榜。暂时屈就大专美术系，后来才又获得去中央美术学院学习的机会。这个例子也说明，相对其他考生而言，特别出类拔萃的人才，不会因为没有关系而被淘汰，尤其是中央美院这样的好大学。要想获得机会，需要坚强的意志和心无旁骛，无论别人灌输什么负面思维都绝不动摇的信念。

这个世界是对称的，“一念一世界”，每个人、每件事情都是一个世界，都是一个宇宙。宇宙也好，世界也好，都是对称的。当你身怀理想，整个世界都会为你让路，无论有多少人不理解，也一定能找到理解的人。只要身怀正念，遇到再多想阻拦和伤害的人，一定会有同样想支持和帮助的人。心怀感恩，无论遇到任何倒霉事都不去抱怨，选择性尽快遗忘对自己的伤害，避免伤害别人，只记得帮助自己的人。最重要的是，无论遇到什么，只记得自己的目标，只浇灌心中唯一认定的草，坚持前行，其他一概只当街景飘过，那么，前面一定会遇到贵人，一定会遇到帮助自己的人，然后继续感恩，继续前行，进入良性循环，直到走向一个又一个阶段性成功。

## 中央美院的美好时光

20世纪八九十年代，对于一个没有一个孩子考上大学的家庭来说，有一个孩子考上大学，尤其是北京的大学，是一件天大的好事。哥哥姐姐们自然非常高兴，父亲和继母也松了一口气。可是，芳邨却没有被胜利冲昏头脑，他知道，上美院将是一笔非常大的开销，这和考上理工院校很不一样。那时候上大学都是免费的，师范院校甚至还会有在普通人眼里很可观的补助。家里再穷，也不用担心学费或者供不起孩子上大学。很多贫穷地区的农村，不仅不会因为贫穷上不起大学，还会因为孩子考上大学，而实现令人艳羡的“鲤鱼跳农门”！

张芳邨在中央美院虽然并没有遇到靳尚谊，但是，更多的惊喜让他来不及反应。他遇到了很多让他眼睛放光的优秀专业老师。杨飞云教授曾经亲自传授张芳邨油画技巧。前面提到的九三国际拍卖后，芳邨曾拜访过他，杨飞云告诉他，他很有潜力，激励他在艺术道路上坚持到取得辉煌成绩的那一天。在曾经教过靳尚谊的徐悲鸿的大弟子戴泽教授的课程学习中，张芳邨获得了最高分。获得苏联列宾美术学院人民艺术家称号的李骏教授，杨红太教授，卫祖阴教授……都在美院指导过张芳邨。在来之不易的学习机会面前，张芳邨无限感恩，每天坐在教室里，感觉就像梦境一样，不敢相信自己真的会如此幸运。他认真对待在学校里的每一寸时光，不仅上自己梦寐以求的美术课时专心致志，恨不得把每一句话都刻印在心里。就是很多同学都不喜欢的打扫卫生、社会活动，张芳邨都充满了热诚，在美院的那段岁月，张芳邨每天都沉浸在美好的幸福生活中，没有一件他不喜欢的事情，同学、老师，每个人他都喜爱，再苦再累的事情，在他心里都比蜜还要甜。

很快他明白自己以前的所谓临摹全都是皮毛、假象。真正的油画制作非常复杂，尤其是大师的作品有十几层画面，每一层的画法都有独特的秘诀，还有每一遍用油的技巧，明处和暗处绘制的秩序、渲染……芳邨感觉自己进入了一个寻找已久的、庞大的、挖掘不尽的艺术宝藏之地。他在徐悲鸿画室如饥似渴地汲取着每一份艺术养料。天赋良好的造型能力得到了更大的提升，这让他走出校门后，很快便在具象画领域崭露头角。

张芳邨幼时就曾将人物画得惟妙惟肖，高考受挫，并向当地文化宫青年画家学习后，他明白了自己的画是平面画，很难看，开始学习如何画出如同雕塑般立体生动的肖像画。进入中央美院后，张芳邨对当时主攻肖像画的靳尚谊从知其然迈向了知其所以然。

靳尚谊说："我与潮流不合拍，人家都是往前走，我是开始往后走。"那时候，都在推崇变形，抽象、印象、意象，反对写实、具象的时候，他反其道而行之，潜心研究传统绘画，与中国画结合进行创新。作为中国第三代油画家代表之一的靳尚谊，张芳邨非常喜欢他的"新古典主义"画风的代表之作《塔吉克新娘》。靳尚谊的很多观点深深地吸引了张芳邨，例如，靳尚谊认为应该根据自己的特点和爱好绘画，而不应该单纯去追求时髦。他还认为肖像画但求貌似只是一方面，人物的个性及其精神状态必须鲜明而生动，两者缺一不可。同时，要特别注意构图的力度，加上肖像画的构图相对单纯，因此对造型美的要求很高。

这些创新的思想帮助张芳邨在从小最擅长的肖像画领域，打开了格局和视野。

靳尚谊非常注重中国人要有自己的绘画风格，但是，这不代表他不学西方。相反，他不仅潜心研究和学习西方文艺复兴时期的经典作品，甚至还认真研究欧洲油画的起源。

这些艺术家的思想模式，让刚刚考上美院的张芳邨和同学们深受启发。

张芳邨珍惜这苦苦追寻到的珍贵学习机会，贪婪地汲取着每一分艺术养料。他对素描、色调、色彩的认识更为透彻，也重新认识了作画程序，技法上有了突破和创新。对写实画的焦点式、立体式和透视式的表现，芳邨以让老师和同学惊讶的神速掌握了。

他发现到处都是自己崇拜和学习的榜样，他努力学习每个老师和同学身上的优势，同时，在边学习自己崇拜的偶像的同时，在默默地摸索那条专属于自己的艺术道路。

良好的天赋加上勤奋的思考和学习，性情温和的张芳邨成为很多同学愿意结交的朋友。

芳邨每门功课都表现突出，特别是人体课，是美院最难的课程之一，因为要学习骨骼、肌肉、解剖等等，这样才能画出完美精致的人体。呈现骨骼肌肉的立体和纵深感，让每一个毛孔、毫毛都散发张力。这些课程的学习中，张芳邨总是领悟得非常到位，吸引同学们都来找他学习。有些学生甚至认为芳邨画得比一些老教授还好。

有一次考试，老师摆了一副人体，有的学生一幅画还没有画完，芳郇已经从三个面，正面、反面、侧面画完了三幅画，这门课老师给芳郇打了最高分。

在中央美院学习期间，同学们都很喜欢芳郇。他画得好，画得快，脾气也好，从来不和人闹矛盾。所以，总有同学不去找老师问问题，而是找芳郇补课、答疑，让芳郇帮忙改画，做示范。芳郇有求必应，来者不拒。

资助芳郇去美院上学的第一笔钱，来自东北高考期间，他帮助考上美术大学的同学。这笔钱让他刚开始在美院过上了饥一顿饱一顿的生活。看到芳郇生活

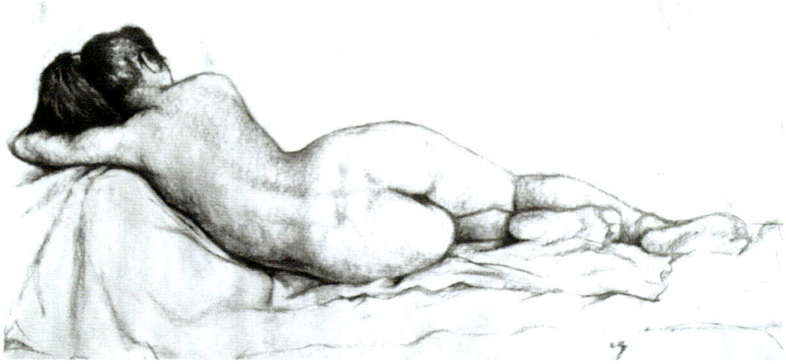

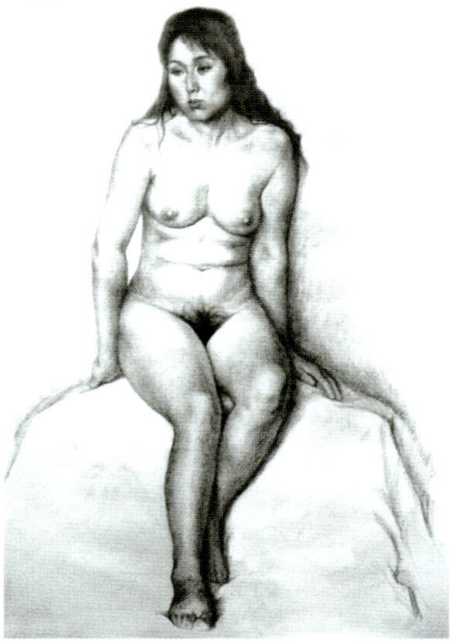

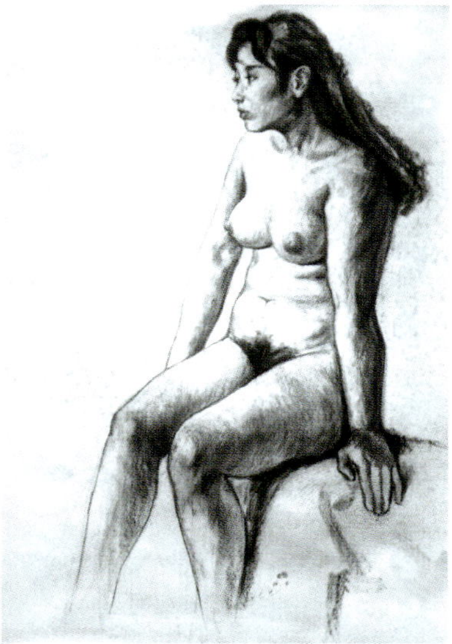

拮据，得到帮助的同学会主动给芳邨买颜料和画笔，甚至还帮芳邨买饭。因为给同学提供各种帮助，作为回报芳邨有了颜料，也终于吃上了饱饭。一个当年美院的同学回忆，芳邨眼里只有画布和画笔，让他帮忙改画是他最喜欢做的事情，不管同学是否会回报他，他都愿意毫不犹豫地帮忙。

一天芳邨在大街上看到一个街头卖画的人，感觉这是一条不错的谋生之路，于是，他也开始利用课余在街头画画。他画得特别快，质量也非常高，常常引来很多人围观他神奇的绘画速度和神形兼备的画像。回头客特别多。同时，勤奋的芳邨，还常常给高中生当家教，作为资深考生，他有很多学生家教没有的丰富经验，所以，生意好得不得了。芳邨终于有钱能买足够多的颜料和画笔了。

中国油画院院长、著名写实派油画艺术家杨飞云曾经这样谈学画的要求。他认为：学画最基本的应该有天赋，“天赋”是一个至关重要的、主导的因素；另一个因素就是后天的努力，再加上命运、机遇和机缘。可天赋是无法把握的，唯一能把握的就是勤奋和不断按着自己的兴趣点去研究、去努力做的事情。小孩的时候什么兴趣都会去试一试，比如：唱歌、打球、画画和下棋等等。可能在哪方面受到的鼓励多，孩子自己越开心越会表现得好，可是最关键的是有了兴趣之后还能不能继续获得乐趣。

如今很多学生就是这样的，并不喜欢画画，因为文化课不太好，为了考大学，父母让他们学画画，经过考前的培训也能够考上大学。如果考学使用一些特殊的方式，比如说集训，玩命按照一个固定的死模式去画，短时间内也可以达到一定的效果，所以说可训练的那部分并不是最主要的，最主要的是你有没有绘画方面的一个特别的才能和天赋。

即使是真的能在绘画中找到乐趣，又很努力，没有专业指导和训练，也很困难。芳邨在遇到鲁艺的老师之前，误以为自己画得很棒。专家点醒后，才知道自己和别人的差距，情商和智商都很高的芳邨，能举一反三，知道老师指导的重要性，不仅迅速调整方向，进步神速；同时立下志向，一定要考取最好的美术院校——中央美院，接受最好的训练。杨飞云说："一个好老师、好学校可以帮他进入专业领域，因为学校传承的东西并不是个人的东西，而是一个体系、是一代一代的积累过来的。"

当然，现在的培训体系越来越完善，自学也是可以自成体系，有的人去拜师，有的人自己去研究，很多共享的资源，国内外交流也非常通畅，因此自学也都有可能达到好的效果。芳邨后来要自创一套体系的时候，就是研究和学习了国内外多行业的积累。

# 第四章

## 一流画廊里的年轻画家

THE YOUNGEST

# 一流画廊里的 年轻画家

人们会清楚地发觉，同别人的相互了解和协调一致是有限度的，但这不值得惋惜。无疑，这样的人在某种程度上会失去他的天真无邪和无忧无虑的心境；但另一方面，他却能够在很大程度上不为别人的意见、习惯和判断所左右，并且能够避免那种把他的内心平衡建立在这样一些不可靠的基础之上的诱惑。

——爱因斯坦

## 爱的取舍

高考失利后，落寞的张芳邨在家乡哈尔滨开始工作。那是中国改革开放后第一个艺术的春天到来的前夕，第一批富起来的人刚开始萌生装饰居室的意识，至于收藏艺术，几乎没有人有这方面的概念。

这时父亲已经从帮人画画挣钱，转到了给客户装修居室盈利，并且开办了公司。生意虽不至于做到很大，但是，已经让全家人看到了小康生活的希望。于是，芳邨无可奈何只能去父亲的公司打工。芳邨天生的艺术敏感，在这里派上了用场。很快他就帮父亲的公司做成了哈尔滨最大的装修公司之一。由于名气越来越大，生意越来越好，芳邨很快就在哈尔滨最繁华的南岗球林附近的大街开了一家装修商店。虽然不是很有生意头脑，但是芳邨老实肯干，什么苦都能吃，生性善良，脾气又好，有求必应，所以，很快和父亲一起把生意做得非常红火。一年一年，节节升高，到

了1992年的时候，已经发展到很大规模了。这时，张芳邨的艺术梦想被重新唤醒，他跟随女友一起来到北京闯荡，带来的钱很快花光，不久就接到了徐悲鸿画室的录取通知书，因为囊中羞涩而被迫放弃了自己的这一实现梦想的绝好机会。

那时传说中的改革开放的春天来了，按照现在的描述，就是全国都在炒“万元户”的概念，那时候谁是万元户，谁就是英雄，而芳邨已经可以把装修生意做到一天好几万元的净收入。

如同21世纪初的中国，只要买房子就能发达；20世纪80年代的中国，只要开公司就能挣钱。更何况芳邨开的是有一定门槛的，几乎没有竞争对手的装修类公司，他轻而易举地实现了财务自由的财富梦。

如果芳邨能继续沿着这条笔直的幸福之路前行，可以想象，随着后来房地产的火爆，生意会越来越好，他的艺术背景和艺术天赋将使他轻松胜过其他同行，成为企业家，继承父亲的产业是水到渠成的事情。更不用说，富裕的生活必然会带来和父亲及家人融洽的关系，美丽可爱的女朋友，幸福和谐的大家庭，芳邨美好的一生不容置疑地摆在了眼前。

但是，富裕的生活并没有让芳邨获得丝毫的幸福感，离理想越来越远的现实，让他极为恐慌。他知道，丁绍光、陈丹青已经去美国发展了，这让狂热喜爱油画的芳邨羡慕不已。工作之余，芳邨仍然不间断地绘画，和少数几个艺术爱好者们混在一起。后来又有一个朋友日本画画，怕在那里孤独，希望和芳邨一起去，这对芳郇的诱惑太大了，他马上开始为去日本工作积极准备着。正当满怀希望，积极准备去日本发展艺术事业的时候，女朋友的全家要调到北京，希望芳郇一起去北京发展，因为女朋友父亲已经在北京分了房子，所以，他们很快去了北京。

美国、日本、北京，这都是芳郇心里可以重启艺术梦想的地方，当时出国签证很难办，相比而言，买张火车票就可以抵达的北京，因为女朋友的关系，让芳郇毫不犹豫地下了决心。

义无反顾地追寻爱和艺术的芳郇，再次让父亲失望了。原以为自己已经高龄，可以把公司交给芳郇打理，然后就可以颐养天年了。三五年时间，好不容易把芳郇带出来了，芳郇的管理能力和技术都成熟了，可以让老父亲松口气了，父亲以为芳郇一定会把一切都撑起来，全家人将来的生活有了充足的保障，可是结果却是一场空。1992年，张芳郇辞别绝望愤怒的父亲及家人，从东北来到北京来寻求艺术梦，而彼时北京的艺术市场还没有起步，非常艰难，很多艺术家在北京几乎混不下去，正在颠沛流离。有的艺术家就如同盲流一般，过着令人生畏的群居生活。

面对这个可怕的开始，芳郇没有茫然，他觉得，上天太厚爱他了，给了他美丽的女朋友，女朋友的家人又正好调到北京。这样，在芳郇一时半会儿不能出国学画，为艺术梦破灭绝望的时候，及时让心爱的女朋友把他引导到了北

京。芳郗内心充满了对上苍的无限感恩。

热恋中的艺术家，是人类最为感性的群体。完美的爱情帮他实现了艺术梦，因此这样的爱情让芳郗对艺术更加痴迷，而艺术又让他更深地沉浸在爱的甜蜜之中。

芳郗第一次来北京是上大学，那时候他就崇拜那些写实的画家，做梦都想和靳尚谊这样的大师学习。这一次，这种想法更强烈了，未来的爱情加深了他的奋斗激情，有了几年做生意的底子，他不再单纯为了画画而画画了，他开始想到用绘画来挣钱，将来养家，实现理想和爱情双丰收。芳郗憧憬着美好的未来。虽然，这样的收入远远低于在哈尔滨做生意，但是，鱼和熊掌不可兼得，芳郗毅然做出了取舍。

那是多年来极为难得的一段幸福时光。和心爱的女友在一起，每天锦衣美食，抽空还能重拾自己热爱的美术创作。生活似乎无法更幸福了，远在哈尔滨的父亲愤怒的面容，遥远而模糊，偶尔闪过芳郗的眼前，丝毫不影响他充满艺术和爱情的美妙人生。

## 初露头角

1992年圆明园画家村被警察驱赶，被称为“当代艺术教父”的栗宪庭，在被驱赶的过程中，还遭到殴打。

这些怀揣梦想的艺术赤子，挣扎在生活的底层，却站在人生理想的顶峰。

《小溪旁》149cm×130cm 油彩 亚麻布 1996 年作

来北京寻找艺术梦的芳郇，在这些艺术寒流面前无感，一种看不见的直觉指引着他，让他无视任何道路上的荆棘，目不斜视地前行。

20世纪90年代，张芳郇参加了陈逸飞在北京举办的画展，并在画展上和陈逸飞交流。画展结束后，意犹未尽的陈逸飞邀请张芳郇到自己下榻的酒店再次详谈，他们再一次深入交流了艺术观点和艺术思想。陈逸飞很欣赏张芳郇的博学和对理想的执着，鼓励他走向前景美好的艺术未来。

刚刚起步、略显混乱的大陆艺术市场，让部分台湾画廊敏锐地觉察到了商机，其中最具实力的几家开始在大陆收购大量的艺术品，并开设分部。其中就有经验丰富的台湾高格画廊，迅速抓住机会挖掘了一批艺术家，并且培养了很多收藏家，建立更庞大的人脉网络，不仅在大陆做得风生水起，而且在台北、台中、新加坡等地都有分部。

芳郇凭着自己科班出身的良好训练，加上刻苦钻研，他的写实画已经和很多名家并列在画廊展销。

当时在王府井的高格画廊里，就有芳郕的写实画被标美金出售。同时在高格画廊展销画作的还有芳郕的老师，著名画家靳尚谊、吴冠中、李骏、戴泽等的画作。芳郕的画当时标价是两万美金。他的老师李骏的画标价是十万美金。

如同我们前面提到的那个将中国现代画家载入史册的画册一般，高格画廊曾经在当时的北京画界具有旗帜性的标志。当时在画廊展销画作的画家，如今也都身价不菲，令人仰止，除了张芳郕。

他到底去寻找什么了?

彼时的书画市场刚刚起步，还没有形成良性阶梯，拍卖行的书画成交价明显高于画廊的价格，一般而言可达起价的10倍，最后成交时高于起拍价100倍的也不罕见。在画廊和琉璃厂卖五六万的字画，到了拍卖行，二三十万成交，很多人质疑说：疯了。这导致画家背弃自己的经纪人和画廊的事件时而发生，使得本来就无序的艺术品市场雪上加霜，诚信和商业道德的严重缺失，破窗效应，假冒和赝品流行。

芳郕怀揣艺术梦闯荡北京，虽然没有任何后援，但是，仗着年轻气盛，他决定所有的可能都去试一试。为了让女朋友过锦衣玉食的美好生活，为了实现自己的艺术梦，他决定去奋力拼搏，把所有的机会都尝试一下。

## 向大师无限逼近

那是一段非常艰难的时期，在东北的时候，芳邨的生意都是慕名找上门来的，挣了钱，还很风光。如今，因为没有名气，所有画廊都会直接拒绝，芳邨要好脾气地到每一处画廊介绍自己的画作。

那个时代，国内的画作大多和西方有着本质的区别，这是东西方思维模式不同导致的，中国画家的是写意画，强调智慧、意境，西方不同，更重视科学，用学科来指导绘画，欧洲在文艺复兴时期的绘画，就已经有了透视学、解剖学、色彩学等等。因此文艺复兴时期，东西方两种画作就有本质的区别，西方的绘画因为有学科指导，非常逼真，就像照片一般，具有震撼的视觉冲击力；中国画因为强调烟雨朦胧的感觉，给人不似人间似仙境的感觉，启发人们体会天人合一的东方智慧。

芳邨在考大学的时候，就梦想有一天能向世界级绘画大师那样画出传世佳作。他珍惜这来之不易的学习机会，向每一个老师求教。在其他同学玩乐的时候，他不是在教室里刻苦画画，就是在辛苦地当家教，挣颜料钱。通过刻苦的学习，靳尚谊、吴冠中等名师的画，在没有人示范的情况下，芳邨已经能模仿到80%，他非同一般的悟性让同学和教授们惊叹不已。

张芳邨的专业是油画，欧洲的大师们都是他的艺术偶像。在这些艺术大师当中，他最崇拜的是伦勃朗。除了伦勃朗，其他的写实画家，巴洛克美术的代

《穿花裙姑娘》
100cm×80cm 油彩 亚麻布
1996年作

表人物，佛兰德斯画家布鲁斯、凡•戴克的画，他也非常痴迷，常常盯着他们的一幅画看好几天，研究其中的技法技巧，然后临摹，从相似度50%，很快画到相似度80%。尤其是后来，在国内画布达不到欧美高级画布质量的情况下，芳郇自己制作画布，刻苦钻研画法，他的写实肖像画达到了汗毛孔和睫毛都非常清晰的地步。尽管现在的照相技术已经非常发达，看到芳郇当年画过的写实画，用那时候不太先进的照相机拍摄的画作照片，也还是让人惊讶地看到，这些画甚至超过了高像素照片的清晰度。

凭借令人惊叹的实力，张芳郇的肖像画在当时的艺术市场受到了中国画廊的一致赞赏，虽然是个名不见经传的学生，自己不敢定价，最后的销售价格竟然超过了很多老师和名家。

可惜西方很多油画的画法后面都失传了，尤其是伦勃朗的画法，虽然很多人用X光透视，设法研究他是如何画的，但也只能学到百分之七八十，许多细节至今无人破解。无法完全掌握最好的油画写实技法，一直让芳郇心焦不已。

20世纪八九十年代的中国画家，在国内基本看不到西方名画的真迹，想学习西方画家的技巧，大多是照着画册临摹，而当时的国内彩色印刷质量还不高，为了能更好地学习油画技艺，芳郇常常买昂贵的西方原版画册，这又是除了颜料之外的一笔不菲的开支。很多次芳郇都被这些高昂的费用逼到了绝境。

▶ 《人物肖像》 92cm×72cm 油彩 亚麻布 1992年作

当时的台湾高格画廊，抢占发展初期的大陆市场，希望把市场做大的同时，把国内的艺术家带向国际舞台上来，并打造中国品牌，他们希望和香港一样，成为全球艺术市场的纽带和链接。

这个市场模式在2008年，由北京798最早经营抽象艺术的锦都艺术中心实现，成功登陆欧洲艺术市场，举办了主题为“中国风：全球化语境中的中国抽象艺术”的展览，受到欧洲艺术界和媒体的广泛称赞，并成功售出了张芳邨、谭平等中国抽象艺术家的作品。

那是一段充满了希望的时期，有非常明确地偶像——伦勃朗，艺术梦正在实现，芳邨希望自己能够一辈子过伦勃朗的前半生那样的生活，无论如何都要避免伦勃朗的后半生悲剧。随着各类高档艺术画廊的邀请不断和收藏家的定制越来越多，芳邨更加自信，自己将来的艺术造诣赶超伦勃朗是很有希望的，而他非常爱自己的家人和女友，相信自己也一定会以爱情为重，一定会得到亲人的理解，一定不会像伦勃朗那样固执，就一定可以避免伦勃朗后半生的人生悲剧。艺术梦和幸福的家庭生活，眼看要实现了。

◀ 鲁本斯
《强劫留西帕斯的女儿》

希腊神话英雄卡斯托耳与波吕刻斯，这幅作品暗示爱情的暴力。

張大力

# 第五章

## 一个走『弯路』的画家

DIFFICULT

# 一个走“弯路”的画家

## 金钱是艺术家的敌人

《夜巡》让伦勃朗失去了声誉和心爱的妻子，双重打击都没有消减伦勃朗的创造力，只要他稍微顺服一下当时的社会，他就可以重新回到显赫的成功地位，但是，伦勃朗绝不屈服，最终因穷困潦倒而早早离世，一生只画了几十幅画，每一幅都是不朽的经典。

无论是画作还是艺术精神，伦勃朗都是芳郇的偶像。

模仿和学习伦勃朗这些名师，让芳郇在具象画领域开始崭露头角。当时芳郇的人像画、风景画，大都是印象派写实派的油画，1993年的时候，这些画开始有人收藏，有的画甚至达到了20多万的售价。

生活似乎又开始美好起来，可以顺利地过温馨的生活了。

20世纪90年代，北京的绘画风潮开始涌现，很多人喜欢定制油画，让居室显得很高档，而科班出身的画家并不多，这和当年伦勃朗成名时的环境很相似，而芳郇当时已经渐成气候，不仅画作在画廊时有售出，而且找他定制油画的人也渐渐多起来了。伦勃朗起初也是这样，很快成为一个富翁，购买了高档别墅和家人幸福地生活在一起，而这很有可能也是芳郇很快就会有的生活。

无论是在哈尔滨做装修公司，还是后来模仿伦勃朗的写实油画，沿着他曾经辉煌的路走下去，都是上天恩赐的常人很难得到的幸福之路，一条直达幸福境地的康庄大道。芳郇如果沿着这样的路走下去，可以一辈子过上人人羡慕的好日子。

可是，在这个人人都在找捷径、人人都想直达幸福的时代，张芳郇却因为听了靳尚谊先生的一次演讲之后，踏上了后面无数次让他陷入绝境的人生弯路。靳尚谊的那句影响芳郇一生，也影响中国艺术史的那句话就是："中国目前还没有世界影响力的画家"！

靳尚谊这句话也许早已被人忘记了，甚至他自己可能也都淡然了。但是，它却在芳郇心里埋下了种子，在他的潜意识中越来越不甘心模仿名家名画了，芳郇竟然毫无觉察生活的危机就这样暗暗飘来了……

## 除夕夜只剩两元钱

当他有钱的时候，他不知道自己有钱；当他穷困潦倒的时候，他也不知道自己很穷。

——题记

虽然杜尚和毕加索都是年老而终，优雅离世。但是，提起古往今来的艺术家，在大多数人的脑海中呈现出的画面，大多数都是穷困潦倒而死，死后不久画作才大卖的。

波洛克时期，美国政府有一项扶持艺术家的公共艺术设施项目，曾解决了很多艺术家的生计问题。

虽然文化部原副部长高占祥也曾想方设法为贫困艺术家找来经费，支持他们办画展、出画册，但是，在20世纪90年代的时候，芳郇并没有得到这样的支持机会。在哈尔滨开公司的时候，虽然收入很高，但是，大多都交给了家人，芳郇自己并没有多少积蓄，雪上加霜的是，芳郇对钱完全没有概念，更不知道计划和理财。

于是，芳郇就开始过上了这样的日子：当他有钱的时候，他不知道自己有钱，对吃住也没有任何讲究；当然，当他穷的时候，也同样不知道自己变穷。为了生活，他接受很多定制服务要求，为了满足各种各样的客户需要去画画。为了圆自己的艺术梦，芳郇利用自己在校学习的底子去研究光、影、色彩学、解剖学等等，然后像伦勃朗那样去寻找灵感，激情创作一些画作，之后，就去找画廊和拍卖行，他不会讲价，基本上都是他们说了算。由于张芳邨的写实画达到了当时少有的超写实境界，所以，他的画越来越受欢迎，那时候一二十万是很高的收入，画商们也都非常诚信，几乎没人对芳邨隐瞒真实价格，他们都看好芳邨，希望能和他长期合作。

有了收入之后，芳邨就开始探索各种绘画创新思路。但是，他并没有找到思路。画定制画作，学习和超越名人画法，绘画作品价越来越高，名声也越来越大……难道这就是他的艺术梦想吗？自己的一生真的要这样度过吗？那段时间，他非常茫然。

2003年北京赶上一个严冬，除夕的前几天，好不容易没有任何应酬，清静下来的芳邨赶紧抓住这个机会筹备个人大型画展，购买颜料和绘画工具准备再多画几幅参展作品，为避免出去吃饭耽误时间，还买了一兜馒头和咸菜。然后，一个人就开始在房间里画画，画到痴迷的时候，他甚至忘记了吃饭和睡觉。

终于将画作完成，芳邨饿得几乎昏过去。他已经记不清自己多久没有吃饭了。随后，他发现了一件可怕的事情，翻遍所有的衣兜，将所有能找到的钱加起来，一共只有两元钱了，更糟糕的是，那一天是除夕！

芳郫硬着头皮挨个给家人打电话要钱！今天看来，这个举动非常错误。芳郫当时抛弃蒸蒸日上的事业，再一次违逆家人的意愿，去北京追求艺术梦想，三年过去了，家人正等着他衣锦还乡呢。谁也没想到，等来的是，除夕之夜打来电话要钱，而且要钱的原因是因为只剩两元钱了，家里不给钱就会饿死了。蒙着头连续画了不知道多少天，还没有从艺术梦中醒来的芳郫，一点都没有思索前因后果，更没有考虑家人的感受。

打电话的结局没有悬念，哥哥姐姐很温和地拒绝了，走投无路了，只能再次求助父亲家，父亲听到不肯听话跟着自己做生意，偏偏要去北京混什么艺术的芳郫，竟然混到了只有两元钱，没有饭吃的地步，勃然大怒，狠狠地骂了几句后就挂了电话。

也难怪家人不理解芳郫，他的父亲曾经托哥哥姐姐多次劝芳郫返回哈尔滨接班自己的公司，公司规模已经近亿，父亲年纪大了，几个儿女中又只有芳郫有艺术天赋，父亲非常希望芳郫能早日结束这种没完没了富一阵穷一阵的日子，一家人齐心协力把企业经营成一流的规模，让全家人一起过上持续富裕的好日子。然而，芳郫却没有听从父亲的话，仍然追逐着自己的艺术梦想。

除了家人，芳郫从没有向任何人主动伸过手。被家人拒绝后，芳郫彻底绝望了，他感到能救自己的只有天上的妈妈了。

绝望的芳邨悲怆地抬起头来，天空中闪着星星，不知道哪一个是妈妈的。内心充满悲苦的芳邨，心中默念妈妈。“妈妈，妈妈，亲爱的母亲，您的儿子在人世间活得非常艰难，现在手头剩不点钱，您能不能帮帮儿子……”

芳邨满怀愁苦地回到租住的小房间，到处寻找着可以充饥的食品，然而他失望了，当他洗手时，看到了龙头中流出的自来水，找了一个杯子接了满满一杯水，混着咸咸的泪水喝着……

他突然听到有人敲门，他把房门打开，原来是邻居大哥约他出去放鞭炮。当邻居大哥看到他手中喝剩的半杯凉水时，心中明白：这个画家一定是又把钱都用在绘画上没有饭吃了！于是热心地邀请芳邨到家里过年，吃年夜饭。不仅如此，那位大哥还主动借给芳邨一万元，怕他有压力，不要他还钱。

这一切彷佛是梦境，但又分明是现实。似乎天上妈妈的灵魂真的在保佑他。从那以后，一直嘲笑各种迷信行为的芳邨，总是会隐隐感到母亲真的在天上看着自己。

有了这一万元，芳邨暂时不用担心会被饿死了。没过多久，画廊来电话，一幅画成功售出，售价10万元。如果是普通人，上20世纪90年代的时候，10万元够活好几年了。但是，对于画家，尤其是油画家来说，这个数字买不了多少颜料和绘画工具，加上刚刚起步的芳邨，还要买进口的画册来学习。没多久就花完了。

那段时间，芳郇过着富穷交替的生活：画作售出，一夜暴富，然后拼命买颜料画画，画着画着，不知不觉忽然变得一贫如洗了，交不起房租，只剩几毛钱，饿极了的时候只能喝凉水，流落街头……走投无路之际，忽然，传来画作售出的好消息，再一次一夜暴富。再然后，继续买颜料画画……芳郇的生活就这样在不断地暴富和暴贫之间循环。

可是，这些芳郇听不见也看不见，他只能听见画画、艺术、伦勃朗……这样的字词……只能看见恋人明媚的笑颜……

## 住桥洞、锅炉房的艺术家

在20世纪90年代的那段时间里，芳郇搬家近三十次。他暴富时住在恋人家里 ，用自己卖画所得，让家人过上了奢华的生活。钱快花光时，就离开恋人，住在贫民窟一样的地方画画。一般来说，两三个月就会因为没有钱交房租而不得不在桥洞下住。为了省下钱买颜料，有一段时间，他住在郊区农村的平房中，极为寒冷。一个曾经的“万元户”，中央美院徐悲鸿画室的高材生，为了寻求艺术和美好的未来来到北京，却最终陷入饥寒交迫的生活，以及连这样的生活都无法保障的未来。自己所盼望的、真正过上一心一意创作自己喜爱的美丽图画的日子，看似遥遥无期。

人是很奇怪的动物，一而再，再而三的暴贫暴富，并没有让心思单纯的张芳郝选择更容易挣钱的艺术道路，但是，潦倒窘迫时，却让他陷入绝望。好几次芳郝疯狂地走到大街上，在川流不息的车流中，希望有一辆车能帮自己结束痛苦的生命，终结难捱的寒冷和饥饿。有一次，芳郝在车流中乱串，汽车纷纷给他让路，最后他停在一辆巨大的运输车前面，运输车硕大的身体躲闪不及，眼看要撞到芳郝，冲上来几个善良的大学生，将芳郝带到了学校的锅炉房，于是无家可归的芳郝就在锅炉房住了一段时间。这是那些凄冷无比的夜晚中唯一温暖芳郝的地方。但是，由于刚刚度完酷夏，蚊子很多，到了晚上室外温度比室内低了十多度，芳郝怕冷，蚊子也怕冷，只能一起在锅炉房度过夜晚。但是，人和蚊子在秋天的锅炉房是无法和谐相处的。深夜，终于等到没有人来锅炉房打水了，芳郝就在角落里简单铺个地铺睡下，蚊子们立刻就蜂拥而至，芳郝被秋天储粮过冬的蚊子折磨得难以入眠，疲惫至极才能入睡。早上有人来打水的时候，芳郝赶紧起来走出锅炉房，这时候身上到处都是蚊子叮咬的肿包。

电影《当幸福来敲门》中，男主角因为没有钱，只能在地铁的厕所睡觉。半夜里厕所的敲门声中，男主角黯然泪下的镜头令人心碎。那是因为生活所迫，实在无奈。但是，伦勃朗、张芳郝这类的艺术家，完全可以靠着自己的技艺过上舒适的生活，是什么力量让他们在并非被迫无奈的境地中选择了这样可怕的生活方式?

曾经有个汉字研究专家这样说，汉字是有能量的，语言是有能量的。众所周知的《水知道答案》那本书里，就详细有图有真相地介绍了文字对水的影响。网络上不少质疑作者江本胜的文章，有的人甚至说他是科学骗子。但是，我的一个朋友“杰子”在微信朋友圈2015年3月，每天详细用图文介绍了自己对每组三枚的三组草莓进行了语言和文字沟通，答案和《水知道答案》中的几乎一模一样。文字对水和水果能产生这样的影响，那么对于液体含量很大的人，也应该有很大的影响吧。这个虽然没有太多科学实证，但是，我们不得不惊讶的是，画画、艺术、伦勃朗……这样的文字，似乎真的有莫名的魔力，让一些艺术家倾倒，为之舍身，为之终身疯狂。

卢浮宫收藏了一幅名画《厨房内部》，这幅画的作者并没有什么名气，但是，画作在1817年的沙龙画展上得到了如潮的好评。一个没有名气的画家的画，会留在卢浮宫，这里主要是因为画中令人毛骨悚然的室内阴影和女主人那诡秘的一笑。慕名来看这幅画的人，想必都是想感受一下，被艺术强烈地惊吓是一种什么体验。这幅画的作者终生都在贫困线下挣扎，为了活下去，经常把自己的画当出去。即便如此，他还是很奇葩地花尽积蓄买了放在镀有金箔的圣骨龛中的11颗国王和王后的心脏。就是为了调制颜料，以便产生只有现在的彩色照片中才能呈现的透明的质感。这就是“艺术”“油画”这类字词的魔力，让无数画家终生受尽折磨，却无怨无悔，心甘情愿，自己连饭都吃不上，也一定要买颜料，也一定要画画。而这样的画作，一定附着了说不清的类似暗物质、暗能量那样的存在，具有莫名的勾魂摄魄的功能，千载万载，吸引着后世的艺术家、收藏家，为他们疯狂。

为什么说这些画作中隐含着说不清的魅力存在？原因是什么？每个人都有这样的经历，我们曾经看到过很多特别美丽，抑或在它面前感受惊艳的写实画、抽象画，似乎它们和传说中的名画并不相上下，但是，为什么身价却有着天地之别？为什么这些画家和画作就没有那么幸运呢？和其中缺少吸引灵魂的存在有关吧。不然，为什么外表相当普通的名画能吸引人直直地看好几天；而非常美丽的画作，看似甚至超越了很多名画，却只能赢得匆匆走过的旁观者一声惋惜，就没有然后了。

人们一再叹息那些活着的时候潦倒可怜，死后却

画价大涨的画家。可是无论那时他们的画多么值钱，生命都再也不可能回来了。其实，更可怜的是，那些一生为艺术献身，画作精致完美，却无论生前还是身后，都没有被人认可，没人知道，更没有画价……

那么，是什么勾魂摄魄的力量，让张芳邨们与摆在眼前的幸福直线一再错过，非要选择那条没有出路的“弯路”呢?

在张芳邨内心深处，一直都非常敬仰那些创新的艺术家，达•芬奇发明了透视学，让绘画迈进了一大步，他本身还是一个发明家，他的发明包括飞机雏形、照相机零件等等。印象派创始人马奈、莫奈，现代派之父塞尚，他把物体用几何的形式，不仅是有阳光的情况下，在没有阳光的情况下也能看到物体的存在。现代艺术创始人毕加索，让我们看到了原本只能想象的人物的另一面……

张芳邨对杜尚持保留意见。他认为他否定了陈旧的、束缚人类的艺术观，并没有建立新的艺术观，杜尚在彻底的否定之后，并没有指出新的发展方向。因此，一些评论家认为杜尚终结了艺术史，艺术消亡了，很多艺术家因此而茫然无措，不知以后该怎么画画了。

虽然，张芳邨并不同意杜尚的艺术观，但是，他极为佩服杜尚的思想。张芳邨认为，历史上那些著名的哲学家、科学家、文学家、政治家之所以伟大，就是因为他们的思想伟大。所以，搞艺术创作的艺术人，一定要追求思想伟大，而不能只停留在传统技术上，只强调技术和技巧，因为不更新思想观念是无法创造出震撼世界的作品的。与此同时，还需懂得在寂寞中坚守信念，坚持艺术生命在于发明的原则。

尽管他三餐不继，没有片瓦可以遮身，但是，即使在桥洞下的夜晚，他的梦中永远都有美丽的画面，那些变幻莫测的彩色和图形在眼前飘闪，有时候他甚至能飞起来，飞向那些画面……醒来之后奇怪，怎么不飞了呢？哦，原来是一场梦！张芳邨曾经尝试将那些画面画出来，可是不知为什么，他总是画不出那些相融相叠的感觉来。

虽然，表面上看张芳邨已经陷入人生的绝境，但是，他的内心深处暗流涌动，理想和梦境指引着他，他渴望找到重启艺术新纪元的全新艺术思想和形式。

但是，他不知道，自己要走多久弯路才能找到这样的艺术？有生之年能到达彼岸吗？尽管生活常常窘迫，但是，作为东北爷们，痴恋女友的芳邨，从来都不让她知道自己落魄的一面。恋人知道芳邨的画很值钱，动辄10万、20万，卖掉画之后，芳邨常常请女友在高档饭店吃饭，给女友买豪华的衣服。深爱芳邨的女友知道芳邨为了艺术放弃了成为富豪的机会，也知道芳邨的收入很不稳定，因此总是劝说芳邨，要清醒地整理思路，为两个人将来的生活做些储备。这些芳邨不是不懂，他了解恋人的想法，更清楚他的偶像伦勃朗就是因为不肯向当时的社会妥协，不肯向付巨资向他求画的权贵折腰，加上为了画画，无节制地购买绘画工具，从不考虑财产，所以导致破产后因贫病去世。梵•高的画作生前无人问津，被当时的人认为一钱不值，他最后亦潦倒而死……

这些芳郁都深深地明白，如果这样下去，他很可能步梵•高和伦勃朗的后尘。但是，他无法控制自己对艺术的渴望和追求。似乎他已经不是自己了，抑或这才是最真实的芳郁。

好多次，芳郁会把自己搞到兜里只剩几毛钱。不能和恋人借钱，也不能和债主借钱，更不能和家人借钱。

在最后一段迷茫和梦想交织的生活里，芳郁一直只让恋人看到自己光鲜的一面，一有机会就为博女友欢心而一掷千金，只在去画廊和画展的时候让恋人在自己身旁，每当身无分文的时候，芳郁就找借口避开女友。

对恋人的爱和艺术的爱都趋于极点，两个南北两极的爱，终于让芳郁分身乏术。在一次忘乎所以地狂购绘画工具之后，芳郁捉襟见肘的状态终于被女友发现了，她只好无奈地和芳郁分手了。

事业走到低谷，加上女友的离开，终于让芳郁的精神彻底崩溃了，他在出租屋中割腕自杀。

连续几日绘画后的极度疲劳、失恋的痛苦及割腕后的失血过多，让张芳郁在恍恍惚惚中，似乎来到了鸿蒙太空。他看到一群天使围着一个老爷爷，老爷爷挥舞着一个似笔非笔的工具，在天空中作画，他刚想嘲笑老爷爷："您这样也能画画吗？"忽然天空中出现了从没有见过的绚丽色彩。芳郁从来没有见过这么美丽的图案，几乎不能呼吸，看得如醉如痴，忍不住问："爷爷：您能教我怎么画吗？"爷爷看了芳郁一眼："呵呵，可以啊。不过似乎你并不喜欢画画。"

"不是的，我酷爱画画。绘画是我的生命，也是我的一切。"

"如果你喜欢画画就不会为了男女之情自杀了。"

"爷爷，天堂里的人是不是不恋爱、不结婚啊？"

芳郁看着男男女女的天使，心中悲苦。想必那些苦苦相恋，双双殉情的恋人都到天堂结为了夫妻。唉，可惜自己只是一个人殉情。

“你想错了，在天堂里没有夫妻，也没有恋人。”那些天使似乎明白了他的心思。

“为什么？”芳郇诧异极了。

“两性爱情，是人类级别智能生物的特征。动物雌雄在传宗接代的时候享受性快感，人类夫妻因为爱情而享受性快感，天使们则因为伟大的事业而享受类似过电一般的性快感。”

看着深陷失恋痛苦的芳郇一脸不解，爷爷继续说：“你们人类对于性冲动早就有科学分析，那种刻骨铭心、欲罢不能的感觉，都是人体分泌多巴胺、降肾上腺素和苯乙胺的缘故。其实当一个人胸怀伟大理想奋不顾身、勇往直前的时候，也是由于分泌多巴胺、降肾上腺素和苯乙胺的缘故，而且一个人的理想越崇高，对理想越执着，这些化学成分的分泌就越多，越持久。可惜你们人类的科学家并没有研究这些。其实，你也曾经多次享受过短暂的这种快感。当你为了成为能够给人类带来神奇的美丽画面的伟大画家而忘我作画时，你是不是有类似难以抑制的性兴奋，但是又比性爱更愉悦的感觉?”

不知怎么回事，张芳郇立刻感受到了那种快感，他脸红了。是的，自己在极度渴望的画画机会终于得到的时候，比和恋人在一起更加愉悦，恋人也常常埋怨画架才是芳郇的情人。仔细想想，每次避开女朋友

BZ 11号作品，有机玻璃，75cm×38cm，2015 年创作 ▶

画自己渴望的画的时候，竟然有些偷情的兴奋。与女友分手的痛苦让自己迷失了本性，竟然忘了这种比性爱更美妙的感觉。

“天堂里的人们，每天都有很多让人兴奋的伟大事业可以做，这里的理想和智商远远超过地球上的人类，那些幼稚的两性情感不再使天使们快乐，就像人长大了，就不再迷恋糖果。所以，那些殉情来到这里的天使，都不再沉溺于两性之爱了，因为有更美好的感觉替代了。

孩子，当你能画出我教你的这些画的时候，当你能给人类带来他们从没见过的美好画面的时候，你就不会在意男女之情给你带来的欢愉和痛苦了，因为有了更令你愉悦兴奋的伟大事业了。你们人类的伟人，在他们从事伟大事业的过程中，不是也同样不屑男女之情吗？而当他们功成名就之后，受不了性爱的诱惑，最终身败名裂，悔不当初。究其根源，就是忘了伟大的事业带给他们的美好‘性感’。”

说完，爷爷不再理会发呆的芳邨，又开始作画，一开始是红黄蓝三种颜色，紧接着这三种颜色幻化出无数彩色，有时候颜色是丝状的，有时候像鱼一样，紧接着又出现了色彩的海啸，数不清的彩色气势磅礴的翻跃着，画面不断地变换着，一幅又一幅，芳邨被这些画迷住了，他从没见过这么多的色彩，他不明白为什么会有这么多种类的颜色，又为什么这么多颜色融在一幅画中，会如此美丽而一点都不混乱呢？忽然，身上浮起了从未有过的强烈的欲望，想起爷爷刚才的话，他的脸再一次像红透了的苹果……

芳邨眼睛一眨不眨地看着这些画面，不知过了多久，突然，彩色的画面变形成了两只飞碟。向两边分开，悄悄地消失了，与此同时，爷爷和天使们也不见了……

芳邨一着急睁开了眼睛，原来是一场梦。不知道过去多少天，由于伤口的血管渐渐地因为血小板而凝结，深度的昏迷后，顽强的生命力让芳邨从死亡线上回来了。

睁开眼睛很久，芳邨眼前还是梦境中的画面，实在是太美了，这么美的画大概也只有天堂才能看到吧。

“我要是能画出这样的画就太好了，即使死了也不枉来世界一遭了”。芳邨默默地想，梦中的欲望又出现了，但奇怪的是，失恋的痛苦突然无影无踪了。

芳邨突然明白，自己至今一事无成最主要的原因就是，太痴迷于爱情，想要攀登艺术巅峰的愿望常常与恋人之间的痴爱纠缠，远没有达到天使们的那样能带来崇高快感的激情。想想天使们光彩夺目的纯净笑容，芳郇不禁低头沉思：是啊，爱情性爱并不是生物的最高境界，人类比动物高级，就是因为动物只是沉溺于性，高级些的动物，像大雁也是有性爱，而人类更高级，不会只是单纯的性，不仅有性爱，还有柏拉图式的精神恋爱。但是，再高一些的境界呢？就像自己梦中的天使那般。芳郇忽然明白那些得道的高僧静心寡欲，在俗人看来是他们的毅力惊人，自我控制能力强，真实的情况是，他们内心真的不屑，所以不需要任何自我控制。

想到此，梦中的画面再一次浮现，芳郇起身出门，决定去国家图书馆寻找答案。

# 第六章

## 发明神奇的BZ艺术自组绘画

BZ PAINTING

# 发明了神奇的
# BZ绘画

黄帝既悟，怡然自得。

——《列子•黄帝》

哥伦布发现了新大陆之后，有人不以为然："大陆就在那里，不过是被哥伦布发现罢了。"

## 饥寒交迫的日子

1997年，东南亚的金融风波，全球经济萧条，国内股市低迷，使得国内的艺术品市场受到了严重的冲击。

芳郇的生活也更加不稳定了，更为糟糕的是，他并不懂得接受教训。锅炉房的蚊子并没有让芳郇记得接受教训，去调整生存状态。绚丽多彩的美梦、爷爷和天使们带给了芳郇平行生活的全新人生，无论是在图书馆还是画室，还是流落街头，身旁似乎永远都有另一个美丽的世界在与他伴行。无论何种境地，芳郇都一如既往地把所有的钱花在买颜料、画布上。结果没多久，芳郇再一次没有钱买食物，饿得实在受不了了，就喝凉水充饥。人们常说饥肠辘辘的人眼大肚小，会急切地吃下大量饮食，把自己撑坏。饿极了的芳郇，就大口大口地喝凉水，把自己的肚子喝得圆圆的，胀到直不起腰来。付不起房租的时候，芳郇会被赶出出租屋，他只能带着装颜料和画架的一个个纸箱子，到大桥下面的桥洞中睡觉。当下雨的时候，桥洞下非常冷，芳郇的衣服和被褥常常被桥洞下的乞丐抢走，幸好他们对绘画工具和颜料不感兴趣，芳郇无奈之余，不禁暗暗庆幸。逃离了生死线的芳郇已经脱胎换骨，与女友分手之后，芳郇还是常常没

钱就喝凉水、住桥洞，仍然是饥寒交迫，浑身打颤而无法入睡。但是，心情却大不相同，洞旁原来令他心烦的雨丝，在芳邨眼里已经是别有一番自然的美景。在那种情况下，如果再因饥寒交迫而生大病的话，就是变卖画架也不一定能捡回命。但是，幸运的是，芳邨竟然没病没灾，不能不说，那说不清道不明的“艺术之梦”带给他可怕的诱惑的同时，也带给他莫名的庇佑。

一个人被梦想诱惑，当梦想的文字开始发挥魔力，九九八十一难就会排着队迎接他，同时又会有莫名的幸运之神在绝境时庇护他逢凶化吉。

每当画作卖出，芳邨就又重新租房居住，紧接着为了画画继续采购大量绘画工具，从不计较财产，然后很快将自己再次搞到破产的边缘。在下一幅售出前，芳邨往往捉襟见肘，难以为生。

## 勾魂摄魄的艺术梦

20世纪80年代，众所周知的梵•高《向日葵》，以划时代的价格——3亿多港元成交，成为轰动当时的国际新闻。90年代以此3亿多港元用于收够中国近、现代名画家的作品，则几乎可把中国数代名家的作品全部买进，因那时张大千、齐白石、任伯年等近现代大师的作品，市场价格只有几万元，林风眠、吴冠中的作品有些只需数千，只有个别画作能达到万元以上，而更为年轻的优秀画家的作品，不过数百至数千元。

在北京开启绘画艺术生涯的最初近十年时间，芳邨看尽艺术界的繁华和衰落，这些事实给他带来强烈的心灵冲击，远远超过住桥洞的贫困对芳郇的影响，或者说，即使是只剩几毛钱，芳郇从来没有感觉自己贫穷过。

一幅梵•高的作品，竟可换取那么多中国名家的作品，说明中国艺术品的价格严重偏低，中国一直以来缺乏有世界影响力的画家。靳尚谊以中国画界泰斗的身份对媒体毫不隐晦地也表达了类似的观点。

接触了大量国内外优秀画家以及他们的思想和画作，芳郇一直想超越，尤其是油画越来越逼近真实，画法越来越精致，加上科班培训代替了原来古典的民间学习方式，画法和技法越来越雷同，就像吴冠中说的，不同画家的画之间越来越没有区别，都像是一个妈生得，没有本质的突破。模仿西方的大师，即使是伦勃朗那样的大师，即使接近百分之百，也不过是重复前辈。现代信息技术越来越发达，绘图软件层出不穷，无论多么高超的技法，用不了多久都会被计算机取代。画家一年才能画好的画，用先进的现代设备和技术，几小时甚至几秒就完成了。一直去模仿大师画画，这样真的能实现艺术梦吗？这样的艺术梦有意义吗？

在20世纪90年代的人们看来，芳郇这样的思考似乎有些过虑了，那时候的人还不能设想3D打印，还不敢设想油画的触感和立体感，也会被现代科技轻松实现。

但是，从来没有停止阅读科学著作的芳郇，已经敏感觉察到了未来正在飞速驰来的，势不可挡的科技革命给绘画带来的冲击。

从47000年前的岩洞壁画开始，艺术比宗教更早地介入人类的心灵，伴随着人类社会的进步，一直和人类的幸福密切相关。可是，艺术史似乎已经走到了尽头，尽管无数艺术家在勇敢地探索，杜尚、波洛克、波普艺术……期望改写艺术史，带给人类全新的美的感受。

现代高科技将终结艺术史，还是重新开启艺术新纪元？

从小怀有科学梦的芳邨，在对艺术发展越来越迷茫的时候，从来没有停止过思考。杜尚的《泉》让人类明白，艺术不是有严格界限和划分的学科。它是对一切传统艺术观念彻底的否定与批判，包括，艺术创作的过程，形式，表达……全部都否定了。那么，对于艺术，我们还可以否定什么？还可以重建什么？

艺术除了能让我们和事物的表象无限接近之外，是否还能让我们和事物的本质无限接近？分子、原子、夸克、裂变、虫洞……艺术能表现它们吗？

## 科学=艺术

芳邨在国家图书馆苦苦地寻求答案。他开始阅读东西方哲学、自然科学，由于中学打下了良好的数理基础，芳邨对理论物理的大部头并没有压力，他还阅读了大量的杂志和文章。作为国家图书馆的常客，芳邨几乎翻烂了《爱因斯坦文集》《时间简史》《果壳中的宇宙》《混沌》《结构》等等。

刚刚出版的《天幕：一个宇宙信息记录员的日记》，在出版社没有做任何宣传的时候，芳邨就第一时间找到了。霍金的书中谈到了宇宙有26个维度等，《天幕》中除了黑洞概念之外，又给出了白洞概念，并且把浩渺星空的维度增加到了99个维度……这些都让芳邨着迷。

他还了解了20世纪90年代提出的M理论（超弦理论的一种），宇宙是11维的，由震动的平面构成的。在爱因斯坦那里，宇宙只是4维的（3维空间和1维时间），现代物理学则认为还有7维空间我们看不见。11维空间有两种说法，霍金的和爱德华•维顿的，不过，芳邨认为，他很幸运，他不是物理学家，不需要去论证和验证什么理论，他只需要思考，或者凭自己的数理直觉去感知。

芳邨知道自己被梦想吸引了，他已经无法自主自己的人生，梦想在主宰他，同时他相信自己的愿望是有吸引力的，他许的大愿一定能神奇地实现。

在高等数学的理论中，不要说11维、26维，其实任何维数，也就是从0到无穷维的多维空间都可以存在。并且任意维数的空间的基本数学原理有很多是相似的。不过，作为一个艺术家，竟然对高维空间有这样大的兴趣，甚至希望通过自己的绘画表现出来。可以说，这是古往今来第一例了。古往今来的历史证明，世界的重大变化，都是那些疯狂的大脑带来的。如果这个疯狂的大脑是政治大脑，人类就会陷入毁灭性的灾难，例如，希特勒带给地球的一切；如果这个大脑是科学大脑，人类的生活就会变得很神奇，例如，乔布斯带给我们的一切；如果这个疯狂的大脑是艺术大脑，那会如何？设想这样的世界，会不会妙不可言?

芳邨显然是一个有这样的疯狂大脑的艺术家。他整天研究的科学，究竟能给艺术世界带来什么样的变化？如他自己所说，这也是他自己非常好奇和期待的。

## 发现了化学BZ振荡反应

尽管芳邨在心中埋下了理想的种子，但是，残酷的现实让芳邨不得不清醒下来。没有钱，他连饭都吃不上，更不要说绘制改变艺术史的画作。

要想画一幅好画，上好的油画布至关重要，例如伦勃朗，梵•高系列的油画布，都是最好的。一般经济条件好的画家都会买价格昂贵的上好画布。

经历了无数次“经济危机”“穷困潦倒”之后，芳邨决定自己动手做画板，自己动手做颜料，这样可以把绘画的成本降到最低，有更多的钱来买绘画颜料和画布，也可以活下去，画更多好画。

芳郬买来最好的亚麻布，在油画框上绷好，亚麻布绷得越紧越好，布质本身越细致越好，然后在上面刷按比例掺水的白乳胶，掺了水的胶比较薄，用细沙纸打磨，打磨平了之后再刷，刷的遍数越多越好，这样做写实的油画，就可以连汗毛孔和发丝都画得和真的一样，出来的画就像本人站在眼前一样的写实感，甚至达到比照片还真实的视觉感。画抽象画就不需要这么细致了，可以少兑水，遍数少一些，相对粗糙些，甚至有那种特别的颗粒感。印象和抽象画不追求局部细节的感觉，追求的是画面整体感。

在刷了很多遍，打磨很多遍之后，油画布的底就打好了，是透明的，最后再将胶兑上“立德粉”，按照12:1的比例，这样油画布就白了，因为之前刷的白乳胶是透明的，所以，要加立德粉，这样再刷几遍，最后，原色的亚麻布才能变成可以做画的白色油画布。自己动手做的油画布越来越精致，堪比昂贵的高档画架。

然后就是想办法制造颜料。这样自己可以用有限的钱，作更多的画。芳邨开始在图书馆大量翻阅化学、材料学等学科的专业和经典书。设法寻找可以做颜料的、效果好且价格便宜的各类有机物和无机物。

在不断刷亚麻布、不断寻找颜料配制的各种方法的过程中，一次偶然的机会，芳邨发现了几种颜料在一起会出现颜色的变化，并且会过一段时间停止，停止后的颜色和一开始以及过程中的颜色很不相同。这个奇特的现象被对颜色和画面敏感的芳邨捕捉到了。他立刻去国家图书馆翻阅相关书籍和杂志。在翻了无数化学书籍和期刊后，终于在一本期刊上找到了他需要的化学振荡反应，随后，他又去实验室观看了这些反应。当看到真正实验室的化学振荡反应过程时，他被深深地震撼了，他分不清是现实还是梦境，似乎是完全不同的情景，又似乎是重叠的情景。那种梦想忽然可以触摸的激动让他久久不能平静。

芳邨一头扎进去，开始了夜以继日地研究，芳邨很快就知道化学振荡反应，是俄罗斯著名化学家别罗索夫和柴波廷斯基最早发现，因此，也称为BZ反应。

当看到BZ这两个字母之后，芳邨感觉自己的心脏有点承受不住了：梦境中最后出现的两个飞碟上似乎有两个字母，难道就是“B”和“Z”？

当幻觉和真实重叠的时候，是不是就是美梦成真的定义？

静态观的世界是单一的，稳定的。有一些写实风格的油画如《大卫》《向日葵》《伏尔加河上的纤夫》等给很多人留下了非常深刻的印象。而动态世界观下的绘画会是什么样子的呢？

在这些梦幻般的BZ自组画中存在着以下化学反应：

(1) $H_3BrO + 5CH_2(COOH)_2 = 3BrCH(COOH)_2 + 4CO_2 + 5H_2O + 2HCOOH$

(以菲罗啉铁原子为催化剂)

(2) $HBr + HBrO_3 = HBrO_2 + HBrO$

(3) $HBr + HBrO_2 = 2HBrO$

(4) $HBrO_2 + HBrO = BrO_2 + H_2O$

(5) $BrO_2$ + 菲罗啉铁原子（还原态）= $HBrO_2$ + 菲罗啉铁原子（氧化态）

(6) $2HBrO_2 = HBrO_3 + HBrO$

(7) 菲罗啉铁原子（氧化态）+ $BrCH(OOH)_2 + H_2O + HBrO = 2Br^-$ + 菲罗啉铁原子（还原态）$+ 3CO_2 + 6H^+$

这个反应方程式表示丙二酸的溴酸氧化反应中以菲罗啉铁原子为催化剂进行反应，菲罗啉铁原子在氧化态（蓝色）和还原态（红色）之间不停地交替变化，这种变化的周期在几秒到几分钟，具体和其中的无机酸（丙二酸）、溴离子等的浓度有关，也和整个反应体系的温度有关。

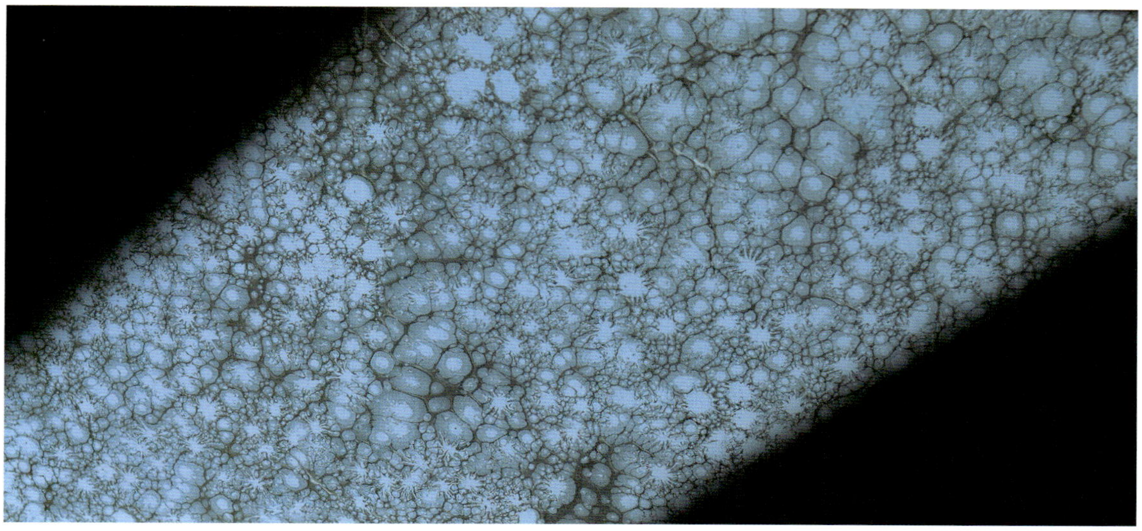

很显然，这种颜色变化和二氧化氮与四氧化二氮互相转换时的颜色变化不同。原因在于：这种反应（BZ反应）是远离平衡态的非线性化学状态，这与经典化学理论中的化学平衡概念截然不同。

“气浮如流水不安，心静似高山不动”，一“动”、一“静”两者的艺术世界是完全不同的。

化学平衡是以一种静态的观点来观察世界，BZ反应是以动态的观点来观察世界。正所谓“我思故我在”，有什么样的世界观就有什么样的世界在你眼前。BZ反应就是一种全新的世界观，只是埋没于历史之中，直到今天，它才重见天日，带给大家不一样的世界面貌。

真实的反应过程是比较复杂的，反应系统中浓度的变化相当于一个自催化过程“启动”开关。BZ振荡反应有以下特征。

（1）反应必须是敞开系统，且远离平衡态；

（2）反应历程中应包含自催化的步骤；

（3）系统具有双稳定性。BZ振荡反应的本质是必然是耗散结构，化学振荡的动力学具有非线形的微分速率公式。

比利时皇家科学院、美国科学院两院院士普里戈金，诺贝尔化学奖获得者，创立了热力学中的耗散结构理论，为认识自然界中（特别是生命体系中）发生的各种自组织现象开辟了一条新路。以后的数学家、化学家、物理学家们在这个基础上做了大量的有意义的研究，这都在普里戈金的预料之中，他可能不会想到，一位艺术家会借助耗散理论，开启了全新的BZ艺术。从此，人类不仅有人生观、价值观和世界观，还有未来将非常重要的自组织的发展观。

普里戈金的名著《确定性的终结》《从混沌到有序》告诉我们：我们置身于一个既非全然确定无疑的世界，也非置身于一个全然变化无常的世界，而是置身于一个决定论和非决定论在系统的发展中难分难解地联系在一起的世界。

兴奋的张芳邨从实验室回到家已经是午夜时分，他简单洗洗就躺在床上回想着BZ的神奇反应，渐渐进入梦乡……

第二天一早醒来，准备吃早点时，发现桌上摆放着一杯水和咬过一口的干馒头。他奇怪？谁到家来过？还把自己的馒头咬了一口？他愣愣地仔细回想，终于想起来了，那是自己昨天早晨的早点，就吃了一口便急急忙忙地去图书馆了。原来自己昨天一整天都没有吃饭！奇怪！竟然一点儿都没有饿的感觉！

## 觉醒者

BZ反应自被发现以来，一直没有太多的实际应用，这也许和它的自组织的自由个性有关吧，因为凡是应用于实际的东西，都要求稳定，并且是人为可以掌控的，BZ反应天生的无法不可控，自组织，因此，除了用于研究，似乎让人无法想象它可以有什么应用。

看到BZ反应那变幻莫测的绮丽色彩时，芳郇被强烈地震撼了。红黄蓝三原色在瓶中变换出无数稍纵即逝或者循环反复的奇幻景象，或者似动物或者似人物，或者似景物，还有各种星空、星云图……站在BZ反应面前，芳郇眼睛一眨不眨，他感觉自己彷佛在观赏人类几千年的绘画艺术大全，似乎穿越时空来到了一个艺术世界。难道这就是传说中的“暗宇宙”“暗能量”“量子纠缠”？

这样的化学反应要如何才能用在艺术和绘画上呢？

天命使然，BZ反应躺在那里，默默地等待了半个世纪，终于等到了怀揣梦想，在生死线挣扎的芳郇。

## 上帝似乎总是在捉弄人类

舍弃了蒸蒸日上的装修公司和指日可待的幸福生活，非要不靠谱地独闯北京的艺术天地，还恰逢艺术盲流被到处驱赶，几乎无生存希望。好不容易老天垂怜，终于可以在北京稳稳当当地靠定制油画和画廊销售，既实现了艺术梦，又可以过上幸福的家庭生活。又鬼使神差地不计较财产大量购买绘画工具，搞得自己暴富暴贫，常常流落街头，靠喝凉水充饥。在这种情况下，芳郇所能接受的人生教训，所能总结的人生经验就是：把钱省下来，不再买高档画布，不再买昂贵的颜料，代之以自己制作为每幅画量身定做的画布，自己研究适合每幅画的颜料。反正，就是每次逃出死亡线之后，都要想出新的，既不会让自己再度面临绝境，又可以继续实现艺术梦的方式。为此，吃再多的苦，受再多的累，也不畏惧，只要不死，一定可以实现梦想。

靳尚谊的话“中国至今没有出现一个有世界级影响力的画家”，梵•高的一幅画抵得上中国几代画家的画价总和，这些信息就像激活了暗宇宙的微粒子，赋予了它们活力，使它们和芳郇的生命胶合在一起，让他着了魔似地向着理想坚定地走下去。

在绘画界，芳郇是孤独的，因为爱看《飞碟探索》《理论物理》《爱因斯坦相对论》《果壳中的宇宙》之类科学著作，爱看《天幕：一个宇宙信息记录员的日记》《宇宙天演论》这样的科学畅想，这让他很难和其他画家沟通。而在科学界，他更加孤独，因为没有一个科学爱好者会认为他这样科班出身的画家和科学有一点点关系。和一个画家谈科学问题？这对于科学家实在是太荒唐了。而大部分科学爱好者，对于美术艺术之类，仅限于具象的人物和风景。对杜尚和梵•高，脑子里没有影像，画法的印象派和抽象派分不清，科学家们大多也没听说过布鲁斯、马蒂斯、伦勃朗……

科学家们忙于研究BZ反应的各种实验实证分析，或者作为工具将他应用于力学、化学、生物、数学等各个科学领域的前沿研究中。画家们忙于在写实、超写实、印象、超现实，抽象等艺术领域大展才华，挥洒颜料，先模仿后超越，沿着艺术大师的脚印前行，将优秀艺术传承并发扬光大。

芳郇从小以为上天是安排他作为一个科学家诞生的，后来他又认为上天是想让他挖掘和继承伦勃朗失传已久的精湛画法。然而看到BZ反应的那一刻，他彻底觉醒了，虽然从五岁起，他就能熟练地操纵手中的画笔，后来他能自己制作精致的画出汗毛孔的画布，画笔和绘画工具在他手里就像玩具一样，他可以游刃有余地轻松操纵他们，绘制自己想要绘制的任何图画。但是，当他研究出第一幅BZ自组画之后，他再也不愿意操纵绘画工具了，他忽然明白，如同独立的人才是最有魅力的人一般，独立的画才是最美丽的画。当绘画的手、笔以及所有的绘画工具离开画布的时候，绘画才真正独立了，艺术的本质就呈现出来了。他坚信：在科学和艺术已进入交相呼应的信息时代，他的使命，是为了发现科学和艺术合二为一的BZ艺术。

## 人造的虚拟世界和真实的虚拟世界

俄罗斯文学家维亚席姆朗斯基说：“没有风格的作家等于没有命中的箭。”

为了绘出更为震撼的BZ自组画，芳郇又开始自己研制绘画工具。

这幅画是张芳郇做了三天白日梦之后，用自己研制的绘画工具绘制的。由于总是梦见美丽的画面，醒来之后却不能想起清晰的画面，只有模模糊糊令人留恋不已的记忆。因此，当张芳郇奇遇BZ之后，就开始设法在清醒的时候坐着闭上眼睛静思，体会睡觉的感觉，但是又能清醒地回忆梦中的画。他努力在静坐后闭上眼睛想象宇宙洪荒，创始之初的形态。张芳郇并非高僧，也不属于禅宗之类的修行，更没有拜过任何佛教或者基督教的长老方丈与教父，因此，他不知道这就是流行的冥想。著名的苹果乔布斯就非常喜欢冥想，修习禅宗。

在三天三夜没有任何阅读和绘画的情形下，芳郇感觉自己的白日梦越来越清晰，想象中宇宙洪荒的情景似乎出来了。他找来颜料和自己做好的画布，开始在上面作画，他希望画出梦中的情景。可是，这可化学振荡，是自组织绘画，怎么可能按照芳郇的设想最后呈现呢？更何况这个设想不过是黄粱一梦罢了。画了一幅不像，再画一幅还是不像……不知为什么，一而再，再而三的失败后，芳郇就像上了发条一般，更上瘾了。要知道每次毁掉的可都是真金白银，BZ自组画不同于其他的具象或者抽象画，可以修补。一旦失败，就要重新用新的颜料和画布。画了一幅不满意，芳郇心疼一下宝贵的颜料和画布，但是，又毫不犹豫地马上启动下一幅画。

整整四天四夜，没有间断地，几乎连水和饭都顾不上，终于，在画第25遍的时候，呈现在眼前的画面，几乎和白日梦中的一模一样。芳郇感恩上苍，又难免后怕，如果这样一直画下去，始终不能得到自己梦中的画面的话，自己会不会再一次被打入地狱，万劫不复。这幅被张芳郇认为将自己从地狱中解救出来的画作，后来被天启科幻小说《天幕：一个宇宙信息记录员的日记》的作者灵紫老师选作封面，因为她第一次看到这幅画的时候，简直不敢相信自己的眼睛，自己小说中设计的科幻宇宙情形，竟然被一个画家真实的呈现了！这太不可思议了。

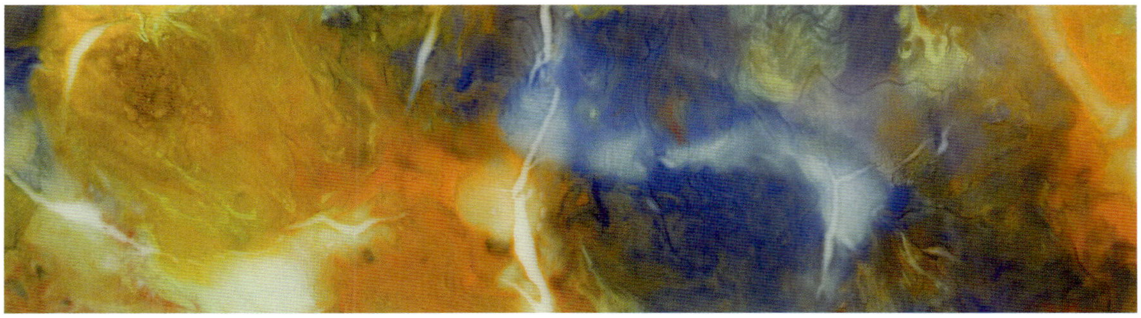

罗斯科认为他的西格拉姆壁画是无字天书，张芳邨认为他的BZ艺术是打开宇宙中艺术宝库的钥匙，罗斯科认为他的壁画将有益于治疗现代人琐碎无聊的通病（来自BBC《艺术的力量》）。张芳邨认为BZ艺术将帮助人类提升生命能量，实现习近平主席提出的生命共同体，达到代表中华传统文化精髓天人合一的境界。

人们曾经无法理解罗斯科看到自己的壁画放在四季饭店的时候的暴怒。一个连续忍受了30年贫穷的画家怒发冲冠，退还了相当于250万美金的佣金。张芳邨花上百万买颜料研究BZ艺术，却只剩两元钱过年。惹得父亲暴怒，家人抱怨，亲友远离，只为了看似荒唐的BZ艺术。

这些在普通人眼里极度情绪化的行为，却是艺术家坚定不移保持数十年的“理性”。

这就是艺术家的悲哀，如果他们把画作留给自己，他们将因为贫穷而被世界遗弃，如果他们将画作出卖，那么，买画的人就可以任意亵渎、玩弄、践踏画作的灵魂。

1970年2月25日，伦敦塔特现代艺术馆正在开罗斯科的画展，画展中展示了西格拉姆壁画。可是就在几小时前，罗斯科割腕自杀了。

这也许是只有盛名的艺术家才会尝到的可怕感觉吧！当每个人都以为大师盛气凌人，高高在上的时候，大师本人却正在清晰地感受地狱的煎熬。这种内外巨大的反差，给人带来的那种全身被粉碎性的撕裂的苦痛，是无人能够体会的。婴儿的无助会通过他们萌萌的姿态惹来怜爱，艺术大师的无助却让人无感，没有人会生出丝毫想帮助他们的念头。

当他们悲惨离世的时候，留给他人的只有永远无解的诧异。

罗斯科说：“我画得大，正因为我要它亲密而有人性，画得小就等于把你自己关在体验之外，画得大，就把自己包容在内。”所以他的抽象画都有着“浩瀚”的尺幅，他认为自己画出了宇宙的混沌之感。（摘自《戏剧艺术》2010年第5期“西格拉姆壁画——话剧《红色》与绘画大师罗斯科”）

罗斯科凭借他的直觉和灵感，期望为人类感受宇宙的浩淼带来全新的思考。

但是，宇宙如此深奥，岂是人类能够直觉到的？画家想通过自己的领悟来展示宇宙的各种奇妙，科学家想通过自己的研究来探索宇宙的秘密……什么时候人类才能让宇宙自己为我们展示它的一切?

曾经有无数艺术家用自己毕生的经历去回答一个问题："艺术是什么"？

张芳邨的答案是："BZ艺术是上帝向人类投影的爱之痕"。

"艺术和爱，哪个对人类的影响更大？""是艺术改变了世界，还是世界影响了艺术？"

……

这些问题BZ艺术都可以回答吗?

发现了BZ反应，创造了BZ艺术，这就像打开了一座蕴藏丰富的宝藏的大门，里面都有什么奇珍异宝？那将是一段全新的里程！

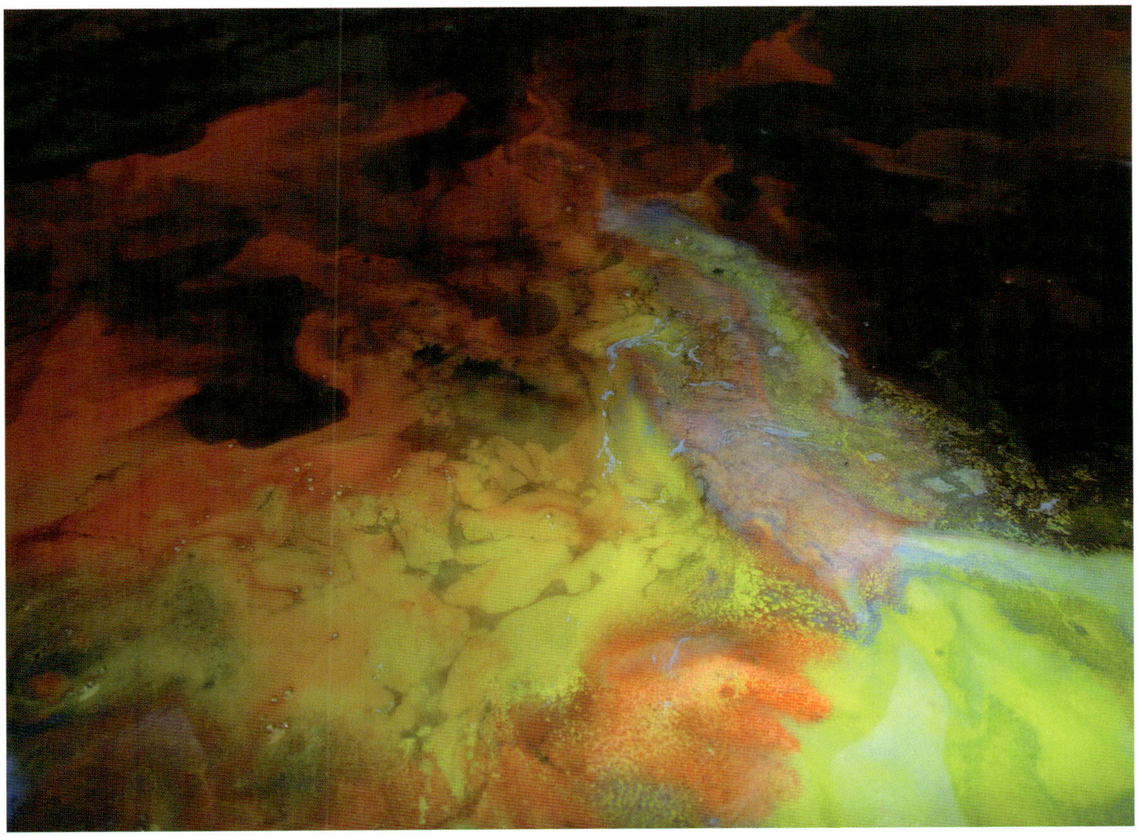

# 第七章

## 万事万物皆可BZ

# 万事万物皆可BZ
# （BZ艺术改变世界）

BZ艺术是上帝向人类投影的爱之痕。

——题记

## 从岩洞壁画到BZ艺术

47000年左右的远古壁画是人类发现最早的写实具象画，但是，7万至10万年前，人类留下的岩洞壁画却不是具象画，一些研究者表示，一些低龄幼儿和精神病患者的涂鸦和这些非具象画非常相似。这让我们不得不设想，也许存在这样一条贯穿数万年的人类社会的高维维度线，这条维度线一直在我们人类社会的三维空间中有所投影，我们不能明确看到，但可以找到投影痕迹。

随着现代信息技术的发展，数字照相看似越来越能取代画笔了，可以在写实上远远超越画笔。但是，我为此专门和一位人工智能领域的博士讨论，他认为理论上人还是应该比计算机要先进，因为计算机是离散的，人工却可以做到连续。虽然，理论上讲，离散的极限状态就是连续，但是，计算机只能实现无限逼近，却无法达到极限状态，所以，它始终是离散的，而人可以实现连续。所以，理论上人工的画笔是应该能超越计算机的。这就是超写实画家冷军为什么画得比照片还要真实的依据。

对于西方当代写实主义风格的代表画家，安东尼奥•洛佩斯•加西亚来说，“巧劲”是他的基本功。洛佩斯的画，看似微观的细节表现，却在整体上入情入理，近观远观都能让人服气，运用一般的技法却很难达到。造型之准与心理上追求之准的高度吻合，才能达到比照片更照片，比真实更真实的贴切感受。他选取了符合眼睛里的影像，全心地交流反馈，使之最大程度地忠实和臣服，从不以原则和审美法去篡改他们，让真的东西能保留得更多更多，于是就让我们看到了一个特别的画面。真实给人以震撼，活生生的，唤起人们感官系统的“精灵”，这哪是绘画。（摘自曲湘建《无语瞬间：一个写实油画家的创作手记》）

洛佩斯的写实不是物质的写实，是灵性的写实。

每一幅画的细节和整体感都一样重要。但是相对而言，写实更强调细节，例如毛孔、头发丝等等。每一微米的皮肤颜色，透过皮肤可以隐约看到的每一微米的血管的形状和颜色……那种一个活生生的真人站在面前的震撼感，就是冷军的超写实画作带给我们的第一感觉。反之，抽象、印象则更强调整体感。由于抽象画表现的是和物质存在完全不同的视觉效果，因此并没有任何真实的物体带给观看者相应的感受。例如，《蒙娜丽莎的微笑》是画家把真实的人物永远留在了画面上，这个人物带给每一个观看者人物外貌本身的观感。所有的写实绘画都是这样对待观看者的。而抽象画不然，观看者无法确定画中的实体，只能感受画家的情绪和心灵意识，很多人认为抽象画不美观，甚至认为是随便乱画出来的。为了让抽象画更容易被人理解，很多文章告诫我们，在介绍或者观摩抽象画之前，要先了解画家有没有优秀的写实画，然后再作评价。这里其实暗含一个意思，就是如果这个画家的写实画得好，那么他的抽象画就应该是有价值的。否则，他的抽象画的价值似乎就要打问号了。这是和抽象画本身的意义是完全违背的。用违背抽象画理念的方式介绍抽象画，也是无奈。因为大多数人是无法直接领会抽象画的内涵的。

但是，这种介绍方式确实让大多数抽象画更容易被大众接受。抽象画大师毕加索、康定斯基的写实画确实也是非常优秀的，但是，超越他们的抽象画大师波洛克却不是这种情况。波洛克生前，他的写实画一幅都没有卖出去，也没有得到认可，当时的人们认为就写实而言，他根本就不会画画。而他的抽象画是目前所有抽象画中评价最高的。波洛克现象让很多人疑惑，后来很多人误解张芳邨的BZ自组画是模仿波洛克的画时，他专门认真研究了波洛克的画，并对波洛克的画进行了详细的解读。

在教育界有一个颇有争议的问题。经常会有音乐天才、数学天才、记忆大量诗词和经典的天才被发现，但是，却极少发现有哲学天才。哲学思考需要相

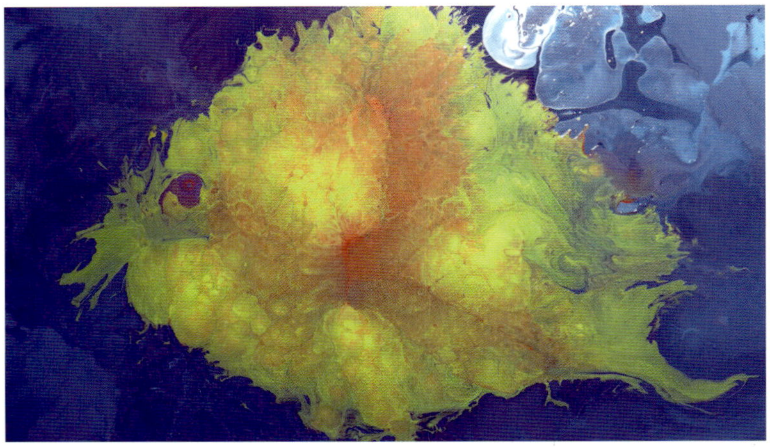

当的社会阅历做基础，不是简单的记忆所能表达。

有一类抽象画家给人们留下了不可磨灭的印象。这就是历经人世已经有自己的哲学体系的成熟画家。他们把人类隐藏在内心深处，无法用语言表达的，看待自然和社会的视角用艺术表达出来。看毕加索、康定斯基的画，那种站在画作画前会产生的，看见了现实世界永远不可能见到的画面的从未有的震撼感，令人久久不能忘怀。画家那种震撼心灵的情绪和灵性思考也透过画笔和颜料深切地传递出来，直达观摩者的内心。所以，看尽繁华的达人，无需了解画家背景和其他画作任何介绍就可以直接欣赏抽象画，并可以从中获得一番心航旅行的奇幻经历；而普通大众，无法在哲学层面思考艺术，因而当不知道画家任何资料的情况下，凭借客观感官直接认为是在乱画，很丑。

因此，一些科学家表示绘画对现代认知功能和象征行为的进化非常重要，同时也与语言的发展有关。

写实的整体感非同小可，站在一幅画面前就像和实景相对的亲近感，画中人物或者景色如果非常美丽，会带给每个观画者美好的视觉感受。抽象的细节之处会撼动人心，那种每一粒微尘都带给我们心灵意识的导引，那种穿越时空的心灵感受，会让历经具象世界的沧桑心灵找到破碎后重建新体系的愉悦。

一直崇拜伦勃朗、鲁本斯这样的艺术家的芳邨，在具象画取得初步成功，收到很多买家订单和画廊拍卖会邀约后，并没有放弃自己的科学梦和艺术梦。

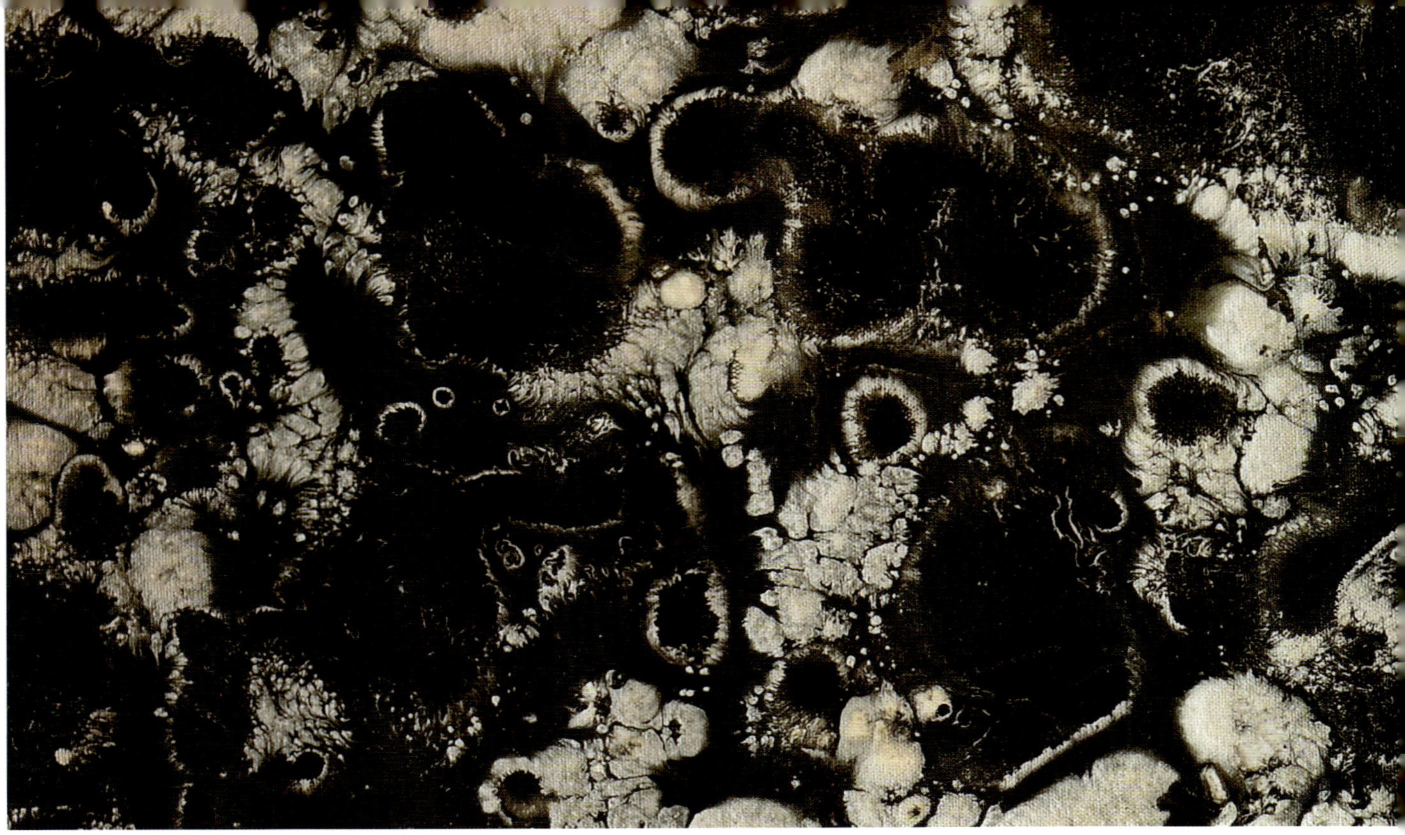

数万年前的岩洞壁画，使用的是动物脂肪和有机颜料，至今仍然如同昨天新画的一般，而近代许多名画却随着年代的流逝，而变得颜色暗沉，已不复当年模样。张芳邨研习岩洞壁画的精髓，翻越大量科学期刊和著作，创新地制作了现代BZ自组画，再现了电影《超体》最后Lucy和类人猿的握手。

芳邨发明的BZ自组画的颜料也是最原始的颜料，和岩洞壁画的颜料相似，也可以用类似中世纪的油画颜料，颜色则是宇宙中最基本的三原色红、黄、蓝作为基础。

BZ艺术是人类第一次将自然界的自组织过程引入绘画领域。在人类还没有进化到可以作画之前，大自然在自组织BZ作画，宇宙在自然形成各种炫丽的艺术，不过那时候人类还没有发现它们。后来人类可以用手作画了，出现了宗教意义的抽象画，再后来，到了4万7千年左右，人类开始画具象画，具象画的历史绵绵久长，一直到近现代，人类开始解构自然界，创造了抽象画。1997年，穷困潦倒、挣扎在生死边缘却执着于艺术和科学梦想的张芳邨，在自己配制颜料和制作画布的艰难过程中，发现了BZ反应，并从此一发不可收拾，沉溺于BZ艺术的研究和创作中，由此自组织过程跨越数十万年时光，再次以艺术的形式呈现在大众面前。

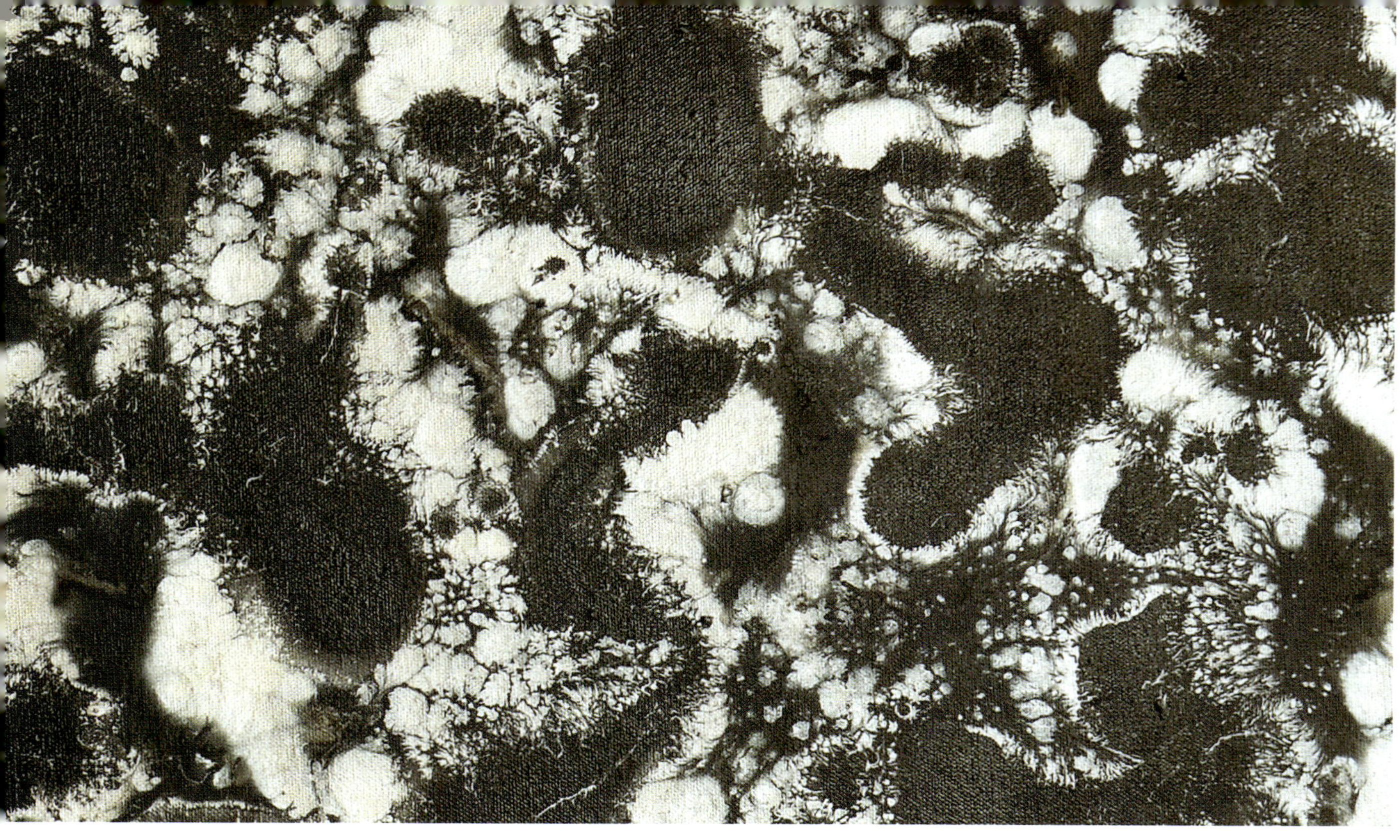

BZ艺术的诞生使得人类艺术史完成了一个完整的轮回：自然界的BZ——抽象——具象——抽象——人类发现的BZ。

## 万事万物皆可BZ

芳邨最早在油画布上实现BZ自组画，后来尝试在宣纸上，很快他又尝试在木板等介质上做BZ自组画。BZ反应发现了刚刚半个世纪，化学家们还在探索它的各类试验，对它的研究越广泛，人类被越深地震撼。对于芳邨来说，这些研究成果的应用并非难点，甚至他自己也在研究BZ的新型反应模型。比起那些研究BZ反应的化学家，芳邨的BZ艺术的难点在于，不同介质上能体现BZ反应的颜料不同，他需要研究符合介质的纹理和融合性的有机和无机颜料。

芳邨深入研究BZ反应原理后，他发现，万事万物都可以作为实现BZ反应的介质，另一方面，BZ反应应该也可以呈现万事万物。

每个人第一次听到张芳邨谈及万事万物皆可BZ的时候，都会震惊于他的“狂妄”。而他这样讲的时候，在他身上看不到任何自夸的样子，他好像在讲太阳东升、夕阳西下这样人人皆知的常识一般。

一位爱好各类艺术鉴赏，被BZ艺术强烈震撼的数学硕士，听了此诳语非常反感，实在无法抑制自己心中的质疑。忍不住找来几位化学博士询问了这样的问题：“万事万物都可以用于BZ反应吗？”得到的回答是：“没问题。严格来说，适用体系是溶液反应，也就是能变成液体的东西都可以。从这个角度说，我们日常见到的东西都可以进行BZ反应。”看到提问者仍然狐疑不已，博士们拿出了几篇化学论文展示给大家。人们看到这样的论文标题：“牛奶中的三聚氰胺对B-Z振荡体系的影响及其分析测定”“维生素C对Belousov-Zhabotinskii反应的影响”“酒石酸_溴酸钾_硫酸锰_硫酸_丙酮体系的振荡反应”“丙酮酸_葡萄糖_乳酸混合体系的BZ反应”……毕竟不是研究BZ化学震荡的专家，数学系的人虽然还是不能确认万事万物皆可BZ是真的，但是，总算明白了张芳邨并非口出狂言，这样说也是经过了认真研究并深思熟虑的。继续和张芳邨详聊BZ艺术，得知张芳邨已经在油画布、宣纸、高温颜色釉等介质上成功绘制了BZ自组画作。他还计划在丝绸、玻璃、木板……甚至将来计划直接到大自然中，随意选取介质来实现BZ艺术。原来，他不是简单的宣称，而是实实在在地去实现。

目前张芳邨用油画，高温颜色釉等实现的BZ自组画呈现了惊人的画面。来参观他的画室的每个人都很惊讶。有一张画，很多人认为和蓝宝石的裂变几乎完全一样。《天幕：一个宇宙信息记录员的日记》的作者灵紫认为，其中很多画作，和她的书中设想的宇宙信息画面极为相似。一些对高维物理空间兴趣浓厚的宇宙科学爱好者，甚至宣称自己在画中找到了一直无法体验到的高维空间景象。

这幅画画了25遍，第25次画作出来的时候，张芳郡不知为什么抑制不住泪流满面。他无法理解自己的感动，但是，内心深处确认，这就是自己想要的画。后来著有《宇宙天演论》的著名航空科学家高歌教授，看到这幅画的时候，非常震惊。他在研究宇宙起源，认为宇宙起始的颜色就是黑白两色，万千色彩就是从这样两种颜色中演化出来的，同时他头脑中一直设想的宇宙演化初始阶段就是一团团的黑白相间的环抱状的情景，还有许多飞来飞去的弦线。可是，这些设想他估计在有生之年无法实证，也很难有其他科学家和宇宙探索者能实证。张芳郡的这幅画可以说是他宇宙演化设想的艺术实证，他把这幅画命名为“宇之初”。

什么是艺术实证？艺术实证不同于物理实证，化学实证。他是科学家们设想的未被物理化学实证的宇宙规律，诸如暗宇宙、暗能量、其他时空层的微粒子等，物维空间中人类的视觉视界无法看到的、被艺术地在画面中呈现的实景。

BZ艺术是宇宙运行轨迹在物维空间的显现，因此，它可以说是一种对科学的艺术实证。

当艺术邂逅科技，其机遇和挑战无不蕴藏在艺术家和观众的互动之中。爱因斯坦曾经说过，真正的科学和真正的艺术需要同样的思维过程。回归到人类的生活方式和思维本身，我们期待着科技进步背景下更广泛的艺术实践！我们相信，科学技术和艺术实践，能够在不断的冲突中实现共鸣，在对话中走向广义的和谐。

关于宇宙，关于星空，可能现代人都看不到最后的科学实证，黑洞理论专家霍金至今没有获得诺贝尔奖，就是因为他始终不能实证自己的理论。有了BZ艺术，很多科学设想可能在得到科学实证之前首先获得艺术实证。BZ艺术作为艺术实证，离科学实证还有很大距离，但是，随着对BZ艺术科学研究的深入，艺术和科学将从互不相干，逐渐走向相辅相成。BZ艺术极有可能，推进宇宙演化，让万千世界的各种谜题得到破解。

张芳邨在夜以继日地研究BZ艺术实现的多介质化以及BZ艺术的多样化表现形式。

## 抽象艺术可以激发人类的直觉

艺术家并不会实证后再下结论，那是科学家的范儿。艺术家需要有良好的直觉，并沿着自己的直觉走下去。

我们的教育从小只培养智商，没有培养直觉，只有艺术类院校的学生培养了少量直觉。有良好的直觉的人通常都会直接找到自己的目标，并且坚持下去。现实生活中也有这样的例子，这样的爱情通常非常稳定，这样的人生体验常常可歌可泣。遗憾的是，很少有人有这样良好的直觉体验。随着现代社会对于教育越来越强的模式化，青少年成才的速度大大加快，小鸡成长的时间也大大减少，人类和动物这样的直觉也越来越稀有。

抽象画之父康定斯基第一次是这样发现抽象画的，那天他傍晚回到家里，突然看到房间里无法用语言描述的美丽图画，一种由内而外的光芒从画面袭来，稍稍愣了一下之后，艺术家的直觉让他直奔向那幅神秘的画。原来是一幅自己的画，不小心被碰倒在地，画面倾斜后竟然比原来正常摆放别有一番惊人的美丽。但是，奇怪的是，第二天再看，却怎么也找不到昨天的感觉。一边回忆昨天那令他惊艳的色彩和朦胧的形状，一边思考。他豁然明白了：“是客观物象损毁了我的画”。在这个故事之前，每当人们看一幅画的时候，都会和客观世界的画面对号，这就是具象画一直以来带给人们的思考角度。而这个故事告诉我们，除了执着于物象，这个世界还有很多其他认知方式，别有不同凡响的美妙。

这就是抽象画诞生的神奇故事。康定斯基由此悟到了那句著名的哲理：“多少寻找上帝的人，停滞于木刻的圣像上”。观看具象画时，我们更多被画面呈现的外在物体或者景象引导，忽略了单纯的色彩和不同于客观物象的形状带给我们的内在美。因此，著名抽象画《黑与金的小夜曲－下跌的火箭》

(1874)的作者惠斯勒坚信艺术要与颜色和谐协调，如同音乐要与声音和谐协调。艺术除了呈现外在美，还应该显示内在精神力量。

从这个故事中我们可以了解，抽象艺术打破了画家以眼睛可视的物质为参照，以物维世界的主体作为模仿物的局限，更注重画家本人的思想和情绪表达。因此，抽象艺术是人为现象而不是自然现象，抽象艺术诞生于人类的直觉，反过来又促进和提升人类的直觉。

中国人最讲究的那种“只可意会不可言传”的领悟境界就是典型的抽象艺术。因此，印象画、抽象画非常适合中国人的审美观。苏东坡的《寒食帖》就是早期抽象派的例子。这些字体在常人看来并不美观，甚至有些丑，看似小孩子写字的水平，就像很多抽象画，看上去小孩子都能乱画的样子。但是，总是有人能领悟到那种相似相惜的灵魂共鸣。蒋勋在他的《苍凉的独白书写:寒食帖》中讲了自己和《寒食帖》的故事。年轻时觉得那种东倒西歪的样子很丑，老师说，“你将来会懂”。已经历练出了人生智慧的苏东坡如何不了解别人看了这个书法的感觉，所以，他自嘲为“石压蛤蟆体”。这就是抽象艺术的最高境界，不在意别人的嘲笑、讽刺和挖苦，了悟了人生，就是真正的回归到返璞归真的原初。这并不是年轻、没有沧桑和阅历的人能感受的美。

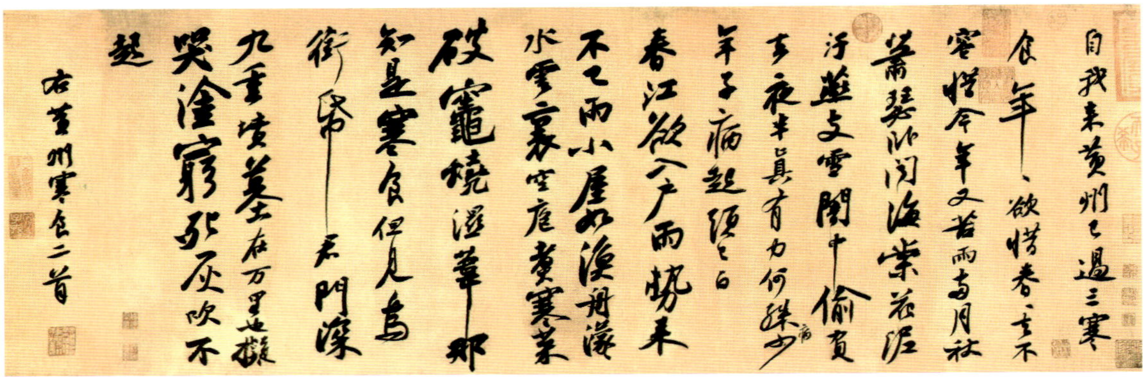

这就是抽象艺术的妙处。

## BZ艺术可以启发人类的灵性

抽象艺术所表达的，不是物象的客观外表；BZ艺术所表达的，是事物的本质。

一位天体物理学家的一次演讲中指出，我们的教育最缺乏的是灵性的培养，就是人们常说的，这孩子没有灵气。要想培养灵气、灵性，最重要的就是要接触大自然，和宇宙万物同呼吸，共命运。

火车、飞机、高楼大厦远比马匹和木屋先进发达，但是，它带给人们越来越多的窒息感。人类在钢筋混凝土和钢铁汽车中，越来越远离大自然，如同住在一个豪华奢靡的大监狱中，远离美好的大千世界，远离灵性。

过去很多孩子常常在夏日夜晚，躺在竹席上看一条长长的银色河流在天空中漂浮，听爷爷奶奶讲牛郎织女的故事。现在越来越多的孩子没有看见过银河，不认识北斗七星。很多人可能终身都没有见过流星雨……

地震和洪水等灾难发生时，动物都会提前预知，这是他们尚存的灵性。与看似低级的动物相比，人类在灾难面前越来越无能。

张芳邨认为艺术家应该不断去探索，让心灵时刻与万事万物交流。

从小酷爱大自然和美丽星空的张芳邨，地上的一草一木都让他既熟悉又新奇，仰望星空的习惯一直持续到今天。只要是和宇宙探索有关的话题、研究，总是会让他立刻着迷。

这个从小立志当科学家的孩子，高考时却报考了艺术学院，并且历时4年终于考取了高分，后来也最终进入艺术殿堂的最高学府，从事艺术创作的几十年间，芳邨阅读了大量科学著作，终于在BZ艺术上实现了他的科学梦和艺术梦的完美结合。

BZ 艺术的诞生和研发过程，显示了人类的某些灵性，凸显了人类发展过程中艺术、宗教、哲学、科学的罕见融合。自从有了科学之后，哲学所扮演的，解释自然科学和理性探索的边缘学科，引领人类思维方向的角色开始逐渐退化。艺术从4万年前就在扮演着呈现宗教意识的作用，随着人类社会的进程，艺术逐渐扮演着更加丰富的角色，寄托人类的美好愿望，诠释思想、哲学、人生观、价值观，如今，科技已经挺进太阳系、银河系，面对宇宙空间，艺术又开始了诠释科学的新使命。这就是由灵性思维启示的BZ艺术的诞生意义。

BZ艺术是反应一种抽象的宇宙精神和灵魂大宇宙观的自组绘画，是站在整体宇宙生命观的高度的原始人类潜意识的物质显现，它将有可能成为解释宇宙发展变化的一个密码！

每一幅BZ绘画作品，普通人可能仅仅感觉美观，色彩出奇的绚丽、丰富，远远超过平常所见。但是，心理学家、科学家、易经研究者、国学研究者等等，则会说出各种出人意料的答案。

BZ艺术的发明创造可以与人类智慧的前沿科学相结合，并广泛涉猎到理论物理科学、自然科学，爱因斯坦的相对论、威顿M论、霍金弦理论、以及最新的天体宇宙学、混沌学、物质能量学、暗物质学和超弦学等。

这幅宣纸画是芳郇在凌晨三点起来，急切地画出自己梦中的图画。连续半个多月芳郇都在计划绘制一幅绚烂斑斓的画面，苦苦没有头绪。这天晚上，芳郇实在没有思路，就早早睡了。夜里芳郇梦见老爷爷在天上作画，而自己在画室中模仿爷爷，不知为什么模仿得一点也不像，看着爷爷一遍遍地画出美丽极了的画面，芳郇总也模仿不了，怕爷爷不耐烦走了，芳郇急得浑身冒汗，突然醒了，梦中的画面清晰可见，他立刻把几天来一直准备画的颜料拿出来，奋笔疾“画”，没想到少有的一气呵成。芳郇看到这么美丽的画，惊呆了，虽不能说和梦中一般，但是确实像极了。

《天幕：一个宇宙信息记录员的日记》的作者灵紫认为，这幅画中的那只闪着炫目七彩光的透明眼睛的就是她的书中的“宇宙之眼”，是宇宙中心的眼睛。

一位从事地震研究的老专家，也是《国学旨归》丛书的粉丝，刚在微信上加了我，就发来这条信息：“您好，老师！很欣赏您挂上的彩画面！韵含万

味，意蕴悠远深厚？”这是我把这幅画设置成我的微信头像之后回复得最文艺的一个圈内朋友，“画面中部满了鲜活的从小至大的，有形与无形的生命，孕育着海洋、江河、小溪、绿洲，世界天宇妙含、核仁、核子之间的舒然起舞，融和与纳入，不争不纷，舒心而携等等，语无尽，意还存！”

相信一万个人看了这幅画会有一万种解读，这也许就是宇宙的真理之一吧。她掌控万物，又赋予万物足够恣意的空间；她让真理不孤独，赋予万物万千真理。在宇宙之核的眼中，每个真实都是真理，又都是虚幻。可阴可阳，可进可退。没有边界，又界限分明。她的目光蕴含无限，又辐射无限，温暖着每一个存在，爱着每一个存在。这样，宇宙间的每一个存在，都留下了深深的、无法磨灭的爱之痕。

BZ艺术从诞生起，经历种种人们的不同凡响，显示了它可以用各种方式诠释万事万物。因此，我们不妨期待，它可能启发人类思考和探索宇宙间各种存在更本质、更深层次的原理和意义，对人类在很长的一段时间无法用科学摸索出思路和进行实证的边缘学科进行思考或者艺术实证。

既然几乎所有的介质都可以用来做BZ自组画，芳郇决定首先在人类最喜欢观赏的表现绘画的介质上试验。近年来，瓷板画收藏热起来了，他在2013年尝试在瓷板和瓷瓶上试验，2014年，他再一次奔赴景德镇，尝试很多专业瓷板画家视为畏途的高温颜色釉。能耐得住1500摄氏度左右的高温烧制的颜色釉，被称为高温颜色釉。

当确定在瓷板上实现高温颜色釉之后，芳郇再次投入到图书馆和实验室，疯狂地查找资料，进行试验。芳郇一直以来都是在油画布上作画，后来尝试过宣纸上作画，油画布和宣纸上使用的颜料基本相同，但是，在瓷板上使用的颜料则不同。因为瓷板上的颜料要耐得住高温，因此颜色就受到很大限制，瓷器的收藏家都知道，一个颜色丰富的瓷器的价值远远超过普通颜色的瓷器，因为要想实现随心所欲的多色彩在瓷板上是非常难的。

终于，张芳郇在自然界中找到了能耐高温达到1300摄氏度以上，甚至达到1500摄氏度高温的颜料。高温颜色釉成功率只有20%。有一位专门绘制高温颜色釉人物画的艺术家，在景德镇三年，一直到最后都还是仅仅在低温颜色釉上成功了，高温颜色釉一块都没有成功，最后无奈挥泪离开景德镇，发誓再也不做高温颜色釉了。

传说中的失败故事是无法让历经劫难的张芳郇知难而退的，但是制作费用的昂贵，还是让他不敢轻易尝试。为了提高成功的概率，芳邨做了精密的筹划，每一步都往最坏处准备，绞尽脑汁把所有的细节都思虑周全……

那段日子，每天都能想出一两条有可能导致失败的问题，然后寻求可能的解决方案，想到那么昂贵的瓷板有可能会一次次失败，芳邨欲罢不能又前进不得。文字、梦想的魔力又开始发力了，芳邨日日噩梦，瓷板画不断地在梦中碎裂，很多次在梦中被吓醒，一身冷汗……

终于，随着难题的一个个攻破，芳邨的噩梦越来越少，一天夜里，期待已久的绮丽美梦终于再次降临。在梦中，那个曾经教芳邨画画的爷爷又出现了，爷爷挥着奇怪的画笔，在天空中点出了一种又一种的颜色，芳邨虽然是学美术的，却从来没有见过这么美丽的颜色，那个浅紫色的粉，比最嫩的粉紫还要“萌”，怎么会有这样的紫色？还有黄色，蓝色，红色，绿色……这些色系都是常见的，但是，为什么色彩却是罕见的？当一团红色从数不清的色彩组成的迷雾中渐渐显现的时候，芳邨惊呆了——实在是太美了！

在冬季即将到来之际，芳邨再也等不得了，他果敢地踏上了千年相传，在瓷器爱好者眼里被“神灵”护佑的圣地——景德镇。

英文“China”既代表中国，也表示瓷器。由此可见瓷器对于中国人和世界对中国人的认知有多么重要的地位。景德镇的瓷器已经有千年历史，特别是元代之后，景德镇的历史基本上就是中国瓷器史的主旋律。

陶瓷装饰一般分为釉下彩和釉上彩。主要有青花、釉里红和釉下五彩等，以及古彩、粉彩、墨彩、新彩等，釉下青花与釉上五彩相结合的 “斗彩”，属于更为名贵的品种。总之，颜色越鲜艳，色彩越丰富的越珍贵，色彩丰富并且协调悦目的更是上上之品。景德镇公认的，享有很高声誉和深远影响的名贵品种是，釉里发出红色的瓷板画，同理可知，红色的颜色越鲜艳，则越贵重。

一般来说，大部分瓷器在入窑前都是灰头土脸的暗淡颜色，但是，烧出来的都会非常惊艳。但是，特别丰富的色彩的瓷器仍然是非常难以烧制的。

虽然之前做了非常完善的准备工作，但是，近乡情怯，进入这个传奇的隐藏着无数“鬼斧神工”般技艺的地方，芳郡内心还是无限忐忑。

芳郡先在晒坯上涂上精心配制的BZ颜料，放任它们自组织反应绘画，当反应即将结束的时候，将陶瓷制品装入匣钵，送进烧窑中烧制，当瓷板在窑中1300度的温度下烧制的时候， 芳郡进入了一级战备状态，这个时候火候的掌握对于最后的成功起到关键的作用。

冰裂纹，也称“璺”或者开片。古有素有“哥窑品格，纹取冰裂为上”的美誉。无需想象，冰裂纹这般精美的工艺一定是诞生于艺术和品味的高雅华美达到巅峰的宋代。在细腻婉约的宋词，精致化神的宋画，清婉美妙的宋歌，抑扬顿挫的琴音熏染的氛围中，几乎每个工匠都成了“噬美如命”痴人，更要命的是，这种极端的美还带有强烈的文化色彩。

宋徽宗对文化的美痴迷到了极致，引得全国人民一心一意追求美，导致了那个美极一时的时代。影响世界的中国陶瓷中的极品大都产生于那个时代，其中最负盛名的“冰裂纹”工艺历来都是陶瓷艺术家的至爱。但是，有生之年能做出，不要说别人，就是自己能满意的“冰裂纹”的艺术家总是寥寥无几。

出人意料地，需要非常有经验的窑工，多次摸索才能达到的“冰裂纹”效果，芳邨的BZ瓷板和瓷瓶，竟然一次成功了。而且，令所有人惊讶的是，芳邨烧出来的瓷板冰裂纹不是全部的，而是局部的。这让人不得不惊叹，BZ艺术在自组织绘画之后，是不是在窑内有自组织的冰裂？

尽管受到很多限制，又是第一次绘制高温颜色釉，但是，芳邨烧出来的瓷板画和瓷瓶的颜色之丰富，让景德镇工作多年的瓷器专家都惊叹不已，他们说一辈子没见过颜色这么鲜艳、这么丰富的瓷器，更神奇的是，这些颜色的边界是相溶的，呈现出极为罕见的融合美，这是景德镇从没有成功过的瓷器。因为一般来说，不同颜色之间是界限分明的，无法实现相互融合的效果的。

因此，当张芳郗的瓷板烧制出来后，整个景德镇都震惊了，闻讯而来的很多当地老窑工都要拜芳郗为师。

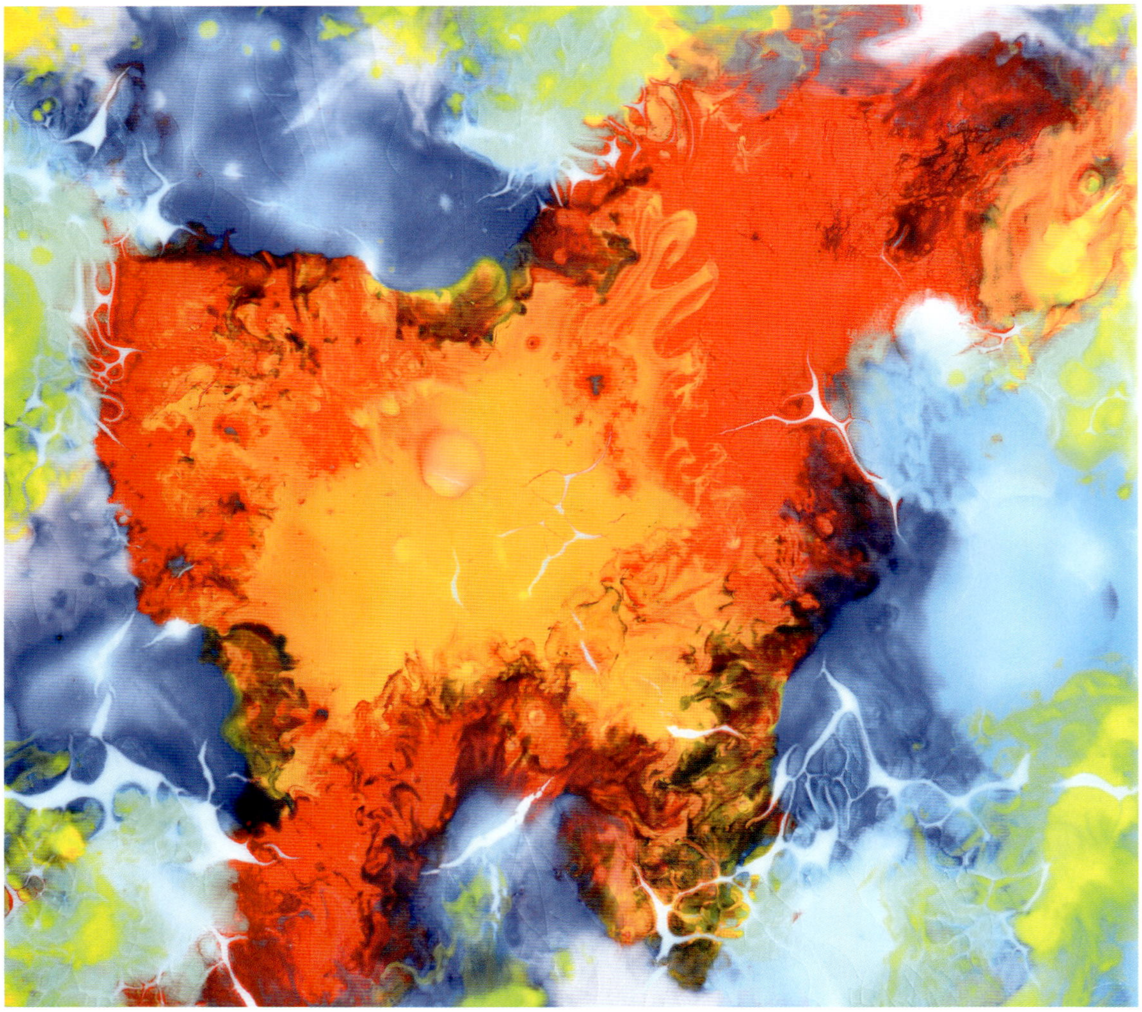

这幅高温颜色釉的画，让闻讯来参观的人们各个赞不绝口。BZ自组画的超级粉丝《天幕》的作者灵紫老师再一次在画作面前叹服，她认为这幅画画得是她的书中描述的三宙岁时护卫银河系的金菲力的化身——金狮。一头幻化的金狮从宇海中缓步走出，红色的狮毛翻卷着，两只前脚已经踏出云端，两只后脚还隐藏在星云之中。宇宙射线在它的身旁时隐时现……

同样是这幅画，在文学迷眼中，是祖国的大好河山，旁边有中国台湾岛和许多新建的岛屿……

一位文学青年感慨："这幅画，让我惊叹，这个世界真的存在'华而有实’的艺术，非常华丽，也非常有深度！”

一念一世界，一思一宇宙，BZ自组画似乎蕴含着深奥的哲思，蕴含着无限的禅机……

看来创作这样的画作，尤其重要的是，画家本人的智慧，对科学的领悟，对宇宙灵性的感悟，与以往的很多画家不同，每当张芳邨作画时，他都认为自己是置身广袤的宇宙中作画，而不是在小小的画板和画室中。这也许就是BZ艺术制作的最大秘密。

按照张芳邨的BZ理念，宇宙间的万事万物都可以作为载体来实现BZ自组画。在成功实现油画布，宣纸，瓷板等介质上实现BZ艺术之后，他正在思考如何在海洋、天空、陆地上实现BZ自组画，他认为有一天他可以在森林中办BZ自组画展，还可以办音乐画展，可以现场在两小时之内让观众亲眼看到BZ绘画艺术千变万化的过程和妙不可言的最终画面。让来看画展的观众，如同置身4D影院一般，将行为艺术与绘画艺术在绘画载体上结合，实现科学与艺术融合的线性绘画和复变绘画。

想象中的这种画展令人期待，画展不再是让观众只享受静态美，BZ自组画展还可以让观众享受动态美。我们不妨设想，视频连线两地的BZ自组画，让观众亲眼见证，在不同地点的同样介质，同样颜料的BZ自组画，最终的结局会有什么不同?

这样可以真实地见证：那些看不见的所谓自组织的推手的神奇作用。

当我们默默地在毕加索和罗斯科等抽象画家的画面前伫立良久，我们会感觉身上的细胞被一种莫名的力量带动起来了。罗斯科说过：他的画是一趟未知之境的未知冒险。BBC《艺术的力量》这样描述那些抽象画大师：毕加索是一个随心所欲的天才，他想要成就一些世人认为不可能做到的事情。罗斯科的画则让人思考：它们仅仅只是另一种耐用消费品，还是甚至可以拯救人类灵魂?

张芳邺曾经是一个随心所欲的画家，他用熟练的技巧绘制他的客户或者他自己喜欢的各种画像、风景，和想象的画面，直到他遇到BZ反应。BZ艺术首先改变了一个画家的人生，继而改变艺术的历史。它让随心所欲的画家忐忑不安，小心翼翼地等待自组织的结果，就像等待灵魂的审判。BZ艺术让画布、宣纸、瓷板等介质上的画真正独立于画家的操纵，没有人知道画作的最后结果是什么，也没有人能够改变画面的结果，它在变化的过程中，是什么让它改变颜色，又是什么让它呈现了这样的结果？每一幅画都会引导观画者进入一个从未到过的时空层，人们无法确定目的地是哪里？也不知道会看到什么？只知道，当你伫立在画面前的时候，你无法抗拒，更无法选择。

在BZ艺术世界里，随心所欲的不再是画家，而是绘画本身。

与其说是张芳邺发明了BZ艺术，不如说是BZ艺术彻底征服了他的灵魂。

## 艺术的比较与BZ时代

不同孩子之间的比较毁了教育，不同艺术之间的比较毁了艺术。

同类的事物总是存在的，这个世界上没有独立于世的物质和精神，所以，比较是不可避免的。我们需要经常警醒自己的是，用正确的方式去比较，用建设性的理念和方法去比较，避免毁灭性的比较。

曾经有吴冠中和波洛克画风相似的各种研究。后世模仿波洛克的人甚多，但是，吴冠中显然未列其中。因为，无论如何形似，波洛克最重要的创新——对重力的释放，让画板走下画架，是与吴冠中的画作本质的区别。

吴冠中作品用点线面体现了中国传统文化中雅韵闲淡的风情，和儒释道三位一体的“看花不是花、看树不是树”、源于具象却表达抽象的禅思。

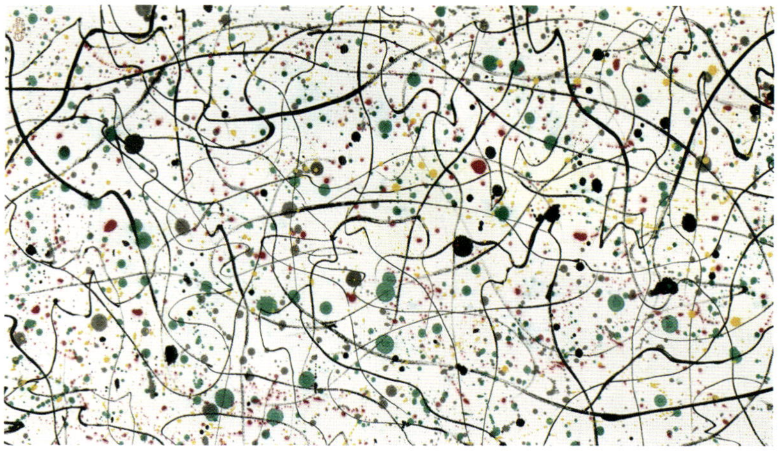

（吴冠中作品）

“抽象画之父”康定斯基在《艺术与艺术家论》中明显不赞成不同类型和形式艺术之间的比较。因为这些比较的标准和方法都是人为而非自然的。但是，又有谁能停止比较呢？

BZ艺术让我们更关注探索、前行，而不是横向比较。它开启了另一个艺术时代，一个可以让每一个画家充分展示个性的真正的艺术时代。引领爱美爱艺术的人们不再沉溺于相互的比较和贬损，而是关注是否有创新，是否丰富多彩。

不仅是如此，BZ艺术还将给人们带来更多的突破口和启发。

一位生物数学硕士，曾经的硕士论文是“一类传染病模型的渐进分析”，当年默默地预测过非典等传染病的周期，在大家都疯狂恐慌的时期，她和家人因为数学模型的预测结果而泰然自若。看到BZ反应的相关研究论文，生物数学研究生产生了一些联想：如果建立数学模型来研究人体生物振荡，以及人类和地球生物振荡，计算出诱导和维持ＢＺ振荡反应需要多大的初始浓度？那么就可以很好的预测一些污染以及人类活动对生物和生物圈的长久影响，从而可以更确切地指导人类的行为。

过分强调师古人而远离师造化，演成以模仿代替创作的风气，导致了清代中期以后中国画的衰微。

比利时皇家科学院院士、美国科学院院士、诺贝尔化学奖获得者普里戈金说，我们置身于一个既非全然确定无疑的世界，也非置身于一个全然变化无常的世界，而是置身于一个决定论和非决定论在系统的发展中难分难解地联系在一起的世界。

大多数艺术家走的都是纯粹的艺术之路，而张芳邨则走的是艺术和科学结合的道路。

随着BZ艺术的诞生，艺术家、哲学家、科学家们将会得到新的启示。人类对万事万物将有一个全新的认识。



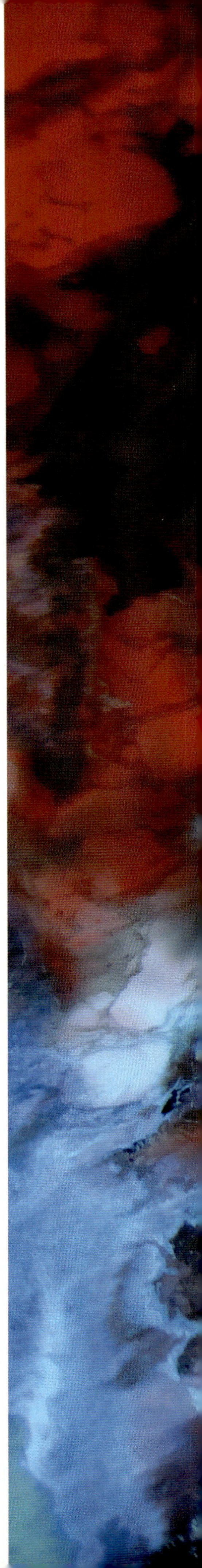

# 第八章

## BZ VS 波洛克

# POLLOCK

## BZ VS波洛克

波洛克对画家德库宁说过：
你是知道得多，而我是感觉到的多。

助神成神，和借神成神是等价的。
——刘军安

艺术是自我灵性与宇宙智能本原有意或无意的链接所发生的超人的创作形式。
——马红宇

一些批评家对波洛克作品中那种原生状态的能量留下了深刻的印象，因而乐于忽略作品的缺点。
——摘自《走近大师波洛克》

我一直就相信，宇宙间的声音、文字、色彩、画面和人的想法，总之，所有物质，都是带有能量的，当我第一次看到BZ画的时候，就被深深地震撼了。后来我分析，原因有两个，它的能量让我感受深切；它的美色摄住了我的灵魂。
——中国台湾王茗茗

心里始终要有一个明确的目标。经过终身的工作与努力之后获得胜利，要比过早地得到胜利好得多。一个认真生活，遇到再多的麻烦和失败也不气馁的人，比那种一帆风顺，安于现状的人活得更有价值。永远不要相信会永远一帆风顺。
——梵•高

毕加索有句名言：“我花了四年的时候学习模仿拉斐尔，但花了一生的时间学习怎么画得像个孩子。”

孩子绘画不同于成人绘画，即审美价值的最大特点就是天真、自由、浪漫、极富稚趣。只有回归孩子自己的本性，自由自在的画画，画内心的感受和天性，才能显出儿童画的美学特征。

有一个古老的传说：远古时代，有一家三兄弟，大哥是一个技艺精湛的木雕师，二哥是一个手工一流的裁缝，三弟没有本事，常常受到两个哥哥的嘲笑。有一天大哥雕刻了一个美轮美奂的女神像。二弟看到了，就为这尊木雕像穿上了华丽的衣服。三弟每天对美丽的女孩木雕说话、唱歌，大哥、二哥更加鄙视三弟，不仅没有本事，还总做些疯疯癫癫的事情。三年之后的一天，三弟正对着木雕像唱歌，美丽的木雕女孩突然像流下了眼泪，竟然活了。她对三弟

说：“希望你能让我做你的妻子。”其他两个哥哥见此情景，走过来告诉女孩：“你的身体是我雕刻出来的。”“你的衣服是我为你制作的。”女孩说：“谢谢你们给了我身体和衣服，但是，我要嫁给赋予我灵魂的人。”

灵魂看不见摸不着，因此，大多数画家更愿意画具象画，大多数收藏家们也更愿意购买具象画作。生活中实实在在的画面呈现在眼前，直观、美观，让人赏心悦目。这就是艺术家被人普遍尊重和喜爱的原因。

波洛克起初不属于被人尊敬的艺术家，他的画生前生后都没少被人挖苦，即使是近年来已经拍卖到上亿的价格。张芳邨画具象画的时候，受人尊敬，但是，自从投身BZ艺术，便饱受冷落和质疑。

## 被波洛克的国家博物馆画展

波洛克热切期望自己能画出了不起的作品，成为受人尊敬的画家。于是，他创造了滴画。
张芳邨坚信人类应该看到更美更神奇的画，于是，他创造了BZ艺术。

2006年，发现BZ艺术、潜心研究BZ艺术接近10年，张芳邨终于将自己创作的大型BZ艺术画作，搬到了国家博物馆大展厅展览。那些看上去四处飞扬的小蝌蚪一样的弦线分布在一幅大约有6米长，3米高的巨幅画布上，站在画作面前感觉非常震撼，很符合画展的主题——《创世纪》。

虽然，当时的画展引起了很大反响，CCTV、中国书画名人榜、海峡之声、北京青年报、北京晚报等媒体进行了报道和现场采访。文化部原副部长高占祥、国家博物馆首任馆长潘震宙、文化部顾问曾培淦、文化部中国文化艺术有限公司董事长吕长河、中国人民大学艺术学院焦振涛以及刘绍文等都对BZ艺术给予了很高的评价，不少人表示很想学习这种BZ自组画法。

来了这么多媒体和文化部的领导，以及艺术界人士，一些艺术家都表示很想学画……本应是一个令人欣喜和鼓舞的事情。

但是，有几位对抽象画颇有研究的艺术界专家，委婉地告诉芳邨，他的画和波洛克的很像，甚至有人索性直言，他的画就是模仿波洛克画的。

这让芳邨非常震惊。因为他知道自己的颜料、绘画工具，以及画法都是前所未有的，怎么可能和其他画家画的类似呢？如果真的如同那些人说的那样，自己无意中模仿了波洛克，那自己十年来的所有努力不就白费了吗？

作为一个接受古典主义写实绘画严格教育的画家，张芳邨从中学时期就以靳尚谊、伦勃朗、鲁本斯和达•芬奇等作为偶像，熟悉透视学、解剖学、色彩学的张芳邨，已经可以轻松模仿每一个大师的作品。但是，当他遇到BZ艺术之后，被深深地迷住，他再也不想模仿任何大师的作品，每当他看到那些神奇的艺术精灵为他呈现的画作时，都惊讶得不能呼吸。他无法确信这些画真的是自己画的，那些看不见的精灵是怎样在画布上舞蹈或者绘制，他不知道，他只知道一次次赞叹造物主的神奇。BZ艺术是人类有史以来第一次由颜料自组织绘画，画作的结果由颜料和颜料携带的肉眼无法看见的能量类信息决定，而不是画家的手和画笔决定。

虽然芳郇知道很多抽象派大师的鼎鼎大名，但是，他深陷BZ艺术的研究和制作，BZ和以往人类历史上的任何一个画家的画法都毫不相干，BZ绘画后面那只看不见的手在哪里，是如何绘制的？这些让芳郇深深着迷和疑惑。虽然很清楚地认识到自己已经脱离了具象绘画的轨迹，但是，芳郇知道，这些自组织的绘画，是无法从以往的抽象派大师那里找到学习方法的，因为之前所有的绘画，无论是抽象还是具象，都是画家主观操作绘制的，每幅画作都是画家全身心控制的结果。化学振荡并不受人类的手操作，更不受人类意识左右。所以，尽管在画具象画的时候，芳郇为了学习和模仿伦勃朗的画法，常常在伦勃朗的画作前呆呆地看几天几夜。转型BZ自组画之后，苦苦寻求答案的芳郇，并没有考虑学习任何抽象派大师。

只能在多年低头绘画和学习之后，再次仰望天空，一遍遍回忆小时候看星星的记忆和天堂中母亲的模糊音貌。

发现和研究BZ艺术十年之间，张芳郇一直如此单向思维和创作。当他终于将自己的画作在国家博物馆展示，敏感的艺术家在纷纷的赞扬声中捕捉到了细细的质疑。虽然只是大量赞扬声中的一两个看似一飘而过的不经意的声音。

“模仿”这两个字深深地刺疼了以为自己发现了艺术奇迹并为之奋斗了十年的张芳郇。起初芳郇非常颓丧，他以为自己发现和创新的BZ自组画，在比他早五六十年的美国早已被艺术家研究和发现，那样的话，自己的研究不就都没有意义了吗？

但是，天生性格呆萌的芳郇并没有情绪化。他决心好好了解一下抽象画大师们的作品，尤其是要好好研究一下波洛克。

于是，他像当年研究伦勃朗那样，又开始找来很多波洛克的画册、电影和传记阅读和研究比较。很快芳郇就松了口气，原来自己发现的BZ自组画和波洛克以及所有的画家的画作都有着“质”的区别。

看清区别之后，张芳郇更加痴迷BZ艺术，同时，也对以前从不感兴趣的各个抽象、印象等流派的画家产生了浓厚的兴趣，对他们充满了前所未有的敬仰之情。张芳郇对美国最伟大的油画大师波洛克从略有耳闻到充满了好奇和敬佩。他认为相比波洛克而言，其他画家的画作都在理论、形式、颜色、结构、变形、立体化等方面都更为表面化。印象派追求色彩，现代派塞尚追求物体的结构，毕加索以及野兽派马蒂斯追求夸张变形的状态……唯有波洛克追求的是绘画的灵魂。虽然波洛克尚未真正接触到绘画的灵魂，但他已经向另一个世界——灵魂的世界打开大门，他让自己的意识松散，寻求对画笔的跟随和顺服，而不是传统绘画训练中的高强度全面掌控画笔。

张芳郇通过研究发现，相比波洛克而言，之前几乎所有的绘画都没有深入触及绘画的灵魂。作为美国最伟大的画家，波洛克探到了绘画世界的宝藏，达到了相当高的绘画境界。但是他只是到了门口，并没有找到打开大门的钥匙。对波洛克的研究越深入，芳郇就越加敬仰波洛克，如同敬仰具象艺术大师伦勃朗一般，研究了抽象派大师的作品，张芳郇对抽象艺术大师波洛克产生了无限的仰慕之情，与此同时，他对BZ艺术也更加喜爱和沉迷。

## 从抽象艺术顶峰到BZ艺术

张芳郇了解到，波洛克的画属于热抽象，是行动画派，也称滴画。他在进入绘画的状态时，好像被附体一般，或者似乎中了某种巫术，他不清楚自己会画成什么样。他在地上巨大的画布附近飞舞，把颜料滴撒或者泼到布上，玻璃、铁丝也会被扔到画上，粘在颜料中。他在整个绘制过程中，外人看来很辛苦，他却浑然忘我，没有疲劳感。画作完成后，他和很多人一样，心存疑虑:

这些画人们能接受吗?

芳郇的BZ自组画是基于颜料的化学反应，是自组织颜料画，如何绘制至今仍是一个谜。它和人类有史以来的所有绘画都不同，是艺术史的彻底革命，在绘制过程中，颜色是变化的，最后的画作是什么样的，也是在绘画前没有确定的。

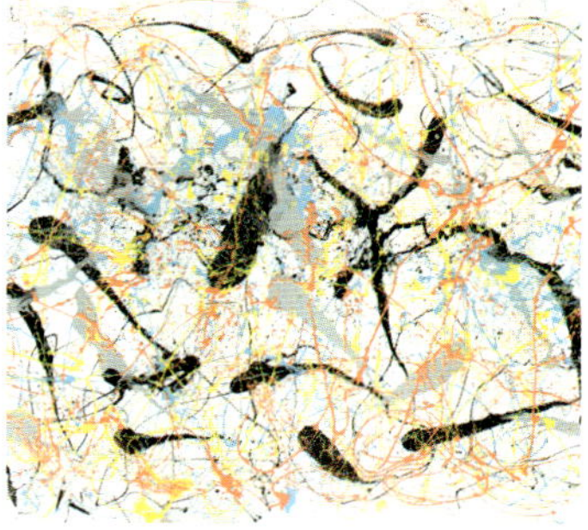

波洛克时代，科学家对灵魂还没有见解，因此，波洛克在茫然无知的情况下，成就了非凡的滴画。使得绘画史前进了一大步。

酷爱黑洞、宇宙、UFO等科学知识的张芳郇，在画具象画的时候，就梦想有一天能画出原本只有天使才能看到的神秘美妙的画作。

美国科学家关于灵魂的超弦理论，被大众所漠视，而宗教徒则用它于宗教传播和推广。张芳郇几乎第一时间了解了这个研究和试验，他兴奋得睡不着觉。想方设法找到丰富的“超弦理论”文字资料和视频资料，一遍又一遍地研究。张芳郇又开始连续做梦。在梦中，超弦幻化成了一个个橡皮筋一样的弹性长条状物质，一拉就可以伸缩，密密麻麻的弦线不断地弹来弹去，飞来飞去，一开始是白色和灰黑色，然后开始出现彩色，画面也越来越明亮，越来越宽大，越来越弥漫，直至无极……

芳郇下决心一定要画出梦中的这幅《超弦》画，为了节省成本，他开始在小幅的画布上实验，第一幅虽然和梦中的情形一点都不像，但是，也出乎意料的美丽。虽然，芳郇总是陷入贫穷的状态，但是，扔他看着差劲的画作的时候，从来不犹豫。不知为什么，这次为《超弦》画的几十幅试验品，他虽然不满意，却一幅也舍不得丢弃。

终于，当张芳邨画出了一副长36.8米，高3.12米的巨幅画《超弦》（这幅画正在申请吉尼斯世界纪录，非具象画没有超越这个尺寸的）时，他站在画前久久不动。只有站在这样的一幅画面前，他才真真切切地感受到了梦境真的不是虚空，而是真实的世界!

在这样的画作面前，人们会忍不住去思考：真理到底是什么？如果不是为追求真理而活着，人生的意义又在哪里?

令人们费解，又令张芳邨颓丧的事实是：为什么这批自组织的画作《超弦》和波洛克拿着画笔疯狂舞动而成的几幅滴画，无论是风格还是色彩都非常相像？ 1999年时候，著名科学家R.P. Taylor分析了波洛克的绘画和分形的相似度。甚至认为可以用分形来鉴别波洛克绘画的真伪。Taylor认为波洛克之所以是大师，就因为他掌握了自然的韵律——就是自然分形。自然分形是指在自然界中客观存在的或经过抽象而得到的具有自相似性的几何形体(对象)。波洛克的画作应该是接近自然分形的，尽管波洛克掌握了自然

的韵律，但毕竟不是真实的自然，是波洛克在超感状态下的类自然发挥。而张芳邨的BZ艺术，是自组织绘画，是典型的自然分形。

这就是为什么张芳邨的BZ艺术比波洛克还像波洛克的原因之一吧。

除了分形，数学家、物理学家也都对波洛克的画进行了多方位解读。相信未来有一天，科学家不仅可以全面解读张芳邨的BZ艺术，还可以对比张芳邨和波洛克，彻底揭开那只看不见的“手”的秘密！

当人类已经发展到今天，是时候脱离科学崇拜和科学宗教的藩篱了。揭示暗宇宙、暗物质、暗能量，平行宇宙等高精尖的难题，不应该再固执地单纯依靠科学，应该考虑借助艺术，尤其是BZ艺术等非科学方式来探索。

波洛克的滴画从崇拜毕加索起步，张芳邨的艺术生涯从模仿伦勃朗开始。

上学期间波洛克一直都不算是好学生，不仅学习不好，还很不合群，按照现在流行的说法，很有可能是孤独症。虽然波洛克从小到处垫底，但是，却得天独厚得到了母亲和兄长们的疼爱和呵护。

个别高功能自闭症患者，有可能有惊人的某种奇才，但是，在未成年之前，一直没有任何人发现波洛克有任何艺术方面的天分，他成年后在美国政府为扶持艺术家创建的“公共设施艺术化”项目中，他仍然被认为根本就不会画画。他的画作常常在验收时遭到拒绝，以至于每次交上作品的时候，他自己都不相信有人会喜欢。事实上，这个项目的其他艺术家都认为波洛克完全就不会画画。

但是，数不清的失败并没有让波洛克放弃创造画坛奇迹的理想和追求。他到处学艺，抓住一切可以学习新画法的机会。

毕加索曾经影响了后世无数的艺术家，但是，没有哪一位艺术家像波洛克那样被毕加索彻底地改变了。崇拜毕加索之后，波洛克创作了很多抽象派画作。但是，没有成功。波洛克在痛苦的探索中咆哮：“我讨厌画架，我憎恨艺术！”

是的，从绘画技术上来讲，波洛克一直都在被深深地打击着。他无法从技巧上满足那些要求他的人，但他不甘心这样就被排挤出艺术圈，他要把技术对他的束缚彻底摆脱掉，于是，他发明了一种油画方法，把自己笨拙的手，彻底从画布中解脱出来。于是，震撼后世的滴画产生了。从此，“架上的绘画已经死亡”。

芳郇自幼翱翔在艺术梦和科学梦之间的天空中，大地是他身体的依赖，星空是他灵魂的依托。在数理化名列前茅的学生生涯，芳郇从来没有放弃对艺术的挚爱，他画的人物和风景画，至今被亲友惊叹。高考选择艺术院校，从此踏上油画之路的芳郇，也从来没有放弃对科学的追求，爱因斯坦成为了他终身的偶像。

如同毕加索深深地影响波洛克，伦勃朗对芳郇的影响也是刻骨铭心的。芳郇常常连续几天，连吃饭都想不起来地痴看伦勃朗的画作。这让芳郇在写实画方面进展神速，毕业不久，画价就直逼名家。

## 清澈透明的艺术精神

每当评论家们对琳琅满目、眼花缭乱、晦涩难懂甚至乱七八糟的现代派时代艺术的忍受达到极限的时候，他们会深吸一口气，从艺术史的长河里小心翼翼地捞起伦勃朗，将《夜宴》展示给人们，于是，伦勃朗那种坚贞不屈为真理而坚持到底的艺术精神再次穿越时空而来，荡涤喧嚣污浊的空气，就像清洁剂一般，让艺术的天空暂时清澈透明一会儿。

而被这样真诚执着的艺术家深深影响的芳郇，被毕加索改变的波洛克，在他们各自的时代，创造了艺术史的辉煌和奇迹。波洛克的滴画艺术让艺术史断裂，而张芳郇则让艺术史断裂后重启下一个轮回！

了解波洛克的滴画，必须先了解波洛克传奇的人生。波洛克和张芳邨的身世有很多相似之处。他们都是5个兄弟姊妹中最小的一个，他们的母亲都非常爱最小的孩子。

波洛克的大哥在艺术方面得天独厚，给弟弟们做了很好的榜样。张芳邨的父亲是老鲁艺（鲁迅艺术学院）毕业生。当波洛克在艺术上艰难探索的时候，他的大哥却发展得非常顺利，当波洛克在艺术上走投无路的时候，他的大哥却已经是成名的艺术家了。

与赢在起跑线上的大哥相比，波洛克成年之前的人生主旋律就是两个字——失败！并且，对自己的否定和不自信，几乎伴随了波洛克的一生，一直延续到后来成名之后，甚至他的生命之所以“死于夏花”根源亦在此。

一个带着强烈的负面情绪追逐理想的艺术家，就像一个在黑暗中急行军，要尽快达到目的地的行人。不知道会摔多少跟头，甚至性命在何时丢失都无法估测。

下面这段话摘自王瑞芸的《波洛克的悲剧》。

波洛克并不是那种从小就喜欢涂涂画画的孩子，他不仅自小没有显示出任何绘画的才华，后来他拿起画笔，让人看到的也只是在绘画上的全无才能。好在他死心眼，认了要做艺术家，就没头没脑一直那么做下去，屡败屡战，不曾改过主意。他无绘画才能倒还罢了，且在性格上也大有问题，他从小就很不合群，孤独，不是因为自信，而是因为完全不自信。在家，最小的孩子往往在能力上不如自己的哥哥们，在学校他不断留级，则不如其他的学生。他对自我的不肯定、不满意，似乎伴随终身。因为要学画，他在洛杉矶上了一所艺术高中，因为违反校规被停学一年，一年后回到学校跟体育老师起冲突，又被停学……总之他在学校中是个善于惹麻烦的学生，而且画得一点也不好，实在看不出他会有什么出息，同学们也觉得他害羞封闭，易受伤害，跟他在一起很不自在。因此他的青少年时期是不受人喜欢，不温暖，不安定，不满足的。他在给他大哥（大哥后来转到纽约去学艺术了）的信中这么写道：“一个人生活中的所谓幸福对我来说是见鬼，假如我能对我自己和生活看到某种结果，我会去努力的。我脑子里会旋转着各种幻想，持续两个星期，然后就销声匿迹了。我读得越多，想得越多，我就越是觉得事物一片黑暗。”

## 波洛克终身躁郁，张芳邨常常冥想

波洛克和张芳邨都是师从正宗的著名美术家。他们接受的都是现代美术教育。

波洛克虽然没有像芳邨那样考上艺术院校，但是由于他的哥哥和老师在当时都是非常有影响力的艺术

院校老师，对波洛克的指导非常用心，这使得他也受到了非常正规的艺术训练。

波洛克从小就性情古怪，暴躁不安，成年后又常常酗酒闹事。

波洛克面临绝境时，脾气暴躁，酗酒闹事，甚至被警察抓起来，多次接受精神治疗。

波洛克无论是成名前，还是成名后，总是被人们讥讽。波洛克的电影中有一个很有趣的情节，看到波洛克成名的画，一位著名的艺术家指着在自己脚边玩耍的孙子说，“这也叫画？我孙子用脚画出来的都比他好。”波洛克后来搬到农场的仓房，一些见过他捣鼓画画的农民，笑道：“我用扫地的扫帚在地上划拉划拉，差不多就是这个样子。如果这样可以成名的话，那我们也能画名画了。”波洛克成名前想用一幅画和杂货商交换一周的日用品，杂货商们都不理他，挖苦他“用画得什么乱七八糟的东西来骗钱”。只有一个善良的杂货商可怜他，同意了。后来，这位杂货商用波洛克的画卖了1万多美金，买了一辆小型飞机。

张芳邨的艺术生涯起源于具象画，早在1993年就在肖像画领域崭露头角，在国际拍卖会上成功拍卖画作。因此，他没有像波洛克那样一直在基本功方面忍受人们的讥讽。BZ艺术虽然起初也没有得到认可，但是，由于现代派的流行，人们对所有看似乱画的类型画作的容忍度大大提高。

同时，由于聆听了《幸福力》的倡导者王薇华的课程，并进而结识清华大学心理系主任彭凯平，加上善良的中国台湾女企业家王茗茗对他的爱心帮助，这都使得张芳邨具备了很好的情绪掌控能力和积极思维能力。

张芳邨的科学家偶像除了爱因斯坦，还有近代的乔布斯。本来就喜欢做梦的芳邨，很喜欢乔布斯的一个重要原因就是，乔布斯喜欢冥想、创新，这和芳邨极为相似。

作为一个艺术家，芳邨总是希望自己做出新奇的画作，尝试别人没有想过、更没有做过的事情。

本来只有夜晚无意梦到爷爷作画，天使学画。后来，芳邨开始在白天冥想，他开始有意想象一些美丽的画面，每次都非常累。于是，他开始放松，继而放空。当他越来越什么都不想的时候，美丽的画面就会不知不觉地来到他的眼前。有的时候会有爷爷和天使在画画，有的时候什么都没有，似乎画画的手是透明的，颜色在脑海中，在眼前，在视界里，被透明的手带动着，画着美丽的图案，从模模糊糊到清清楚楚……

## 助神成神，借神成神

在没有人认可波洛克的时候，一位邮递员出身的评论家，将波洛克的画称为行动画派，由此引发了籍籍无名的波洛克的成名之路，同时这位名不见经传的评论家，也从此名声大噪，这个邮递员，从此成了著名的艺术评论家。

张芳邨幸运地遇到了很多热心BZ艺术的学者和科学家，以及支持他的BZ艺术事业的中国台湾女企业家协会副理事长王茗茗女士，张芳邨“借神成神”，再也不用担心不知不觉中陷入流落街头的窘境。

幸好继承了坦泰尼克号遇难的父亲遗产的著名“本世纪艺术”画廊老板佩吉•古根海姆喜欢波洛克的画，并且在画家最困难的时候支持了他。尽管这位男爵夫人自始至终没有在波洛克的画上赚到钱，但是，每一个了解波洛克的传奇人生的人，都会对她留下深刻的印象。

为什么那些在普通人眼里乱七八糟的画，会让一些人如醉如痴地迷恋，为什么波洛克抽象画每年涨幅200倍。似乎只要胡乱画，那么任何人都可以画出波洛克那样的画。

众多在画布上随性挥洒的画家，都想演绎波洛克的风格。但是，除了波洛克之外，其他人都没有得到认可。吴冠中和张芳邨都曾被认为是模仿波洛克，后来之所以各自成家，就是因为吴冠中的点线面与波洛克分离，而张芳郇的BZ艺术似乎延伸了整个艺术史。

这种感觉类似于小时候看到外国电影里的人讲外语，那些乌哩哇啦的交流，让人以为只要随便乱说，就是外国话，因为是乱说的，所以，中国人肯定听不懂，自己也不知道自己说什么，但是外国人一定懂，因为他们本来就是在乱说。等我们长大学会外语之后，我们终于明白，那些和汉语完全不一样的，听起来像是随便胡说的话，并不是我们想象的那样，和我们汉语一样，是有规律和逻辑的。

那些看起来乱的画，常人的理解亦然，在这些画的语言面前，普通人都是幼稚的孩子，以为只要不画出具体的自然物质，只要乱画，就总会有懂得这些画的语言的人。其实不然，在那些不懂得这些画的人面前，波洛克的画就像听不懂随便胡说的外语，懂的画的人面前，则是一门系统的语言，只是表现形式不同而已。

如果以开放的心态来看待事物，我们会发现很多天才儿童和精神病患者都会呈现出远古时代岩洞壁画的画风，毕加索、波洛克都曾经因为精神类疾患而被治疗。梵•高、罗斯科也患有抑郁症，因为没有治疗而自杀。张芳郇也曾多次陷入绝境，差点失去生命。

一个年龄个位数的女孩Aelita，被ABC、《纽约时报》、《大西洋月刊》、BBC等世界著名媒体与毕加索等画家相提并论，而她是波洛克之后唯一一个公认达到和波洛克相似程度的滴画画家。

她在画画时高唱："I will dance! I will dance!"（我要跳舞，我要跳舞！）一边舞蹈，一边将各种颜料泼洒在画布上，把面具、玩具等扔到画上，使它们成为作品的一部分。这些完全都是她自己独立完成的。难怪有网友开玩笑说："她大概是波洛克转世吧。"

（小女孩的画作，颇有波洛克风范）

毕加索有句名言：“我花了四年的时候学习模仿拉斐尔，但花了一生的时间学习怎么画得像个孩子（It took me four years to paint like Raphael, but alifetime to paint like a child）。

孩子绘画不同于成人绘画，即审美价值的最大特点就是天真、自由、浪漫、极富稚趣。只有回归孩子自己的本性，自由自在的画画，画内心的感受和天性，才能显出儿童画的美学特征。

波洛克自学成才，却一直近距离与艺术大家为伴；张芳邺虽是科班出身，却离经叛道。

除了画画，波洛克没有其他的嗜好，他身上是一点风雅的影子都没有的，他也从不要接近风雅或者装得风雅。

## 用灵魂作画的波洛克，让灵魂作画的张芳邺

波洛克对画家德库宁说过：你是知道得多，而我是感觉到的多。

罗斯科作为早期抽象派领袖之一，开启了表现人类精神世界的绘画形式。他要求作品挂得足够高，灯光要尽可能的暗，并配以冥想的氛围，以便人们能够通过他的画体会到："在没有阳光的情况下也能看到物体的存在……"（BBC《艺术的力量》）如果伯克利教授（美国科学院院士，因为发现了宇宙"暗能量"的存在而获得了2011年的诺贝尔科学奖）之前的科学家看过罗斯科的抽象画，并且领会了他的思想，人类发现"暗能量"的时间很有可能会提前半个世纪。

波洛克是罗斯科绘画的精神表达中最为纯粹的一位画家。他作画时进入一种"浑然忘我"的状态，不知道自己会画什么，也不知道下一步如何，也不知道最终如何。按照如今量子力学的一些设想，好像身心被他的"量子纠缠"完全带走了，总之，这些画看似混乱不堪，却令人无比震撼，画面冲击力极强。

可是，当芳邨了解波洛克之后，非常敬佩他的创作说，尽管后世总有人认为，波洛克的画很好学，很好画，只要舍得油墨和力气，都能画成。其实不然，后世再也没有人能用和他一样的画法，成就他那样气势磅礴的画作。油墨、地板、泼洒、滴落的工具，波洛克使用的铁丝、砂砾等等。是的，每个人都能做到这些，但是，那些灵魂深处的力量，那些来自人类至今还没有彻底探索清晰的量子宇宙深处的奥秘，没有人能够复制，抑或模仿。这就是波洛克的传奇！

与以往所有绘画本质的不同，BZ自组画彻底解放了画架、画板、颜料以及所有的绘画工具，总体来说，对于BZ艺术而言，三维世界的生物已经不再操纵

波洛克的艺术一直是人们讥讽的对象，
这是他的同班同学画的讽刺滴画艺术的漫画

这些绘画工具，让希望表现宇宙大自然的艺术彻底回归本质，也就是，让大自然自己在画布上起舞，画出“他们”的真实面貌。我们这里用“引号”来表述“他们”，是因为我们人类看不到、摸不到，只能在一种奇怪的状态下感受到，却无法清晰描述。

也许明喻将有助于我们揭开暗物质的谜团。正如研究“弦理论”的专家Brian Greene最近所写的那样，艺术有能力“强势颠覆我们对真实的固有判断”，促使科学想象力的触角延伸至新的事物。

放弃具体形象的造型与刻画，进入一种类似于精神抑或灵魂的作画状态，是罗斯科、吴冠中、波洛克、张芳邨等超现实主义画派的共同特征。如果发现这类独特的、创新的美术形式，是人类美术史上挖掘的最大宝藏的话。由于时代的局限性，可以说，波洛克们只找到了宝藏的大致位置，而张芳邨则找到了打开宝藏的钥匙——BZ艺术。他勇敢地用这把钥匙打开了这个万事万物皆可作画，万事万物皆为画的，斑斓灿烂的艺术宝库。

张芳邨认为，如果艺术有灵魂的话，那么波洛克的画是有史以来最靠近灵魂的画作，是最有思想性的绘画。

而BZ艺术则是直接展现灵魂，将《开启宇宙大门的密钥》中的信息宇宙在物维空间中呈现出来，将《果壳中的宇宙》中的高维空间艺术化，让那些我们看不见的灵魂用“他们”的方式自组织绘制作品。

## 波洛克抽象画每年涨幅二百倍

梵•高、毕加索、康定斯基、罗斯科、波洛克，他们之间在现代艺术史上的传承和他们的艺术品的价格，相互印证着他们之间的相互关联和发展脉络。而波洛克无论生前还是死后，都是人们讥讽的对象。波洛克44岁死于酒后车祸，他31岁举办的画展，最低标价25美元，最高标价750美元，却以几乎一幅画都没有售出惨败。如今，波洛克的画价以每年涨幅超过200倍的速度飙升。他的《1948年作品第五号》是世界上最贵的画作。

## 波洛克的色彩和张芳邨的色彩

传统画作以及印象派等等，大都强调色彩的和谐，所以不会在一幅画中使用太多种类的色彩。

波洛克和张芳邨则不然，在画作中似乎使用了无数色彩，尤其是张芳邨，他的高温颜色釉作品，让景德镇的老师傅们惊叹不已，他们说自己一辈子都没有见过这么多颜色，更没有想到这么多颜色可以同时出现在一件作品中。无论是波洛克还是张芳邨的画作，人们始终不理解他们为什么会出现在一幅画中，而又是那样得和谐。

抽象派运动早期领袖罗斯科的作品改变了人们的审美意识，让绘画在色彩上给人的冲击力远胜画面的形带给人们的感受。

俄罗斯的画家和美术理论家瓦西里•康定斯基与彼埃•蒙德里安和马列维奇一起并称为抽象艺术的先驱。毫无疑问，康定斯基是最为著名的。

作为一个艺术哲学家，随着科学的发展、哲学的退缩，康定斯基的三观受到了严重冲击。这让他不得不从更为纯粹的精神方面去思考艺术。康定斯基相信和爱好科学和法律，但他也被通学、降神术和玄学吸引。在他的三观中一直存在着一个神秘的内核，来自于精神世界，是他创作的源头。他认为 “色彩和形式的和谐，从严格意义上说必须以触及人类灵魂的原则为唯一基础”。

关于色彩，张芳邨是现代科班出身，受过国内一流的绘画教育，学习过色彩学，对绘画的基础色彩等的基本把握能力驾轻就熟；他本人最初对BZ反应着魔也是因为其瑰丽的色彩和莫测玄妙的色彩变化，芳邨说他的画的制作过程比成画迷人百倍。也就是说，虽然最后的色彩丰富到令人乍舌，但是，绘制过程中的情形更加令人期待。

## 对自己画作的感受

波洛克绘画的状态和平时的状态，似乎不是一个人，他总是处在两种没有交集的状态中，一种是不懈地追求与众不同的超现实主义艺术，并沉浸其中作画的状态，超然且与世俗隔离。屡败屡战，离经叛道，等等，常人无法想象的行为，他能做到并且持续下来。所以，他会有那样惊世骇俗的作品，并穿越时空留存。但他往往又是另一种状态，一种俗不可耐的状态，当时很多和他打交道的人，都能感受到他对金钱和奢华的强烈追求欲望，他一直到最后成名后，仍然常常对自己的作品自我否定，和那些讥讽他的人观点完全一致，甚至更甚。那些人不过是讥讽他罢了，而波洛克身体里的另一个自己，却要消灭他。他最后实际上是用类似自杀的方式结束了创作盛年的生命。我一直怀疑，波洛克体内如果有灵魂的话，一定存在两个完全相反的灵魂，这当然是无稽之谈。

也许未来某一天量子力学以及宇宙科学探索终究能发现灵魂的秘密，抑或当科学发展到真能穿越时空，那时候不妨回去探究一下波洛克的灵魂。为什么如此超现实追求的他，同时又会如此的世俗呢？是什么样的暗能量在他的身体里纠缠，并且导致他走向人生终点的？

张芳邨从一开始就相信自己负有天造地设的使命。当然，他的画同样会被很多人认为是完全胡乱画上去的，他也会受到更多的打击和讥讽。不过，因为他深深地迷恋爱因斯坦，翻烂了霍金的宇宙和时间理论书籍。自从认识硬科幻小说《天幕：一个宇宙信息记录员的日记》的作者之后，他深信科幻中描述的都是真实的，未来必将被人类科学验证。他还是《开启宇宙大门的密钥》的热心读者，常常了解一些科学家的动态，听他们的讲座；拜访科学家，向他们请教，希望从宇宙科学探索的角度给自己的作品指明方向。

一个画家常常思考宇宙科学探索，和科学家密切交往，他的这种思维模式，起初受到不少人的嘲讽，但是，久而久之，那种从他身上散发出的科学探索态度，让人不得不认同，这确实是一种超现实的创意绘画相匹配的超现实生活方式和思维模式。

## 渐进式VS跳跃式

波洛克走向超现实表现主义是经历了漫长的痛苦过程的。他最初也是从写生和具象开始。这种常规艺术培训和学习方式差点封死了他的艺术之路，创造奇迹的仍然是波洛克对于艺术毫无顾忌的追求之心。不管别人认为他多么痴心妄想，波洛克坚持着与众不同的艺术。因此，当毕加索惊世骇俗的《格尔尼卡》在纽约瓦伦丁美术馆展出时，波洛克决心向他看齐。随后创作了大量抽象主义和表现主义的画作。渐渐地，有人开始欣赏他，认为他会成功，但是，当有人说他的画很像毕加索时，他又非常不满。于是，他想彻底摆脱毕加索的阴影，最后他成功了，创造了前所未有的滴画。这是一个从具象训练失败，走向抽象，学习毕加索，练习抽象艺术，直至滴画的渐进过程。

张芳邨作为绘画天才神童，小时候表现出了人物肖像等具象绘画的潜质，在正规科班训练中，也是出类拔萃的具象画艺术苗子，当具象画作的销售看涨，比肩大师的势头出现的时候，他无意中发现了BZ艺术的创新思维，立刻沉浸其中，不能自拔。而在此之前，崇拜勃朗宁、模仿了他无数画作的张芳邨，对抽象艺术几乎没有什么兴趣，甚至对大名鼎鼎的波洛克也只是略知一二。因为，BZ绘画不需要画家亲手绘制，因此，抽象画家的思维模式和临摹训练，张芳邨从未尝试和思考过。这种从具象到BZ超现实艺术的巨大跨越是绘画史上很罕见的现象。

总之，张芳邨的艺术道路，起初是跳跃式的，从具象到BZ，是一个没有过程的突然转变。然后，研究和开发BZ艺术，让它从一开始的抽象表现，到印象，也许将来会到具象，是另一种反向渐进式发展。如果这样的设想真的能够

实现，那将会成为艺术史上浓墨重彩的一笔。

## 都是线条惹的火

吴冠中的点线面曾经因为线条和波洛克类似而遭受各种冷嘲热讽。

张芳邨的BZ自组画在国家博物馆展出的时候，也因为线条被认为是模仿波洛克。

波洛克是滴画滴出来的线条，吴冠中是一笔一笔画出来的线条，张芳邨的是BZ自组织绘画后，颜料自己呈现的线条。这三类著名的线条，看似形似，但是精神和灵魂完全不同，波洛克的明显厚重、大气，因为是释放重力的结果；而吴冠中的则是人工雕琢的精致典雅感觉跃然画上；张芳邨的BZ线条完全由颜料的灵魂自组织产生，仙气十足，就像从天而降的云雾，踏雪无痕，完全不沾人间俗物，却让人感受到前所未有的赏心悦目。

波洛克和张芳邨，一个是盼望自己随心所欲的天才，一个是给颜色充分自由的画痴。

所以说，波洛克的画是色彩革命，张芳邨的BZ艺术是灵魂革命。

在绘画界，芳邨是孤独的，因为爱看《飞碟探索》《理论物理》《爱因斯坦相对论》《果壳中的宇宙》之类科学著作的他，无法和其他画家沟通。而在科学界，他更加孤独，因为没有一个科学爱好者会认为他这样科班出身的画家和科学有半毛钱关系，从骨子里就觉得和他谈科学很好笑。而大部分科学爱好者，对于美术艺术之类，仅限于简单的视觉感。不要说杜尚和梵•高模糊，印象和抽象分不清，从没听说过波洛克、布鲁斯、马蒂斯。

当芳邨和艺术界的同仁讲述，波洛克突破了画架的限制，将油画从画架的束缚中释放，而他搞得BZ艺术，则是将艺术彻底地进行了介质和载体的解放。波洛克之后，绘画再也不受画架局限，可以在画架上作画，可以将油画布放在地上或者任何地方作画。

## 第一个申请发明专利的画家

一幅画要画25遍，每一遍都要把原画全部丢掉重来，对一个曾经流落街头，喝凉水抵御饥饿感的艺术家，对一个了解自己曾经的偶像伦勃朗因为大量购买绘画工具而破产穷死的艺术家，这是怎样的压力？无法想象，芳邨的心在那种情形下，是怎么安静下来的。他知道，要想将远古时代的宇宙洪荒呈现出来，必须要安静。宁静致远，要想让思想跨越无数时空，远达数亿万年前的宇宙初始，需要极致的宁静。当一幅幅失败的画作摆在面前，当每个人都越来越恐慌的时候，是什么力量让张芳邨越来越安静，达到如此致远的境界。

从科学角度分析波洛克的画的研究成果很多，不乏科学背景的著名学者。

华东师范大学哲学系姜宇辉，在2014年04期《哲学分析》发表了名为《“喧哗”与“沉默”——从德勒兹事件哲学的视角反思波洛克的“醉”与“线”》的一篇文章 。（此文受到国家社会科学基金重大项目“中国文化的认知基础和结构研究”的资助）这里引用文中的一段话。

德勒兹在《意义的逻辑》中所着重论述的“事件”概念似乎为深刻理解波洛克的作品提供了一个新的视角。“事件”不同于“事实”，它并不仅局限于线性的因果关联，更是向着多维的效应网络敞开。不同时间向度的并存与折线的运动痕迹是我们描摹事件的两个基本特征。在波洛克的创作和生命之中，这两个特征同样清晰呈现。经由细致的技术手段的辅助，我们现在得以突破画作的表面，而深入揭示其深层的分形-共时的时空向度。而通过与艺术史上经典的哥特式线条的比较，我们又得以领会他的独特线条与肉体-宇宙之力的贯穿运动。

就对于作品的基本分析而言，近年来最为重要的研究成果当属理查德•P•泰勒（Richard P. Taylor）、亚当•P•米考林（Adam P. Micolich）和大卫•乔纳斯（David Jonas）这三位物理学背景的学者基于分形理论所进行的新颖而又详实细致的描述性研究。

虽然这项研究不大可能（如作者们所认为的那般）终结长久以来的争辩，但它确实为理解作品本身提供了一个极为切实的工具和入口，因而引发了学术界的热烈反响。很多读者可能会对此种全然以科学分析的手段来“肢解”艺术作品的尝试不以为然，但透过那些数字、表格和方程式所体现出来的时空意味却是我们不应该忽视的。那么，何为“分形”（fractal）？“简单说来，即是一个自相似（self-similar）的模式”。

自相似，首先即意味着一种不断重复自身的运动，而这看起来确实把握住了波洛克作品中的一个首要的鲜明特征。诚如马修•兰普利（Matthew Rampley）所指出的，在波洛克的画作之中存在着一种明显的“重复”的冲

动，“仿佛一种执着于某些动机的重复强迫症（repetition-compulsion），在整个画布上漠然地复现自身”。（选自2014年04期《哲学分析》的文章《“喧哗”与“沉默”——从德勒兹事件哲学的视角反思波洛克的“醉”与“线”》）

BZ艺术在绘制过程中，由于类似化学钟现象，会呈现不断地重复，但是它的最终结果是混沌的，无法重复的。在同一幅画作上的自组织过程，会呈现重复的颜色变换，但是每一个中间画面本身不是自相似的。最后的结果是无法事先预测的，它可以是波洛克，也可以是达利……也可以是万事万物。

波洛克起初将画架扔掉，用画笔在铺在地上的画布上滴画；后来索性将画笔也放弃，直接用颜料桶，油漆桶泼画；再后来，树枝、铁丝、石头直接上。所以，不仅在画法上与以往不同，更重要的是绘画工具彻底改变。

张芳邨秉承了中国传统艺术的精髓：“三分手艺七分家什”，“人巧莫如家什妙”。虽然接受的是完全西化的科班教育，他仍然坚持自制绘画工具。

在自制颜料和绘画工具的过程中发现了一种奇怪的现象，研究后才知道是科学界早已经惊叹过的化学振荡反应，根据这个反应，芳邨发明了BZ艺术。他可以说少有的，申请了发明专利的画家。绘画工具的发明加上绘画方法的创新，使得BZ艺术从一开始就不同凡响。

## 桀骜不驯的艺术家

滴画的标新立异和BZ艺术的惊世骇俗，引发人们对艺术教育的沉思。那些从小接受严格的科班训练并且成绩突出的孩子。因为对传承下来的工具使用娴熟，技艺精湛，让他们抛弃这些从小为他们赢得声誉的现成工具，而去进行那前景不可知、失败率极高的创新？除了偏执狂或者真正的疯子，古往今来有几人？

常规绘画工具从来没有让波洛克得心应手过，而用大画笔直接滴画，用以往的画家从来没想过的桶直接泼，这是那些掌握了极高绘画技巧的人很难设想的。试想，一个从来不想在绘画领域做任何事情的人，随便乱滴，随便乱泼，和波洛克的画又能有多大区别呢？

了解BZ艺术的任何一个人，把能够找到的各类化学物质堆在画布或者任何介质上，让它们发生化学振荡反应，最后得到的BZ绘画和张芳邨的画又能有多大区别呢？

喜欢肢体语言表达的任何一个人，只要将自己的身体练得柔软，然后按照自己设想的自然景象或者动植物的样子，做各种舒展、缠绕、翩翩的动作，那么这样的舞蹈艺术和杨丽萍的舞蹈又有什么本质的区别呢？

杨丽萍的舞蹈从服装、饰品到道具，每一样都是自己构思和创造，她毫不避讳地向世人说明，自己不过是小学毕业。在大学期间也从来不按照课上教的去学。

张芳邨起初是因为穷困而自制绘画工具，当他看到自己自制的颜料或工具带来的奇迹后，毫不犹豫地抛掉那些曾经给自己带来荣誉、友情、爱情和财富的，使用娴熟的传统绘画工具。随着自行开发的工具越来越丰富，他再也不使用那些传统的绘画工具了。

波洛克虽然没有像杨丽萍、张芳邨那样对自创的艺术爱到骨子里，他甚至在成名后仍然对自己的滴画时常疑惑，但是，他确实越来越远离那些曾经折磨他、始终不能让他产生成就感的传统绘画工具，并因此而创新了艺术史。

## BZ艺术从抽象形式走向印象形式

关于波洛克曾经有这样一个故事。

一直在苦苦寻求艺术成功之路的波洛克，终于崭露头脚，开始被推荐，开画展。他的内心十分忐忑。于是，他在画展中悄悄地跟在人们的后面，想听听人们对画的反应。遗憾的是，大多数人都是默默地站在他的画面前待一阵子，然后离开。终于有一个五六岁的小男孩指着一幅画说："妈妈，你看，这里有一只小鸟。"大家循声看去，还真有些像。孩子走后，波洛克待在画的前面，看了很久。晚上，当画展结束之后，波洛克偷偷溜进来，用画笔在那只貌似的小鸟上，涂抹了几笔。从此，再也没有人说这幅画中有小鸟了。

这就是波洛克为什么会成为最伟大的抽象画画家，他的具象画从来没有成功过。他追求的就是无论如何都看不出具象的绝对抽象。这是抽象派创始人康定斯基的梦想，只有波洛克彻底地实现了。

马克•罗斯科的目标是走出绘画，全身心地投入灵魂深处。他说："如果你只是被画上的色彩关系感动的话，你就没有抓住我艺术的核心。"

这就是罗斯科为什么被尊为抽象表现主义艺术宗师。他的作品和他所崇拜的伦勃朗如出一辙，复杂、深邃，似乎是上帝派来专门驳斥那些指责美国文化肤浅的说法的。

BZ艺术起初示人的时候，也被当作典型的抽象画。张芳邨在国家博物馆的画展也定位为抽象画。但是，无论如何，它毕竟不是真正的抽象画，而是自组织画派。因此，我们不妨放眼大自然的各类自组织现象，放眼浩淼宇宙之中的自然演化。那里可以有的神奇，BZ艺术终将可能实现。

BZ艺术似乎是造物主精心设计的，用来诠释中华文化天人合一的境界的。这与物欲横流的世界无疑是格格不入的。它将带领人类达到另一个时空，一个只有艺术、只有BZ艺术才能带我们去的地方。宇之初，创世纪，我们所来之地，我们所往之处，我们的灵魂黑洞，超弦、暗宇宙、暗物质、暗能量、量子纠缠、薛定谔猫……BZ艺术将在万事万物中为我们呈现。

在宣纸上绘制的BZ自组画中，可以看出已经呈现出印象派的意象。展现在人们面前的似乎是一个神秘的山洞，洞中有层层的通道，还有曲径通幽之后的开阔地带，似乎是和人生知己畅谈人生哲思与天地奥秘的最佳所在。洞中看起来似乎就是有这样的几个人，坐在石桌旁。

一位海外归来的心理学博士看到这幅画后，他感觉自己看到了一个特别美丽的洞穴。他给这幅画想了一个名字：“仙洞”。似乎与外界隔绝，但又有挡不住的光线从洞外各个方向穿进来。使得这个仙洞和洞外的七彩世界看似隔绝，却只是一壁之隔。

一位计算机博士看到这幅画，立刻想起自己刚刚看过的《盗梦空间》。那一层层神秘的影像，就像梦中套梦的流转梦境。

宣纸上实现突破之后，张芳郇开始在玻璃上绘制BZ自组画。在光滑的玻璃“舞蹈”的颜料，似乎因为材质几乎没有摩擦力而使得自组织行为更为率性，呈现出令人惊异的大写意情态。

这幅玻璃BZ自组画呈现的美得令人窒息山水不知来自于何方？地球上似乎只有甲天下的桂林山水才可与之媲美。

BZ自组画从一开始的酷似波洛克的抽象派，已经在向印象派发展，金狮和盗梦空间已经是看上去非常明显的印象派画风。

也许有一天，BZ艺术会出现非常清晰的具象画派特征。对此深表怀疑的人们不妨先看看自然界中的自组织现象吧。

自然界的自组织抽象派成像比比皆是，那些我们看不出任何具象的云朵、山峦……都是抽象画派的杰作。

在九寨沟景区内，有个著名的景点叫作芦苇海，人们往往惊叹于芦苇海的漂亮，却很少有人关注芦苇海对面山上的天然美女石像。该天然石像面积巨大，只要认真观察，就很容易看到一个藏族姑娘的头像，当地人都称为九寨卓玛。据说，能看到九寨卓玛的，会得到美好的爱情（来自：九寨沟国际旅游网 张斌 编辑）。

这些都是完全独立于人类的手工之外的天然石像，已经可以算是自然界中的BZ艺术具象派自组织成像。

经常旅游的人们，一定看到过更为神似的具象或者印象派BZ艺术大自然杰作。

这让我们更加坚信，人类总会有一天创作出更为惊人的BZ艺术印象派画作，并进而制作巧夺天工的具象派BZ艺术杰作！ 见证过无数奇迹的人类，已经不会再被荒诞的梦想震到了，是啊，还有什么精彩的故事是不可能的呢？

# 第九章

## 成功的小环境和大环境

ENVIRONMENT

## 成功的小环境和大环境

古往今来肩负大使命的人都看似偶然，实则必然。首先，大环境会孕育种子选手，就如同一片适合某种植物的土壤，最终会孕育出让人惊异的自然景观。艺术家亦然，二次世界大战之后，欧洲的艺术家来到美国，混杂在崇拜他们的美国人中间，为杜尚和波洛克的诞生创造了适应的土壤。其次，精心养殖的小环境，会让成功的种子最终长成参天大树。一念一世界，当一个人对宇宙发出要大有作为的愿望的时候，这些心念就会让无论多远的那些帮助者和破坏者感应到，并且来到他们希望呵护和破坏的种子选手身边。这就像电影《加勒比海盗》中伊丽莎白带着金币跌入大海，立刻被远在天边的黑珍珠感应到了。

自古以来，从来没有一个成功者周围全部是支持者或者反对者。每一个富有大使命的人，一定会吸引来强大的反对者和更为强大的支持者。

### 为救母亲来到大陆

2005年，张芳邨的生活渐渐好起来，好事连连，他还找到了一个小时候一起长大的好心的同乡，这个同乡在北京有很好的人脉，认识很多爱好艺术收藏的家庭，他帮助张芳邨推广他的印象派写实作品，受到了普遍的认可。芳邨的经济状况开始大大好转，他成了一个高收入的画家。

但是，这些财富中来自BZ艺术的却很少。芳邨发现每当他画具象画、印象画的时候，他的生活就稳定而温暖。而一旦他痴迷BZ艺术，他的生活就像被带入百慕大三角洲漩涡中的轮船，所有生活费都会瞬间人间蒸发，而他则立刻跌入看不到底的地洞。在遭遇与女友分手、自杀几乎失去生命、工作室破产，等等之后，终于在苦心耕耘下，张芳邨于2006年成功举办了国家博物馆的BZ艺术展。虽然他是唯一一个在中国国家博物馆办画展的在世大陆艺术家，但是，要想把BZ艺术发展成为一个事业，仍然需要稳定的经济和管理支持，也就是说，他实在是太需要支持者来和他一起成就一番事业。

在中国台湾长大，海外留学的王茗茗，在她的人生轨迹中，从来没有设想过会和大陆的艺术家有任何交集。如果不是因为母亲病重，她所信赖的夫婿支持她带母亲来大陆求医，她极有可能会一辈子在中国台湾发展。

中学毕业后，王茗茗为了练就自己勤奋刻苦的性格，她毅然远渡重洋来到日本学习国际贸易。她要求自己在国外吃最大的苦，以便为将来的人生贮备最扎实的精神土壤。后来在学校老师的推荐下，她来到一家拖鞋厂去边打工边学习，学习坚强面对生活中的一切困难。在鞋厂，王茗茗常常加班加到晚上三点，每次做将近两万个鞋底。当时一个中国台湾著名的企业家，到日本参观，看到长得这么秀气的女孩，却甘愿学习别人的吃苦精神，去吃常人难以想象的苦，非常惊讶。

她在独自留学期间历练了高效率和吃苦耐劳的工作精神，加上她本身有着与生俱来的豪气、开朗和热心，让她受到了日本同学们的敬佩和赞赏。留学归来，她已经代理了好几种品牌的家居用品，并且有了自己创建的品牌，她用创意、舒适健康的理念，让她的产品在中国台湾、日本、新加坡等国家和地区畅销。

成功之后的王茗茗被推举为中国台湾女企业家协会副理事长，中国台湾清华大学校友会监事，还参加了社会活动和公益事业，认识了富有爱心的养老院院长洪宗邻，看到院长视病犹亲，能叫出每个病人的名字，亲自为病人剪脚趾甲，王茗茗深受感动。两个情趣相投的人很快热恋并计划结婚。可是，正当他们兴高采烈地准备订婚的时候，王茗茗的妈妈生病了。

结婚后，王茗茗放下工作，开始带母亲治病。为了缓解化疗对母亲的伤害，洪宗邻给王茗茗介绍了两位影响她以后人生的重要人物——华人侦探李昌钰博士和发明家王顺德博士。他们两位向王茗茗推荐了食疗来帮助母亲，同时在夫婿的支持下，带母亲来到大陆寻求中医综合治疗，由此使得母亲多活了5年时光。

## 与画痴结缘

王茗茗第一次在大陆度过举国欢庆的国庆节的时候，得知自己的生日10月5日，正好在中国大陆和中国台湾的生日中间。从此认定，这暗示着她的出生就是上帝特别的安排，是为了两岸文化的交流而来。

在一次海峡两岸文化交流会上，王茗茗结识了闻名书画界的“画痴”高占祥，对高占祥在文化事业上的成就十分佩服，对大陆的文化渊源和古迹产生了强烈的探知欲。她暗暗下决心，要知道和了解更多属于中华文化中让她感动的事情。

高占祥做头部手术后，头上还在不断渗血，就起来画画，这样为了画连命都不要的“画痴”，彻底震撼了王茗茗。更为难得的是，高占祥不仅自己是画痴，还致力于培养画痴。他发起的“朝霞工程”主要是资助那些具有绘画天分的山里娃，而“黑马工程”则是挖掘有巨大潜质的画家，而这些经费都是用他夜以继日画出来的画和字来交换的。

王茗茗看到重病的高占祥身上似乎有着永恒的生命力，她下决心跟随这股强大的生命力去延续两岸文化交流的梦想。

高占祥看到王茗茗如此热爱两岸文化交流，便将自己获吉尼斯世界纪录的荷花集亲笔签名送给她。高占祥还向王茗茗介绍了有关大陆艺术、摄影的知识和情况，并且给了她两岸文化交流方面的一些建议。他还常常推荐王茗茗参加文化交流活动，以及书展展览。本来就深爱艺术的王茗茗对此非常感激。高占祥还常常将自己的学生介绍给王茗茗，他要求这些学生要重视文化交流。

张芳郬是他的学生中很特别的一个，因为高占祥认为张芳郬的画非常梦幻，作为老师很想和这个学生学习BZ自组画，而张芳郬也很愿意将自己的BZ画法教给高占祥。高占祥希望张芳邨能多做文化交流，而张芳邨告诉高占祥，他有一个梦想，将来能够到世界各地去介绍自己的BZ艺术。

## 力荐BZ艺术

与“画痴”在一起的日子让王茗茗受益匪浅，也对大陆有高占祥这样具备强烈的艺术情怀的文化学者敬佩不已。

高占祥提出了“文化力”和“精神力”的文化理念，倡导“精神力是国力之王”，并开展“新国风”“东方文艺复兴”运动。这些连接两岸文化的理念深深吸引了王茗茗。

一直以来王茗茗都相信，世界上许多事情是来自上天给予的爱和能量，她更相信高占祥对两岸文化的热爱胜于一切。

在高占祥推荐参加的文化交流活动中，他的学生张芳邨结识了王茗茗。看到王茗茗非常喜爱艺术创新，张芳邨就常常发短信向王茗茗介绍自己的BZ艺术。然而，对母亲的病非常焦虑，每天陪伴在重病的母亲身边的王茗茗，哪里有心思看一个从没有听说过的新型艺术的介绍？！

母亲去世的第二年，王茗茗已经渐渐从伤痛中走了出来。在一次文化交流会中，张芳邨和王茗茗再次重逢，并邀请王茗茗参观当年在国家博物馆展出后反响强烈的《创世纪》。尽管事先已经通过高占祥的介绍，设想了一定是非常美妙的画卷。但是，真的站在《创世纪》前面，王茗茗竟然无法挪动脚步……她哭了，哭得不能自已，至今她都无法说清自己当时的感觉！难道这就是让人震惊到哭泣的艺术之美吗？！《创世纪》确实非常美丽、壮观，可是，看到这么美的画为什么会哭呢？为什么自己这么坚强的人，会在一幅画面前如此失态，流了那么久的眼泪？站在《创世纪》面前，王茗茗感觉自己好像《星际穿越》中的库珀一样，跌入了一个神奇的黑洞之中，进入了美妙绝伦的高维世界。她想了几乎三天三夜，她感觉自己被那些神奇的线条、各种形状和颜色的点温柔地包裹着，那种暖暖的、温和的感觉，让她彻底放松，仿佛融入了浩淼

的宇宙之中。无法知道那三天王茗茗全部的想法和感受，但是，我们知道，王茗茗内心相信地球上的奇迹都是源自宇宙的爱和能量。当她把自己这类感觉讲给别人的时候，常常被人不理解，因为她自己心里也有太多不确定和疑问，“创世纪”回答了王茗茗埋在心里很久的疑问，又提出了更多新的疑问。她觉得那就是她心中来自上天的爱的样子，她相信母亲的灵魂也一定在那里，这让她感觉莫大的安慰。后来一些爱好科学科幻的人这样评价《创世纪》，说它非常像美国科学家发现的模拟灵魂类的“超弦波”图像；也有人认为那很像生命孕育之初，“人体小宇宙”的镜像……神奇的画的确可以让人产生神奇的想象。想必人类将来的竞争不再是知识储备方面的竞争，也不再是理论创新方面的竞争，而是想象力的竞争。人类的学校擅长知识储备型竞争力的培养，对理论创新的培养模式一直争议不断，而对于想象力的培养，我们不得不表示遗憾：任何学校的固化培养模式几乎都可以说是对想象力的扼杀。没想到，这幅《创世纪》无心插柳，让观画者打开了想象力的大门。

王茗茗深深感觉到，这幅《创世纪》为她打开了一扇通向另一个世界的大门。她要求看张芳邨的每一

幅BZ自组画。于是，张芳邨又请王茗茗看了一幅从左边、右边和正面看效果决然不同的BZ油画，这让对油画非常了解的王茗茗惊叹不已。紧接着，她看到各种介质上呈现的风格、色彩迥异的BZ自组画……太不可思议了，王茗茗浮想联翩，心中叹息不已。她恨不得把每幅画都留在自己的心里，因为直觉告诉她，这些画会让人们陷入探讨宇宙本源和人性之初的沉静思维中。大自然究竟是怎么样的生存法则？人死之后到底有没有灵魂？宇宙大爆炸的起点是什么？蓝宝石裂变，分子结构，微观世界是不是都可以用BZ自组画来表现出来？每一幅画似乎都是一个世界，一个时空，将人们带入另一个或者几个我们完全不知道的神奇世界。

王茗茗这样评价BZ自组画："它和大自然景象，能量的演变密切相关……我观BZ自组画作，深深感受到心中的激烈火花，迸发出一层层的爱痕，流淌在宇宙的每一个角落，每一个时空。BZ艺术不仅色彩极为美丽炫目，更重要的是，它有一种慑人的活力，也许是一种无法解释的能量，总之，无法用现有的科技和艺术词汇来表达……"在她的眼里，世界上的没有一种表达方式能够诠释BZ艺术的美丽和能量。

## 收藏BZ自组画

虽然芳郁的BZ自组画曾在德国出售过，但是，王茗茗是第一个收藏他的BZ自组画的中国台湾商人。

王茗茗少女时期就在日本留学，那个时候，正是日本经济最繁荣的时代。乱世储粮，盛世收藏。鼓起来的腰包给人们带来了激情和自信，狂热地扑向康定斯基、莫奈、梵•高、雷诺阿等西方一流艺术大师们。有这样的统计和报道，20世纪80年代的国际拍卖会上，40%的西方印象派作品落入日本买家的手中。仅1987～1990这4年间，日本就从西方进口了上百亿美金的艺术品。

当时日本有很多全球著名的规模很大的艺术博物馆，爱好艺术的王茗茗在繁忙的间歇，总是见缝插针地拜访艺术馆。日本人收藏世界名画的传统由来已久。世界上大部分的梵•高画作都被日本的企业家和美术馆收藏了。多年留学国外，耳濡目染，王茗茗再一次深受印象和抽象艺术的熏染。

阅尽千帆的王茗茗深深地迷上了BZ自组画，她常常在朋友们面前盛赞BZ画的神奇，把照片秀给大家看。结果，确实有人赞不绝口，但是，更多的人进行了讽刺挖苦："这不就是随便乱涂乱画吗？有什么好神奇的？把颜色这么胡乱糊弄上去也算艺术吗？那岂不是人人都可以画画了？"甚至有人直接打电话告诉王茗茗，张芳郁当年在国家博物馆开画展并不是凭真实实力的。王茗茗听到这些风凉话，感觉自己时空穿越了，回到了波洛克时代，她似乎看到了可怜的波洛克正在被成名的艺术家嘲笑："我用脚画出来的都比他强。"

如此美丽的画作，却一直被人忽视，没有人真正珍惜他们。这激起了王茗茗浓烈的艺术情怀。她下决心一定要帮一把这位天赋异禀的艺术家。

于是，王茗茗买了一幅BZ自组画收藏，并且带回到了中国台湾。看到王茗茗如此爽快，他产生了邀请王茗茗和自己一起开创BZ艺术事业的想法。

王茗茗夫妇再次来到北京是一起来结婚纪念日旅游。张芳邨决定抓住这次机会，他对茗茗姐和姐夫说："我要送你们结婚纪念日礼物。"按照他们的愿望为他们画一张画。原以为喜欢BZ画的茗茗姐会要一幅自己的BZ新作。可是，王茗茗挑选了一张她当年结婚时最得意的新娘照片，请张芳邨照此素描。艺术家心里明白，人物画是最能体现一个艺术家的造型能力和艺术功底的，因为艺术家要通过对人体的结构，和骨骼肌肉的透视能力，来精准地把握绘画的技艺和精髓!而真正的艺术家在见到人模之后，是绝对不会去画相片的，因为有了相片，就可以通过投影网格描摹来画画了，这在张芳邨眼里是一种可怕的堕落。

从1997年发现BZ自组画之后，张芳邨就宁可饿死也不再画写实画了。面对挑战，张芳邨的心里有些犹豫，他思索着，艺术家的执着和对合作者的诚意，在心中交战……这是一次展现自己功底的良机，岂可失去？既然承诺按照茗茗姐的要求画画，又岂可失信？！

虽然艺术圈的老熟人都知道自己的实力，但是，茗茗姐来自遥远的中国台湾，要想让她相信自己的实力，怎么才能做到呢？

看到张芳邨脸色阴晴不定，犹疑不决，那些流言从耳边飘了过来……不过茗茗姐在心中已经说服自己，如果张芳邨不愿意画，或者不能画很好的写实，也一点都不影响他发明的BZ艺术在自己心目中伟大和震撼的形象，因为波洛克在因滴画成名之前，很多人认为他根本就不会画画！但是，与此同时，张芳邨已经为了自己未来的梦想，作出了他认为一辈子再也不会作的决定：打破心中的芥蒂，当着茗茗姐夫妇的面，按照照片素描！

只用了短短10分钟。一幅和相片一模一样的素描就出现在伉俪面前。王茗茗虽然见过数不清的画家作画，但是，张芳邨飞快地在纸上唰唰划过铅笔的样子，让她惊呆了。就是盯着画笔看，也看不到落笔，怎么就会在纸上出现了图案，眨眼间一幅画完成了。王茗茗忍不住开玩笑：“芳邨，你是神笔马良转世吗？”如此扎实的绘画功底，怎么会有人认为他的BZ艺术画是随随便便乱画的呢？

张芳邨用十分钟画完的素描

张芳邨看到茗茗姐对绘画非常熟悉，一眼就看出了他的绘画基础，非常高兴。紧接着，他拿出自己在国家博物馆办画展的录像进行了播放。看到现场那么多人围着刚刚演讲完的芳邨提问和热切交流的场面，看到高占祥和一些业界人士在画作前久久瞩目，王茗茗夫妇心中对张芳邨仅有的小小疑惑彻底消散了。

相互熟悉之后，王茗茗夫妇爱屋及乌，因为喜爱BZ艺术而更加喜爱它的创始人张芳邨。

他们思索这样优秀的画作如果能在中国台湾，甚至东南亚等地扩展，并进而走向全球，那么就可能利于提升全人类的想象力，未来的艺术爱好者会因此受益，而产生更多的创意和奇迹。夫妇两个一致认定，仅仅购买一幅画的方式支持这位艺术家是远远不够的。王茗茗应该投入到两岸文化创意产业中去，促进两岸文化交流，帮助BZ艺术在全球全面发展。

从22岁完全靠自己计划去日本留学开始，王茗茗就早已学会自己规划自己的人生。本来她有很多详细的计划。

成为一个心理专家

50岁之后去世界各地旅游

- 成为特蕾莎修女那样帮助穷人的人
- 收养贫困儿童
- ……
-

当她决定成为BZ艺术世界大使之后，所有的计划都成了泡影，从此以后，她就只有BZ这一个孩子。

王茗茗本来计划要去做心理咨询师，虽然她自己的心灵也需要抚慰。但是，看到BZ自组画之后，王茗茗被深深迷住了。BZ自组画抚慰了她的心灵，她不明白为什么BZ自组画会驱散她内心的阴影。她开始有意识的收藏更多的BZ自组画，在家里静静地看它们，越看心里越空灵。她试图找出其中的奥妙，始终不得其解。如果有更多的人了解BZ艺术，分享空灵神奇的感受，她相信这样一来会让人们都幸福起来；二来，也许有一天，他们可以遇到一位科学家、天文学家，心理学家……彻底揭开BZ艺术的神秘外纱，她猜测，那样不仅艺术会发现全新的领域，科学甚至宇宙探索，都可能随之前进一大步。

张芳邨对王茗茗想成为心理咨询专家佩服不已，因为他也希望研究清楚，

BZ艺术究竟可以给人们带来怎样的心灵体验?

## 一辆宝马险些导致关系破裂

而当时艺术界的朋友圈中，很多人也都知道了张芳郇想邀请王茗茗帮助自己的事情。张芳郇并不知道一些人还在劝退王茗茗：“这个画家不是很有钱，帮助他会被拖累。你看无论你去哪里，他都没有车接送你……”

与此同时，张芳郇正在考虑将自己的画作卖掉给茗茗姐买一辆车。因为他上次听茗茗姐提到，有一次因为下雨一个小时才打到车。说者无意，听者有心。茗茗姐一回台湾，芳郇就悄悄用卖画的钱为茗茗姐买了一辆宝马。

当王茗茗再次来北京的时候，张芳郇去机场接她。路上张芳郇告诉王茗茗，回去有惊喜送给她。王茗茗还以为又画出了了不起的新画。到了家才知道，芳郇给她买了一辆宝马车要送给他。张芳郇以为情节会按照电视剧剧情发展，王茗茗一定会很感激。但事实是，王茗茗非常愤怒，告诉芳郇：彼此不要再相互往来，要视作路人。看到茗茗姐不仅不接受，还动了真气。芳郇只好实话实说。主要是茗茗姐每次来北京都没有车，很不方便，和那些开豪车的人住在同一个小区难免难堪。自己送车既表达合作诚意，又可以帮茗茗姐一个忙，不是很好吗?

于是，茗茗姐耐心地告诉芳郇，自己在中国台湾，每天确实有专车接送，但是，院长姐夫常常建议茗茗姐能走路的时候坚决不要坐车，这对于中年人来说，是关乎生命的锻炼，同时又是利于地球的低碳生活方式。但是，茗茗姐是个急性子，为了节约时间，常常使用专车。到了北京之后，院长姐夫很坚决地决定，决不在北京买车。这样才能确保茗茗姐定期得到充分的锻炼，这是院长姐夫为了爱护茗茗姐的身体，所采取的必不可少的强制健康行为。

芳郇理解了茗茗姐和院长姐夫的好意，也开始向他们学习健康理念。

不久，王茗茗的好朋友希望她帮忙找一个肖像画家，画一幅父亲的画像。王茗茗想起芳郇曾经画过的素描；也见过芳郇在大学期间画的人体油画，非常逼真。于是，就邀请张芳郇来画肖像画，张芳郇上次画素描已经破例，岂能再画人像画?但是，合作者提出了要求，他怎么可能拒绝呢?在画主的家中，芳郇在画画的休息时间，讲述了自己二十多年艰难的艺术生涯。得知芳郇常常三餐不继，流离失所，陷入生活的绝境，王茗茗眼泪无法自禁。一直以来，那些传说中为了追求艺术最后因为穷困而悲惨死去的画家，竟然真实地活在自己的眼前。张芳郇告诉茗茗姐，上次画素描他就已经勉为其难。因为自己原来画写实的时候，从来都不画相片，只画真人模特；1997年之后，连人模也不画了，可以说已经十多年不画任何写实画

了，因此才会多次面临绝境。如果再画写实，对他来说艺术梦想就彻底破灭了，如果那样的话，他就没必要这么艰苦地走艺术道路了，做生意比这样挣钱多而且要轻松很多……听到芳郇的心声，王茗茗无比震惊，她没有想到，现在还有持这样思想的艺术家。她再一次深刻体会了，张芳郇所说的万事万物皆BZ艺术的真正含义。

这也许是张芳郇的人生中最后一幅人物肖像油画，虽然已然见识过张芳郇的素描功底，王茗茗还是暗暗赞叹他的油画技巧和画法，已经远远超过当年93国际画展《长发少女》的水平，简直和真人没有区别！从此，王茗茗不仅自己再也没有要求张芳郇画过写实画，并且在后来推进BZ艺术的过程中，无论经济多么紧张，面对的人脉压力多么大，她都坚决不让张芳郇画任何写实画作！

### 和画谈恋爱的画家

王茗茗也发现，芳邨远比自己想象的更爱艺术。他在任何时候都能发现其他人无视的色彩美感。王茗茗的家里，每天上午都会看到房顶有一些彩色的光影，她这里来过无数客人，没有人注意这个现象，王茗茗自己也没有在意。芳邨第一次和王茗茗的朋友来到她的家里做客时，发现房顶上有很多彩色光斑，他顾不上跟茗茗姐打招呼，直接指着那些彩色光影，非常兴奋地告诉茗茗姐："快过来看！快看！"等茗茗姐跑过来看到那些光斑时，禁不住大笑起来："每天都可以看到的，看你那大惊小怪的样子，就像个孩子一样！"更有甚者，他不让大家吃饭，让每个客人都跟着他一起观看那些大大小小的光影。这时人们才惊讶地发现这些光影，都是鲜艳的红黄蓝，正是他的BZ自组画的基本颜色。

王茗茗看到的张芳邨，永远都只做三件事情。画画、看画、讲画。芳邨不画画的时候，常常一个人站在自己的画作面前，一个人不断地自言自语："太美了，你怎么会这么美啊？你真的是我画出来的画吗？这条线实在是太精彩了，你是怎么画出来的啊？"王茗茗在旁边看得笑不可支："这个画家在干什么呀？他在和自己的画谈恋爱吗？难道世界上最疯狂的爱情

就是这样子的吗？”

王茗茗还发现芳邨在生活中，根本不像快50岁的人，他在很多方面连十几岁的孩子都不如，实在是太单纯，太简单，难怪会在画作卖了几十万之后，还搞得没有饭吃，没有房子住。但是，讲起艺术，他给王茗茗的感觉是他已经好几百岁了，各种画的特色，绘画工具的制作，几万年前的颜料，还有无数名字复杂的古今画家……关于艺术，芳邨永远有讲不完的话题，信息量和知识量如同海洋一般无边无际。

经历了那么多挫折之后，张芳邨仍然相信理想，充满激情，这让王茗茗非常感动。她告诉张芳邨，这正是她眼中真正的艺术家应该有的气质，她一定会帮助张芳邨，不让以往画家的悲剧发生在他身上。

## 痴迷科学的画家

一次王茗茗和芳邨一起坐飞机去南方考查书画产业。飞机在高空飞行时突然异常颠簸，乘客们有的害怕得惊叫起来。张芳邨对身旁的王茗茗大谈起飞机的飞行原理。告诉她，如果飞机在平流层飞，就会很平稳，如果在对流层飞就会出现颠簸。在对流层有云彩，有风有雨，平流层空气稀薄，没有云雨。平流层一般的高度是……

虽然早知道张芳邨的BZ艺术来自化学反应，张芳邨精通颜料和色彩学。但是，没想到对于飞机的飞行原理也这样精通。虽然爱好文学的王茗茗的对这些科学知识没有丝毫兴趣，但是，芳邨的阐述在颠簸的飞机上让人感觉新鲜又有趣，莫名的恐慌竟然消失了，飞机上安静了下来，芳邨的声音也显得更大了……这让王茗茗感到非常骄傲……

卡哇伊风格、文艺、感性的王茗茗做梦也没有想到，有一天她会因为帮助一个画家，而了解了化学振荡反应、化学钟等这些她原以为永远都和自己没有丝毫关系的学科领域。当她学芳邨和同机的商界老友聊飞行和平流层的时候，让他们大跌眼镜。而一个酷爱诗歌和文艺片，明星照挂在最热闹的商业街广告位的美丽女企业家，忽然对《星际穿越》《地心引力》《超时空接触》这样的电影热衷不已，大谈星际旅行，超弦，机器人，等等，太让人不可思议了，帮助画家圆梦的王茗茗变成了一个科学迷，一时成为亲友们的笑谈。

作为一个有经验的企业家，每天被一个画家的科学知识熏陶之后，王茗茗觉得张芳邨已经不再是一个简单的画家了。他应该成为一个科学和艺术跨界的人才。受张芳邨影响，王茗茗也开始查阅科技资料，她发现很多科学家都有发明专利。这启发她思考：虽然BZ反应是化学家发现的，但是，在各种介质上绘制的BZ绘画却是张芳邨的独创。王茗茗认为应该帮张芳邨申请专利。这样，芳邨就成了第一个递交发明专利申请的画家。王茗茗还在短短的一两年时间里，完成了帮助张芳邨在亚洲各国以及美洲、欧洲各国申请专利、注册商标等庞大的工程，并且将BZ团队发展得非常规范有效率。

在张芳邨眼里，王茗茗不仅是一个帮助艺术家圆梦的文化使者，还是自己

的救命恩人。身高1米73的张芳邨当时体重195斤，身体明显三高，并伴有胆囊息肉。由于长期单侧倚重画画，左侧从腰部到大腿感觉迟钝，常常发麻，没有感觉，用指甲掐都没有痛感，并伴有尿失禁，身体衰弱不堪，濒临“破产”。

王茗茗带张芳邨去中日友好医院全面检查，同时两岸电话会诊，让自己的先生洪宗邻院长帮助治疗。那段时间，无论王茗茗在大陆还是台湾，都要求张芳邨每天汇报自己的三次吃药和一次打针等治疗情况。在短短的半年多的治疗之后，血糖血脂等都恢复正常，体重降到了130多斤，胆囊息肉也大大缩小。

在王茗茗的帮助下，张芳邨戒掉了抽了十几年的烟，改掉了爱吃大鱼大肉的习惯，不吃主食，以蔬菜水果为主要食物。王茗茗经常告诫张芳邨，一个艺术家的艺术事业和他的寿命成正相关，毕加索和齐白石之所以能成为伟大的画家，和他们的长寿密切相关，而很多夭折的画家，虽然有个别离世后画价飞涨，被人们纪念，但大多数却默默地消失在历史长河中，连一丝涟漪都没有留下……

## 爱痕覆盖伤痕和泪痕

张芳邨自从母亲去世后，就感觉亲情淡漠，想起家人，张芳邨总是漠然，似乎对他们已经完全没有了感情。后来，慢慢地开始反思自己，以前总觉得自己当年陷入绝境时未得到亲人的帮助，在那种情形下也没有记恨他们，已经是非常好的人了。现在，换位思考，父亲正值事业上升之时遭遇冤案，内心的痛苦无人安慰不说，还要在面对周围环境完全拒绝的情况下，去养育众多嗷嗷待哺的孩子，其中的苦难常人无法想象。想到自己曾经面临的经济压力，远非父亲的困苦所能相比，思绪至此，几十年来第一次因为对父亲的愧疚和理解而流泪……思维模式一旦反向，心门一旦打开，过去的一切不再是灰暗，色彩逐渐明快起来。张芳邨从认为父亲继母不理解自己的思绪中逆转开来，终于明白，一直以来是自己不理解父母啊。尤其是可怜的父亲，这么多年来，何等不易……张芳邨开始悔恨自己从不去想象，也没打算去了解父亲的苦衷和艰难。想想父亲每日在强忍内心痛苦的同时，拖着疲惫的身躯为家人的米粥辛劳，满心指望含辛茹苦养大的孩子可以帮助挣钱养家，让操劳一生的父母稍事喘息。谁知道孩子一再为了所谓的梦想执迷不悟，让父亲一再失望、绝望……当年血气方刚的父亲，想必那时也是充满了幻想和梦想的，可是，残酷的现实让他一辈子不敢想象去尝试实现梦想，也许连向别人提起梦想的机会都没有……

张芳邨再也抑制不住自己磅礴而出的眼泪……

卸下了深藏内心的亲情包袱，张芳邨的身体和脚步轻盈了起来。一生以来第一次，他期盼能有机会和父亲好好交流一次，但是，长期的隔绝让他无从下手。只能在父亲的生日默默地向远方的父亲祝福和祈求他的原谅。一向不注重交流心理，说话直来直去的张芳邨对心理科学开始莫名有了兴趣，常常阅读以前从不涉足的心理科学书籍，参加他原来觉得非常无聊的心理学家的聚会。

结识了清华大学心理系的彭凯平教授，陈绍建博士，又认识了热心推广积极心理学的王薇华博士……每个人都是色彩明快的心理专家，老实、爽朗的芳郇心灵最深处连自己都没有觉察到的阴霾，都被积极心理学驱散了。

虽然最后也没有见到父亲一面，但是，也许是感应到了自己远方的祝福和道歉，哥哥姐姐们后来告诉芳郇，一直在生芳郇气的父亲，在生命的最后时光，常常满含热泪提起芳郇，十分想念芳郇……芳郇泪眼模糊，那时候他也一样在想念父亲，感恩父亲，也在为自己曾经的年轻不懂事而深深自责……

和父亲的心结解开后，芳郇和哥哥姐姐们的关系再次亲密了，温暖的亲情让张芳郇的BZ自组画色彩更美好，更炫目了。

艺术家最需要亲人的支持，而往往又得不到亲人理解。但是，无论想法分歧多么大，“爱之痕”从生命之初就深深刻在了每个家人的身上。曾经的岁月无论留下多少伤痕和泪痕，最终都将被爱痕覆盖。

## 两岸文化交流佳话

王茗茗认为在全球化大潮中，中国人的地位正在逐步提高，影响力也越来越大。中国传统文化已经在世界各地开花，春节已经是很多国家必过并且要隆重庆祝的节日。

在这样一个大环境下，培养和塑造一个有世界影响力的中国画家正当其时，对于东方智慧在世界的流行和推广，非常有意义。BZ艺术在大都会、苏富比的拍卖和展出正在筹划中。

毕加索是张芳邺的偶像，但是王茗茗却不崇拜他，因为王茗茗不在意那些顺利的艺术家。她更佩服和尊敬那些历经劫难，却坚持信仰和理想的艺术家。张芳邺相信即使生活在最底层，即使面临最绝望的人生，只要那颗仰望天空的星没有泯灭，他就一定会重新感动世界。这样的坚韧个性，让王茗茗肃然起敬。

王茗茗从小就喜欢国学，喜欢李清照的诗。除了诗词歌赋，她还特别爱听老师讲她祖祖辈辈生长过的大陆。老师常常向她描述大陆的美丽山河，让她向往不已。甚至出了这样一个笑话。有一次一个老师告诉她，在大陆有一个盘子里放一块猪肉，24小时都不会变坏。当时她很惊讶：这是多么神奇的盘子啊，放猪肉都不会变坏，她一定要去见识一下。后来学了地理知识，她明白了大陆的很多地方非常冷，属于北温带气候，与亚热带的中国台湾大不相同。所以，并不是盘子神奇，而是气候多样化。当然，更令她向往的是那些锦绣河山……

刚来大陆的时候，她深切感受的是这是一片神奇的土地，到处都是人文奇迹。她流下了眼泪，因为她真真切切地感受到，长江、黄河、长城是怎样的神奇!?那种震撼，她无法用语言描述，她更加相信自己从小所受的教育，来自上天的爱和能量可以诞生任何奇迹。她原本只知道西方名家的油画，张大千的画，都是大师经典。如今了解到大陆这么多优秀的艺术未得到应有的重视和地位，她像看到亲人受委屈那样，心有不甘，很想把大陆的艺术介绍到海峡对岸，介绍给世界。她要用的行动来描述自己传播两岸文化的决心。她希望有一天，中国台湾、世界各地都能听到、看到大陆的优秀文化和艺术。

从小爱美，年过50岁仍然萌心不止的王茗茗，对美丽的追求达到了一种无极的境界。BZ自组画的美让她痴迷，也让王茗茗深信最美丽的画作一定是看不懂的，就像宇宙我们永远看不懂一样。王茗茗认为，BZ自组画让人们不得不感慨自然界的颜色还是太单一了，但是宇宙不可能也是这样的单一，它一定有无数美丽的颜色。不然，BZ自组画中怎么会有这么多的色彩呢。

一直生活在温暖季风中的王茗茗，为了BZ艺术选择来到“猪肉都不会放坏”的地方工作，她明白自己需要更多的训练。她的公寓一年四季恒温25℃，不可能让她感受到两地的差异。一直梦想去长城的王茗茗，决心全方位地感受北京长城的传奇。于是她选择了摄氏零下16度的一个冬日，穿着古唐装礼服，在长城上看着BZ艺术和长城旁侧雪山层峦叠嶂相互辉映，如此悸动！如此吻合！一直至今，她虽然无法忘却当时寒冷中的哆嗦及冷到磨牙时的发抖。但长城上的BZ艺术，让她验证了来自大自然的爱无边辽阔！已完全温暖了她的心房，终将留下终生难忘的刻骨铭心记忆。几个月后，一位正在美术院校学习的女孩联

系王茗茗，说从许多报道中，喜欢上了BZ艺术，且无限着迷！设计并彩绘绿色地球与BZ爱之痕的艺术　，希望有机会向王茗茗展示并参与设计。

王茗茗谦虚地认为她本人并没有什么了不起的能力，也没有做任何值得一提的事情，她只是自己被BZ艺术深深地感动了，然后又感动了海峡两岸，乃至世界各地的充满梦想且善良有为的仁人志士。这些才华横溢的学者专家，他们为了帮助BZ艺术的发展做了太多可歌可泣却不愿意被颂扬的事迹，这些默默无闻的伟大奉献者，将他们的爱之痕深深刻印在了张芳郇的心中。

为了实现跨文化传播的共同梦想，BZ艺术家常常向跨文化沟通领域的国际权威专家——彭凯平教授请教。他们还参加了彭凯平教授组织的积极心理学国际会议。这些让爱好科学的张芳郇又对幸福心理科学产生了浓厚的兴趣。他发现积极心理学和BZ艺术有一种奇妙的契合，美丽的BZ艺术大大提升了人们的幸福感，积极心理学也是研究人类幸福的科学，它们相辅相成，让两岸文化的传播如虎添翼。

也许张芳郇可以继续研究：BZ艺术和心理科学、宇宙学、粒子物理学结合，可以让每一个画家更加幸福。而只有画家幸福了，收藏画家作品的人才会从画中感染幸福。

与致力于两岸文化交流的高占祥相识，并热心配合医院帮助高占祥恢复身体健康，进而为大陆优秀画家张芳郇的梦想而奋斗。王茗茗感受到了自己身上的使命，她知道自己和奔波两岸的很多有志之士一样，都是促进两岸文化交流的使者。希望两岸文化交流的使者们齐心协力，帮助有梦想的艺术家们成为有世界影响力的中国画家，成就两岸文化合作佳话。

投身BZ艺术的人们在相互的磨合中提升着他们的生命能量，这就像骨肉同胞的两岸人民，在血浓于水的亲情中书写文化交流的美好故事，在文化交流的历史长河中将留下文化交流的爱之痕——一种BZ行为艺术。张芳邨为了BZ艺术思想的实现和传播，历经危难，几度沉浮，他的愿望引发了蝴蝶效应，BZ反应，带来了海峡两岸美好的文化往来以及世界各地的艺术情缘。那些人生中的精彩故事，就是一个一直会反应下去的庞大的BZ社会和文化行为艺术。在这个过程中的所有欢乐和痛苦，顺利和逆境，都是色彩绚烂，值得记忆的、美丽的BZ瞬间。

中华儿女在博大精深的同根文化中共同成长，每时每刻流转旖旎的BZ自然行为反应，会让我们幸福地成就习近平主席提出的“生命共同体”。

# 第十章

## 科学的尽头是艺术？

# 科学的尽头是艺术?

现代科学应付了动态力量，显露事情藏在宇内的最后精神。

——瓦西里•康丁斯基

暗宇宙，暗能量，通过张芳邮的BZ艺术向世人显现出来。

——灵紫，著有《天幕：一个宇宙信息记录员的日记》

要是没有志同道合者之间的亲切感情，要不是全神贯注于客观世界——那个在艺术和科学工作领域里永远达不到的对象，那么在我看来，生活就会是空虚的。我总觉得，人们所努力追求的庸俗目标——财产、虚荣、奢侈的生活，都是可鄙的。

宇宙里最奥秘的，就是人竟然可以去明白这个宇宙。

——爱因斯坦

艺术和科学都走入迷途，都无法为人类的心灵起到导航的作用。具有良好的艺术修养的科学家，更容易接受和开拓创新思维。

——题记

## 科学的终结?

每当理工科研究生们写论文的时候，都会忍不住抱怨，那些可研究的东西都被前辈科学家搞得差不多了，也就是肉都被吃光了，轮到他们只剩下啃不动的硬骨头了。

而他们的导师，尤其是被认为学科泰斗的伟大科学家们，其实比他们更为烦恼，甚至恐惧。因为，对于他们来说，那些影响人类的伟大科学发现和发明，似乎已经被以往的科学家全都干完了；所有值得追求的知识似乎都已经被掌握了；重大发现的时代貌似也一去不复返了。以至于后面的科学家沦落到只能做细枝末节的小发明、小发现，和修补现有理论的地步了?

霍根先生在《The End Of Science: Facing The Limits Of Knowledge In The Twilight Of The Scientific Age》(简称《The End Of Science》，译为《科学的终结》)一书之中呈现了科学界不为人知的焦躁而又忧郁的气氛，发现一些科学巨擘们有耽于玄思冥想的倾向，因此而毫不犹豫地得出“科学发现的伟大时代已经终结”的结论（摘自《纽约时报》评论《The End Of

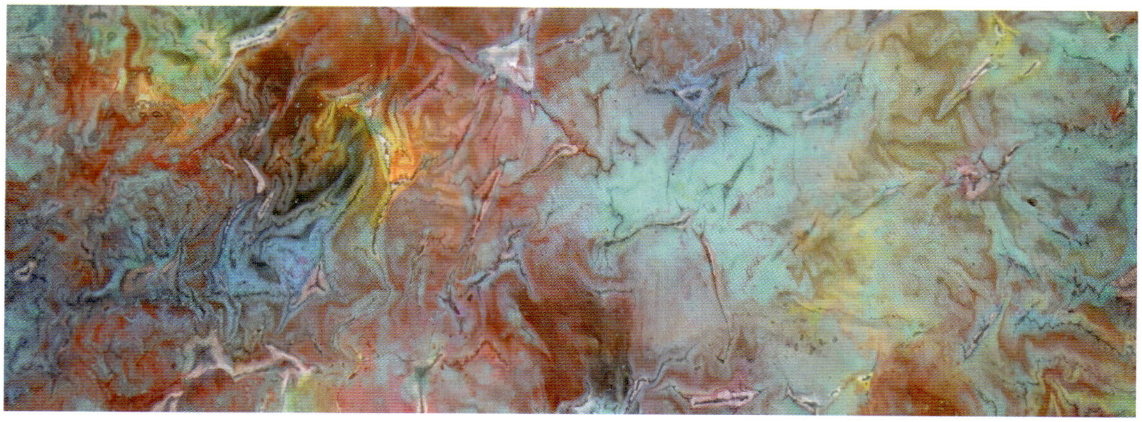

Science》）。让科学家感觉雪上加霜的是，科学规范的丧失，科学家们开始“反讽科学”，并将其变成了“文学批评”，科学的尊严越来越被削弱。维基百科中的一些关于宇宙研究的科学名词的解释，也“堕落”到常常加上一句：“目前可接受的说法是……”很多学者在关于科学的公开论辩中已经不再使用伪科学作为辩论词汇，也许是出于无奈，人们对那些无法实证却蓬勃发展的科学的态度变成了：可接受的就算是科学，不可接受的就不能说它是科学。这显然是传统意义上很不科学的态度。

从严格的科学意义上来讲，人类永远也无法知道宇宙起源最初的样子和意识的起源。宇宙和人类最终的归宿在哪里？在科学成就上，霍金的量子宇宙论、黑洞理论等让他成为有史以来最杰出的科学家之一，但是，他又在2014年否定了自己的黑洞理论，提出了新的“灰洞”理论。他的讲座《宇宙的起源》是地球上最受欢迎的讲座之一，但即便如此，诺贝尔奖并没有授予他，为什么？因为这些理论都不是真正意义上的科学理论。

历代的有识之士都在追求存在、生命和宇宙的意义。从霍金最新的著作《伟大的设计》中，可以看到宇宙“并没有造物主的容身之处”，按照一位传记作者的说法，这也是导致霍金的基督徒妻子简被触怒而离开的重要原因之一。不过，美国神经生物学家斯腾特在他的著作《黄金时代的来临——进步之终结概论》中表示：“科学的进步可能会在将来给宗教界一个更明确的定位，而不是像一些科学家所设想的那样，将取代宗教（摘自《The End Of Science》，霍根著）”。

这些命题本来是哲学的范畴，可惜科学的高度发展使得哲学的疆域越来越萎缩，尤其是现代宇宙理论、神经学科等都在迅猛发展，哲学显得有点跟不上科学的脚步，话语权越来越弱，霍金在《大设计》的开篇中就提出“哲学已死”。

“哲学已死”，“科学终结”，那么艺术呢？

无论哲学和科学的前景如何，艺术毫无疑问地将永远保持变化的状态。和人为因素起主导作用的科学和哲学不同，当艺术进入BZ时代，便呈现相对自立的形态。由此，将来的艺术形态，谁能说得清呢？这样，人类可以拥有一个永远未知的领域。只要宇宙不终结，人类就不会终结对艺术的探索。这对于人类进步来说，实在不是一件坏事。

果壳网友@男孩的心愿是风的心愿曾经提问：近代科学的发展攻下了哲学的半壁江山，又将神学逼上了绝路，那么，科学下一个攻陷的对象将是什么？会是艺术吗？

## 艺术助力科学

伟大的科学也许终结了，但是科学探索没有终结，科学技术正在以几何级数增长的速度发展。

计算机已经可以模仿肖邦作曲、杜甫作诗，竟然能起到以假乱真的地步，3D打印甚至可以实现油画效果，标志着科学已经占据了相当多的艺术领域。但是，他也将堆砌辞藻的诗人和只能模仿的艺术家淘汰掉。因此，沽名钓誉地被清理出局，诞生了更多用灵

魂写诗的诗人和抛弃写实的画家。

反过来，一些科学家开始尝试用艺术来辅助科学工作者的工作。哈佛幸福课设计者肖恩•埃科尔在他的新书《幸福原动力:赢得快乐竞争力的5个秘诀》里，开篇就讲了这样的故事，“为什么上了艺术课的医学生发现重要细节的能力提高了10%？”耶鲁大学医学院的教授会带全班学生去美术馆，这样做的目的是帮助他们训练大脑以增加对医学院学生至关重要的，具备与众不同的观察点，以便他们能够看到多维的世界。把本应该用来观摩更多手术案例和研究癌症的时间，花到看似毫无意义的美术馆里，这种教学模式的成功可不是什么奇闻趣事。《美国医学会杂志》（Journal of the American Medical Association）的调查结果，这门课程使学生发现重要医学细节的能力提高了10%，这真令人吃惊。

经过这种训练的一位医学院学生，在协助医生诊断一位患了中风并导致一只眼睛失明的病人，一般的医生会把注意力集中在那只失明的眼睛上。这位经过美术训练的学生却注意到了病人的嘴唇，最后救了病人一命。

无独有偶，一位医学院校的普通教师谭菁，在《新课程(教研)》2011年09期上发表了名为《加强艺术教育，促进医学生综合素质的提高》的文章，从另一个角度提到了“美的治疗”。

罗斯科每次画展都会要求主办方将灯光尽可能地调暗，因为他的作品要帮助人们在没有光的情况下看清物质。如果那个时代的科学家像耶鲁教授那样，用罗斯科艺术启发自己、启发学生，超弦理论、黑洞理论、暗能量、暗物质有可能会早提出几十年。

## 艺术助力探索性思考

著有教育名著《做有智慧的教育者》《教育者的自我修炼》的林格，每天都会在微信里发 “乾坤一草堂日记”，内容都是很精深的教育感受。教育专家总会有些教育格言，这不足奇。但是，他的每一段格言都会配上一幅精美的艺术品图片，且都是他的“乾坤一草堂”藏品。每次和他谈论精致的图书，或谈论阅读的体验时，他常常会辅之以对艺术珍品的品评和相关的典故。起初很多人颇不以为然，觉得有炫耀之嫌。后来发现很多艺术品并非昂贵，也有些并非他的收藏。原来教育专家林格不仅思考那些富有启发的教育语丝，而且真诚地通过伴随那些带来灵感的艺术将它们托出。在他眼里每一个印象抑或抽象的木质纹路，每一幅有故事的书画，还有那些因为各种奇缘而留到现在的斑驳的旧书……在林格眼里都值得敬畏，深藏智慧，他不急不缓，慢慢感悟，久久地收藏这些精神的收获。那些让数千名校长思考、体悟，并真实去践行的教育理念，就这样伴随着艺术的灵魂而诞生。

林格的微信朋友圈
“乾坤一草堂日记”及配图

我们常说的一句骂人的话，就是“顽石不化”。石头在很多人眼里是很不屑的，“油盐不侵”。但是，有人却对他情有独钟，数十年如一日与石为伴，与石相长，不仅人变得越来越有灵气，连他的石头也是不再是沉默不语的“顽石”。碧盛缘的陈鸣就是这样的人。第一次见到他，就有一种穿越的感觉，一股伴随千年“灵石”的自然气息不言自显。经过他手的石头，都无缘无故地有了“人情味”，成了奇特的艺术珍品。

相信任何人与这些和艺术相伴相生的科学家、教育家、鸿儒谈笑，耳濡目染后，再看印象派、抽象派画家的画，就不再拒绝，反而会觉得受益匪浅。

抽象画最大的特点是耐看，每天看会有不同收获。不似那些美丽无匹的具象画，一挂上去，绝对惊艳，但是久而久之，不换另一张画，你一定会疯掉的。

BZ艺术使得艺术进入了叙述空间，每一幅画生成过程中此起彼伏的变化来告诉我们的故事，充满了神奇和美丽，反应结束后呈现的就是最终的画面，似乎告诉我们一个美好故事的结局。

具象画可以让人一览无遗。具象画依靠训练有素的功底，用长期的训练，以及绘画者辛苦地绘制，最终实现美丽的具象画，观看具象画，就是第一眼功夫，即使花很长的时间和第一眼看到的区别也不大。抽象画需要花很长的时间去观看和理解，即使那样也不能足够领会，抽象画的欣赏需要长期的训练，画家似乎无法训练出来，而欣赏者似乎也无法训练出来。

抛却形体和具象后的抽象画，更注重颜色的和谐，就如同音乐要注重声音的和谐。抽象化之后诞生的BZ艺术则意图恢复艺术的本质，向世界展示最伟大的信息——爱。

所谓宇宙大爆炸最原始的奇点或者《开启宇宙大门的密钥》中阐述的单奇子，也许就是——爱，这也许是宇宙中最大的能量团，随着宇宙大爆炸，“爱”这个能量团，将他的痕迹布满了整个宇宙。这样万事万物中都留下了“爱”的痕迹，而BZ艺术就是为了向人类展示这些痕迹而诞生的。BZ艺术的诞生，为人类提供了另一种探寻宇宙间最深处奥妙的方式，研究他，展示他，极有可能会给人类带来另类的宇宙观和生命观。

## 艺术与科学的相互启示和印证

艺术是一件非常神奇的事务。记得小时候看到一个故事，国王听到夜莺的歌唱非常美，激动地流下了眼泪。当时很不理解，有什么歌会让人流下眼泪？

作家们最喜欢的口头禅就是：“灵感来了”。很多艺术家在冥思苦想之后，也会突发灵感，创造出惊人的作品。

“上士闻道，勤而行之；中士闻道，若存若亡；下士闻道，大笑之，不笑不足以为道”。这就是为什么很多艺术家在他们活着的时候成为笑柄，生活很悲苦，而死后身价飞涨的原因吧。

绘画起初重点放在像不像上，就像数学起初重点放在计算钱财、记账、生活用品分配等生活必需。但是，具象无法表现思想，更无法体现灵魂，因此诞生了抽象画。数学并不仅仅是用来算账的，数学是最严谨的科学，是经得起严密反复推论的与宇宙本质相符的世界本质，因此她被称为“上帝用来书写宇宙的文字”。如何探索宇宙最本质的奥秘？由此诞生了抽象数学。

每一个对宇宙探索着迷的科学家，最后都会深陷数学之中。斯蒂芬•沃尔夫勒姆是“麦克阿瑟天才奖”最年轻的得主，攻读加州理工大学理论物理博士的时候不到20岁，这样一位少年天才放弃了理论物理，去研究一个奇怪的新领域——细胞自动机，他的同事们对此的评论是“我不太确定他搞的东西能叫科学”“这更像是数学游戏，他显然已经不再是物理学家了”。

可是，沃尔夫勒姆本人却觉得自己发现了某种本质的东西。尽管有些人在讥讽他，但是他的研究成果却帮助很多科学家做出了了不起的发明。

1983年，沃尔夫勒姆做出了自己最得意的发现“Rule 30”。从一个活细胞出发，它却生成了一套极其复杂的无尽花纹；后来Mathematica里使用的随机数生成器，就是基于Rule 30的。Rule 30的全部规则，以及从一个黑点开始的迭代结果。

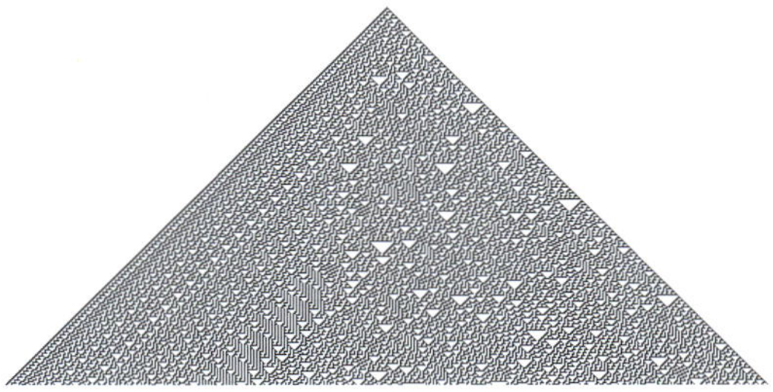

250次迭代后的Rule 30

织锦芋螺（Conus textile）的花纹神似Rule 30

被尊为古希腊科学鼻祖的泰勒斯说：万物的本原是水；他的学生毕达哥拉斯说：万物的本原是数；如此简单的程序能生成如此复杂的行为，看似随机生成的织锦芋螺实际上是宇宙计算出来的。这意味着什么？沃尔夫勒姆认为，这正是我们宇宙的本质；我们的世界就是计算，就是一套简单的规则生成的复杂现象。

认识到宇宙是一台元胞自动机对我们人类自身有什么意义吗？它有助于我们回答一些最基本的问题吗？譬如弗雷德金曾经思考过的三个哲学问题：生命是什么？意识、思想和记忆是什么？宇宙怎么运转？

沃尔夫勒姆从元胞自动机出发招惹了各个学科的各种问题，试图给出宇宙间所有问题的答案。但是，他的这种解决问题的方式是不是同时也更加证实了霍根的《The End Of Science》？沃尔夫勒姆看起来很清楚人们是怎么看待他的。所以，他的新书的名为《一种新科学》。

这是一种和万事万物相互印证的新科学。沃尔夫勒姆在书中进一步把元胞自动机与周围的真实世界联系起来，弹子球、纸牌游戏、布朗运动、三体问题等问题中的随机性都可以用元胞自动机来解释；流体的湍流、晶体生长的规律、华尔街股票的涨落也都可用元胞自动机来模拟；还有自然界中的树叶、贝壳、生物色素沉着等，元胞自动机能生成与它们一模一样的图案和形态。沃尔夫勒姆从元胞自动机出发招惹了各个学科的各种问题，试图给出宇宙间所有问题的答案。按照他的定义，宇宙就是一台电脑。（摘自：【果壳网专访】斯蒂芬•沃尔夫勒姆：宇宙的本质是计算）

BZ自组织艺术也是一种新的艺术，一种可以和万事万物相互印证的新艺术。

张芳邨在2006年在国家博物馆展出的大幅画作《创世纪》，那是一些连他自己都觉得非常奇怪的线条，这些线条不长，似乎像小蝌蚪，但又显然不是。那幅画有些人认为他在乱画，有些人则被它深深迷住。后来一位科学爱好者告诉他，这幅画很像美国发布的科学视频——“超弦”。在网上搜到后，张芳邨一遍遍地看，发现电视里那些描绘的“超弦”的画面，和自己的作品《创世纪》竟有些不谋而合。芳邨抑制不住自己的喜悦，就像一个本来不了解自己孩子的父亲，忽然发现孩子很棒的那种内心的油然。波洛克从来没有解释过自己的作品，想来是由于那时候科技还不够发达，他画的东西，没有相关科技印证，心中有难以言表的苦闷吧，也许这是他最后悲惨死去的最深层原因。

后来，越来越多的人主动告诉芳邨，一些科学现象和他的BZ绘画之间的关系。例如，这是一幅和蓝宝石裂变极为相似的作品。

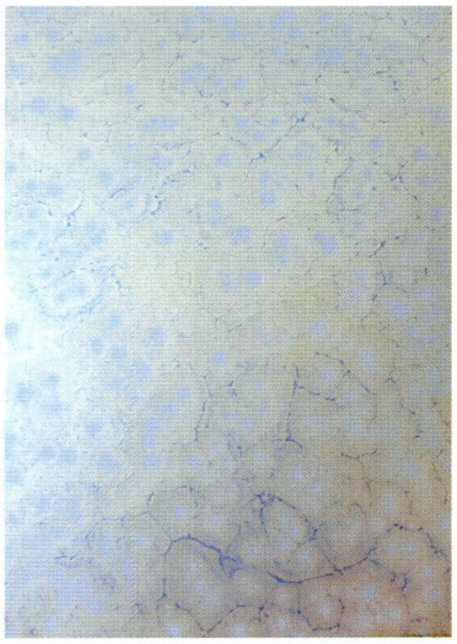

BZ作品之一，蓝宝石裂变

金色闪电爆裂出的金色宇宙泡

为什么这些画面和大自然的现象，和科学研究成果如此默契？张芳邨也百思不得其解。他常常一个人站在作品前呆呆地看着，他已经无法认为这些画是自己的作品，似乎有一个看不见的“真画家”藏在画中，他崇拜那个“真画家”，甚至超过他对伦勃朗、鲁本斯的崇拜。在这些画面前，他有一种被动的感觉，不是他被画吸引了，而是画在吸引他。

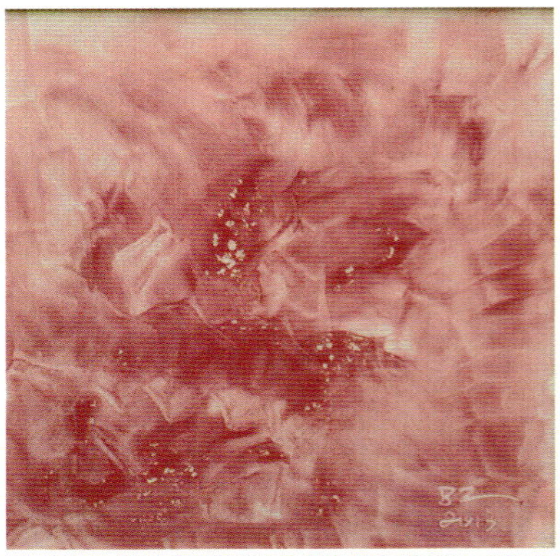

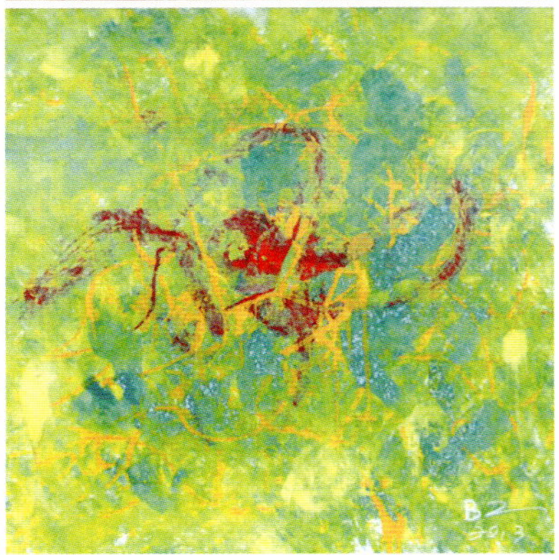

没有人知道波洛克在画滴画之前有没有构思，他也从来不解释自己的作品。

曾经有过那么一段短暂的时期，忧郁困惑的波洛克像天使般单纯地绘画，能看到宇宙中水晶般透明的网络，眼睛背后的血管。他迷宫般的原始绘画将人们的想象向内引致无意识的深处，向外引致宇宙的边际。他之后所产生的艺术都来源他的自由精神。

（摘自网易艺术，20世纪10件最伟大的艺术作品，http://fashion.163.com/14/0613/07/9UJQ0LA700264MK3.html）

张芳邨也许是人类有史以来唯一一个在画作自组织完成之前，不知道会画成什么样子的画家。在张芳邨的绘画介质上，颜料是自由的，独立于画家的。也许正是这份自由赋予了颜料独特的个性，以至于每一幅BZ画似乎都要启示人们什么？总会有人从画作中找到他们渴望的东西。

科幻小说《天幕：一个宇宙信息记录员的日记》的作者灵紫，当时正在四处寻找给她的小说画插画的画家。网络上那些神奇的星图，虽然美丽无匹，令人震撼，但是，在灵紫看来都无法诠释她的书中描绘的宇宙更深更高层次的景象。于是，她去找画家画插图，几乎每个画家看了灵紫的书稿，都对书中构思的宇宙大系统惊讶不已，十分赞叹她惊人的想象力。可是当他们把画作呈现给灵紫的时候，灵紫却无法把这些画和自己的科幻联系在一起，可能是这些画家都太成熟了，缺乏大胆的创新。于是，她又去找各个美术学院的学生，学生画的画面确实非常新奇，但是，和书中涉及的宇宙星云图差距太大。就这样搭上了不少时间和金钱，却没有满意的配图。这时候，一个天天盼着书快点出来的读者打电话说，看到一个杂志介绍一个画家的BZ艺术，读者认为那些BZ绘画看上去很宇宙，很奇幻，但是又和网络上所有的宇宙星云图不同，兴许和《天幕》中设想的宇宙有某些相通之处。接了这个电话，见过世面的灵紫并不以为然，那些抽象画大师的作品她都翻遍了，没有找到适合《天幕》的画作。但是，这个读者不甘心，打听到画家的工作室，并且联系上了画家张芳邨。本以为大画家没空见穷作者，没想到张芳邨一听是科幻作者就非常感兴趣，再一听书名，更是迫不及待地要求尽快见面。可是灵紫反倒不太想见画家，世界级大师的画都不能满足她的要求，一个知名画家又怎能画出自己满意的宇宙呢？但是，听读者说画家本人非常想见，读者又如此热心促进见面，灵紫盛情难却，于是在炎夏的一个午后和读者一起去见了画家张芳邨。

因为对张芳邨并不看好，当着经纪人的面，灵紫拿出了自己曾经约请的大师级画家的作品。这让对自己作品非常自信的张芳邨非常难堪。但是，没想到灵紫很快就被画室中的一幅画牵住了脚步。这多么像她的书中描述的第六层空间创业图啊！可是，那本书正在编辑中，还没有出版，素未谋面的张芳邨怎么会如此准确地用瓷板画描述了自己书中的场景呢？更令她哭笑不得的是，当她好奇地询问张芳邨，为什么会画出她的书里描述的宇宙信息世界的场景？张芳邨一脸茫然地回答：“我没有想画成你写的那样啊。真的吗？真的和你的科幻小说中描述的一样吗？”在十年科幻的写作过程中，不断寻求插图的灵紫，终于在BZ绘画这里不再犹豫，本来编辑建议只选一两幅画，结果作者灵紫选了八幅图还不过瘾。

一位来访的天体物理学家看过画后，立刻拍照做了桌面，他幽默地说：“这些BZ画让我感受到了其他艺术品没有的，来自暗宇宙的暗能量。”

诺贝尔奖得主，物理学家温伯格所偏爱的对多世界的诠释，是目前弦理论家、量子引力和量子宇宙学家的言论中公认的最受欢迎的。霍金本人也是一个多世界迷。

著名的科学畅想著作《在爱因斯坦的时空旅行》(Time Travel in Einstein’s Universe)中，提到了量子力学的多世界诠释。以爱因斯坦为偶像的张芳邨从这本书中受到了很大的启发，他对于自己研发的BZ艺术作品的丰富的画面感和从未见过的神奇世界有了新的解读：BZ艺术也许以某种人类未知的形式诠释了多世界模型。大千世界无穷无尽，所以，BZ自组画每次的呈现各不相同。绘制了25次的“宇之初”，在自己看来前面24个都是失败的作品，但是在大宇宙中，它们也许不过是不同的世界罢了，根本就没有对错。就像一些科学爱好者诠释多世界量子宇宙模型时，想到自己并非事事如意的人生，不免产生了自己处于一个“错”宇宙的幻觉。

在中央人民广播电台的一次节目中，主持人问张芳邨：“我看过‘超弦’波的视频，感觉很神奇，更神奇的是，为什么你的《创世纪》组画和超弦波很像？你绘画的时候是想模仿超弦吗？”不知道是现代科技对于灵魂和暗物质的研究越来越深入，还是对这类问题感兴趣的人越来越多？美国科幻大片《星际穿越》吸引了巨额票房，近年来十有八九的电影大片都是宇宙科幻。也许因为这些原因，总之，询问张芳邨这类问题的人越来越多。

“可不可以这样认为，这些神秘的现象吸引着你，大家都看不到的‘夸克’‘灵魂’‘超弦’‘粒子运动’等等，吸引着你，你特别想把这些看不见的美好事物用绘画表现出来吗？”每当张芳邨被记者这样询问的时候，他都会很无奈地回答：“我很想表达万事万物，尤其是深邃的宇宙，但是，你知道，画笔并不是我来控制的，它们（颜料）自组织绘画。所以，我不知道我能表达什么画面，也不知道暗中（如果有暗宇宙的话）谁在控制这支画笔。”

爱德华•威滕被誉为当代物理学家中H指数最高的一位，超弦理论和量子场论的顶尖专家。由于他们的研究被认为永远不能得到实证，以至于很多人认为他更像是数学家。超弦理论还被认为是顶级粒子物理学家们的玄想，依附于数学的精致和优美而存在。张芳邨在国家博物馆展出的《创世纪》组画，似乎从某种角度展示了超弦的风采，也许为那些调侃粒子物理学有可能发展成为美学的一个分支的观点提供了艺术实证。这样，不仅粒子物理学家们感觉“超弦”美极了，每一个有视觉的生物也都会感觉到这种探索宇宙真相的过程中那令人眩晕的精美。

粒子物理学家的宇宙学研究让张芳邨痴迷，人们对于BZ画的思考和探究，让张芳邨兴奋快乐。每次绘画之前，张芳邨都非常激动，因为他不知道控制颜料的“上帝之手”的计划是什么？每次画完，他都像守株待兔一般期待人们会给他一些关于宇宙和爱的信息反馈。但是，更为深奥的解读也许要等到未来科学和艺术有了新发现。要知道当我们看宇宙的时候，我们除了漆黑的天空中遥远的星星，什么也看不到。尽管如此，每个地球人都知道，宇宙如此浩淼，如果只有我们的话，那就太浪费了。

## 数学修养与完美艺术

数学本身就是为了启示人类发现宇宙中的至善和至美而诞生的。

我曾经和人工大脑之父，雨果•德•加里斯相识，发现他看厚厚的《李代数》时表情迷离，不断地赞叹：“太美了！太美了！”那些美得令人垂涎三尺的数学公式，不喜欢数学的人是无法体会这种绝世之美。一位在大学教授数学的老师说：“没学过高数的人是无法体会欧拉公式(如，e的πi次方加1等于0)的美的”!一位双目几乎失明，仅存光感的大学数学副教授（他的存在本身就实证了数学的至善至美）告诉我：“就是这么不幸，使我成了自我感觉最快乐的人。因为不幸，我才有机会接触到目前我的认识水平觉得，最完美、最严谨、最充满真正智慧，最公平、最不讲权威、最不尔虞我诈、最不似是而非、最富有哲理的学科。上面我的每个“最”我都有根有据，而且时至今日，尽管我的眼睛差到残疾等级不能再差的地步，我竟然还能靠这个学科体面的生存。正是因为天大的不幸，我不得不选择数学，也正因此，不但让我接触

到我自认为最完美的学科，完善了我的性格，也弥补了自身的不足。学数学、用数学、教数学，虽然不能在这其中做出什么成就，数学却给了我一双“看见”世界如此之美的神奇的“眼睛”。我甚至认为，眼睛不好是我最大的幸福”！很多家长都希望把孩子培养成有教养的人。在这些数学老师看来，相比较而言，一个人的数学教养更为重要，却被很多人忽视了。

历史上很多艺术大师都是数学修养极好的人。“达•芬奇”们很清楚什么样的比例给人带来的视觉感最好。艺术构图的角度差了一度，就可能会让价格会从5亿掉到多少？还有，蒙特里安的红色，面积偏离多少就会让他流落街头？在没有数学修养的人眼里，随手画出来的画是有可能成为价值连城的大师作品的，但是，在数学修养良好的工程师看来，根本就是在做豆腐渣。

数学修养好的人，会有良好的数理直觉，而相当多的艺术和科学重大成果都是数理直觉带来的。伽利略、哥白尼就是数学修养和数理直觉一流的科学家。只有这样的艺术家或者科学家才能创造需要后世几百年后才能验证的伟大发现和创新。那些莫名其妙的数字，那些来自数理直觉的灵感的故事，一直都在启示着我们。

与超弦的精致美丽相比，诺贝尔奖获得者、顶尖量子理论物理学家路易•德布罗意（Louis de Broglie）的导波理论就显得太丑陋了，以至于它第一次被提出时就受到强烈质疑和冷遇。因为，基于美学的角度，它如此丑怪，不可能是正确的。德布罗意只能放弃。直到二十多年后，倡导“科学和艺术应该在将来融为一体”，对量子力学有突出贡献的物理学家戴维•玻姆在发表的论文中极力支持他。这使得德布罗意重返该课题，并与玻姆一起发展了量子力学的重要理论——德布罗意-玻姆理论。

玻姆认为科学和艺术一样，不只是有理论和艺术品，还有灵魂，因此是应该相融的。除了数学之外，以艺术的方式思考科学，正合玻姆的观点“以一种全新的方式观察和思考的能力，比获得知识更为重要。”

很多人认为数学是一门抽象的艺术，而抽象艺术思维也被认为是一种数学思维范式。

美国音乐家约翰•凯奇的著名钢琴曲《4分33秒》于无声处，铸就一曲绝世经典。据说灵感来自于对中国传统文化的参禅悟道。传说他用抛硬币起卦，用《易经》的方法作曲。他让绝对无声的《4分33秒》启示人们绝对的聆听。

为什么是4分33秒而不是3分52秒，或者什么其他的时长，至今仍然是一个谜。有人说这是因为加起来正好是273，和绝对零度是同一数值。也有人认为这首曲子是在启示人类探究宇宙之初的空寂，所有一切的最初来源……

也许将来有一天数学家可以像用分形解释波洛克的艺术那样，发明一种全新的数学工具来解释这神奇的《4分33秒》。

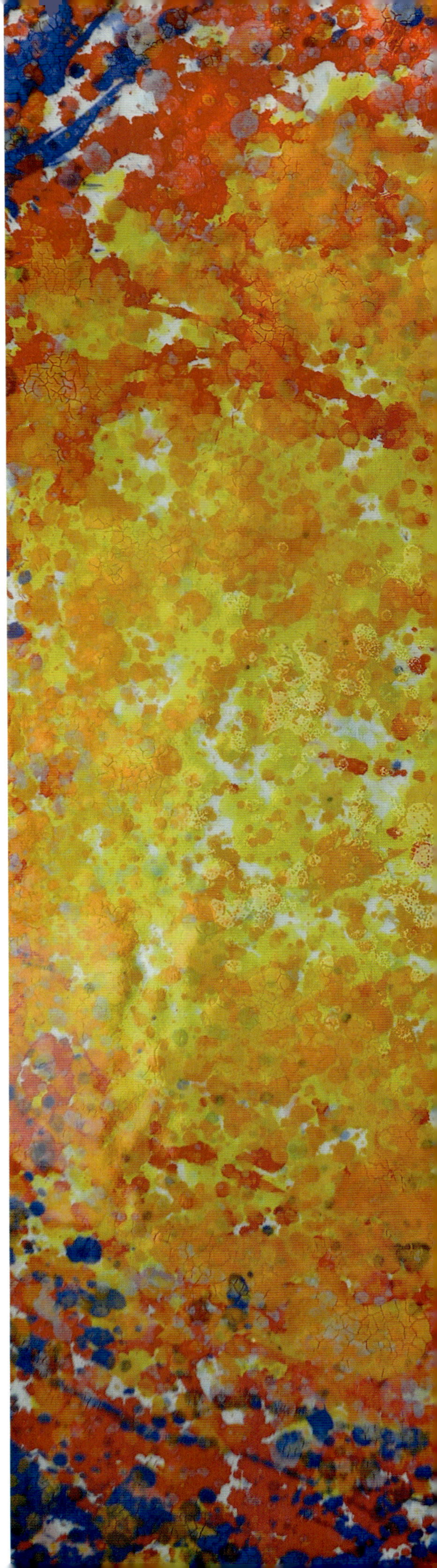

数学家们一直在研究那些美丽的艺术品背后的科学依据。远古时期的艺术家就开始无意识使用数学来帮助塑造美的艺术。那些被后世赞誉不已的古希腊雕塑几乎每一个都符合黄金分割数。现代优秀摄影作品的结构也都符合黄金分割率。

如今越来越多的科学家开始探讨艺术问题，用分形理论研究艺术曾经非常热门，研究波洛克的绘画是否符合“分形”成了《自然》（《Nature》）杂志一篇文章的焦点。

无论这些科学家怎么研究这些图形学、几何学的原理和公式。如果不深入了解艺术的真谛，这些都是对艺术的视觉感官做分析，所以，具象画的数学分析相对容易，分析的数据也容易实现。黄金分割率可以帮助具象画家创作优美的人物结构，帮助摄影者规划图形比例，更快地创作出赏心悦目的作品。但是，抽象画相对复杂，因为它不是自然事物的直接体现，他包含了画家的思想和情绪，这些思想很难用数学公式表达，科学家也无法深入艺术家的内心。

BZ艺术的发明来源于科学，其发明者张芳邨是一个能创作优秀具象画的艺术天才和以爱因斯坦为偶像、长期学习各类科学技术的科学迷的集合体。这类对数学和各学科科学有一定的专业基础的艺术家，是难得的跨界人才。

张芳邨认为每一个创作伟大画作的画家都是天才，天才的创作逻辑和理由都是事后分析出来的，这些分析难保不会对后世产生误导。真正的天才创作时往往不需要理由，真实的理由也找不到，但欣赏天才的艺术是可以有理由的。

他认为波洛克的画背后有一只看不见的“手”，也许就是玻姆（著名量子物理学家）的“导波”，从波洛克开始作画的那一刻起，就一直坚定持续地“导航”这些画作。抑或是一个类似于自行计算的银河计算机那样的看不见的计算系统，在按照设定持续计算下去。

BZ画让张芳邨更加明确地体验到了艺术背后的那只沃尔夫勒姆所说的宇宙

计算机里那只正在计算的“手”。我们不妨从复变函数的视角来分析BZ艺术。那只看不见的手就像是虚数i，这样的数是现实世界不存在的，这样的“手”也是《天幕》中描述的物维宇宙中看不见的。在肉眼看来，颜料在自组织绘画，肉眼看不见的是虚数，看得见的是实数，结果就是，a+bi，一个虚实结合的数，一个暗宇宙、显宇宙结合的能量复合体，或者说是玻姆的“隐秩序”和“显秩序”的综合体现。

带着这样的思考，每作一幅画，张芳邨都会仔细推导可能存在的BZ艺术带来的能量感应波。在查阅了大量天文学、物理学（包括量子物理学）、化学、数学、 美学、艺术学、哲学等诸多文献后，终于，他交叉验证出了绘画艺术中的“爱之痕”能量公式——E=mntf/s除以6.25。其中E代表能量，单位：美粒；m代表BZ颜料的质量，单位：公斤（kg）； n代表BZ材料介质光度，单位：1级—7级；t代表BZ艺术绘画反应所需要的时间，单位：秒；f代表振动频率，单位：赫兹（Hz）；s代表BZ艺术绘画所需面积，单位：平方米；6.25是“爱之痕”BZ艺术宇宙常数k 。

这是一个艺术公式，不是一个物理公式。艺术能量和画面的光度，颜料重量，化学反应时间以及振动频率成正比，和画面的面积成反比，参数是1/6.25。

一位数学硕士肯定了这个艺术能量公式的合理性，能量和颜料重量、画面的光度、反应的时间、振动频率理应成正比，和画布等介质的面积理应成反比，但是，问题是1/6.25是如何得出来的？张芳邨没有给出任何解释。也许这和“4分33秒”一样，需要后世的数学家来解答。也许将来有一天，数学和艺术完美结合，相互熔融，可以让没有视力的人也能借助数学真切地感受到艺术那炫目的美感。当然，对于没有视力的人，虽然看不到显宇宙，但是可能对于暗宇宙会有不一般的见识。



## 创新是科学和艺术的重要价值标准

人类对于创新的认识曾经付出了惨重的代价，但是，我们只要理一下历史脉络就会发现，未来是无限光明的。

（1）1600年，布鲁诺因为反对罗马天主教会将《天体运行论》列为禁书而被烧死。

（2）1633年，伽利略因为“反对教皇、宣扬邪学”，被判处终身监禁。

（3）1642年，伦勃朗因为《夜宴》未按照客户要求绘制，用艺术精神创新作而被起诉，伦勃朗拒绝退钱导致声誉下降而破产。

（4）1875年，美国艺术家惠斯勒，以侮辱名誉罪起诉评论家拉斯金对《泰晤士河上散落的烟火：黑和金的小夜曲》的评价：“把颜料罐打翻在画布上还要观众付钱，实在是一种欺骗”。法庭判处拉斯金有罪，但罚款只有十便士。用幽默的方式表达了当时人们对待创新的态度，中立。

（5）1952年，约翰•凯奇的著名钢琴曲《4分33秒》引发大规模抗议。在并不太久之后，《4分33秒》成为BBC交响乐团音乐会的一部分。

（5）1979年，罗马教皇公开宣布：1633年对伽利略的宣判是不公正的。

（6）1980年，罗马组成包括不同宗教信仰的世界著名科学家委员会，研究科学同宗教的关系，以及伽利略学说对现代科学思想的贡献。

（7）2002年凯奇的出版商起诉英国音乐家迈克•巴特剽窃。因为巴特在他的“行星”摇滚乐队唱片中有一分钟的沉默。法院判出版商胜诉，罚金高达6位数，并支付给约翰•凯奇信托委员会。

美国先锋派作曲家约翰•凯奇

……

这些只是人类创新历史中的一部分插曲，但是，已足够看清发展的脉络。科学和艺术的创新从被残酷打压，依法反对创新，容忍，理性接纳，承认反对创新的错误，自由创新，支持创新，终于发展到了今天，创新不仅不会被烧死，反过来，6位数的罚金说明了人们对于创新的仰慕和对伤害创新的严厉惩罚。

为什么波洛克这种看上去乱七八糟、在行走中即兴完成的作品怎么能值1.4亿美元？中国艺术研究院外国美术研究室主任王端廷的回答是：“现代艺术一个重要衡量标准就是创新，第二个人再像波洛克这么画就没有价值，也不会被承认。这也是为什么达达派代表人物杜尚直接将小便池命名为艺术品《泉》，但几乎成为现代艺术史上圣物的原因……20年前，很多人认为波洛克的绘画是‘胡涂乱抹’，但现在中国学术界都已经普遍认同了他的绘画内涵、价值。”（摘自《北京娱乐信报》）

科学曾经拯救了人类，艺术曾经给人类带来巨大的福祉。曾几何时，提起科学或者艺术，人类只能顶礼膜拜，没有人敢对它们有任何质疑。中世纪之后，艺术和科学的创新受到了严重的挑战。杜尚让艺术走下神坛，伽利略让科学走上神坛。从此，艺术和科学给人类带来了巨大的幸福。

但是，随着人类步入金融致胜的时代，艺术和科学开始走向迷途，变成了金钱的工具，甚至奴隶。艺术和科学都变了味，脱离了它们带给人们美好生活的初衷，同时欲壑难填的人类正在把艺术和科学带入了深渊。艺术和科学都变成了满足人类欲望的工具，其发展轨迹越来越和人类的欲望相融相合。这不能不引起人类的担忧。

艺术是继续前行，给人类带来全新的美好体验，提升人类生命质量，还是在满足人们欲望的泥潭越陷越深？科学是为了人类更深入地探究未知的神奇世界，进入星际跨文化时代，还是按照为了更便利地满足充满肉体欲望的轨道下滑？

霍金认为人类基因中携带的“自私、贪婪”的遗传密码，当艺术和科学为满足私欲而创新时，地球必将灭亡。

关于科学和艺术，新的挑战再次来临！

BZ自组织艺术被命名为“爱之痕”，它是一种为爱而诞生的、艺术和科学结合的创新，每个人都可以尝试用BZ艺术思想来改变人生，让爱痕覆盖我们的泪痕和伤痕，并沿着爱痕去寻找宇宙最深处的奥秘。

## 最佳沟通，艺术还是科学？

一位名校数学系的学生问老师，类似于“李代数”这样的数学是如何学习的？老师惊讶地说，难道数学还需要学？用的时候找本书翻翻不就行了嘛。一位国学爱好者问《国学旨归》的作者周易玄先生，他讲课时信手拈来的那么多古代经典文言文都是如何读懂的？周易玄奇怪地说，直接去读经典，不就自然会懂了吗？

由此可见文科生和理科生之间的巨大差异，并进而可知人和人之间的普遍差异，导致人类在沟通时常常产生严重误差。差之毫厘，谬以千里，误差造成的后果是严重的。因此，人和人之间几乎所有的问题可以说都是沟通问题，人类所有的错误可以说都是无法正确沟通造成的。清华大学心理系主任彭凯平教授说：“科学是目前公认的最良性的沟通方式之一。”另外一种良性的沟通方式是艺术。例如，吴冠中可以在看北方昆曲居团演出时，从白云生演穷书生时

穿着的百衲衣中，体会到康定斯基的艺术感受!

在大地艺术家克里斯•德鲁里（获得“波洛克和克伦瑟艺术奖”（Pollock-Krasner Award）眼里：俄罗斯宣称拥有北极海底所有权是一种行为艺术，而随后艺术家亚历克斯•哈特利（Alex Hartley），宣称拥有北极冰川一座小岛的领土权则是对以上行为艺术的一次评论。它既具有行动色彩，又是美学的。由此可见，现代艺术已经有了很广泛的指涉（摘自《雕塑》2010第3期，宇宙的回响：和英国地景艺术家克里斯•德鲁里的谈话Echo from the Universe: In Conversation with Chris Drury）。

良性的沟通，让“终结的科学”另辟新径，“已死的哲学”找到新的突破口，令人头疼的政治和经济被同化成了艺术。

BZ自组织艺术思想，主张自组织沟通，是一种自由的沟通思想和沟通方式。每一个人都可以尝试BZ自组织艺术，尝试自组织沟通，以及自组织行为艺术。

电影《楚门的世界》（Truman Show）和《十三度凶间》(The Thirteenth Floor)里的主角们最后都觉醒了，弗雷德金和沃尔夫勒姆们难道是我们人类当中最早觉醒的几个?

武力、金融、文化伴随着人类整个社会，人类曾经经历武力致胜的时代，正在经历金融致胜的时代，即将进入文化致胜的时代。

自从进入金融为主体的现代社会后，人们更多的受经济左右，艺术和科学都变成了金融的奴隶。对于寻求财务自由的普罗大众，这两样似乎无用。而已经实现财务自由的富豪，这两样都变成了巩固财富的工具。艺术和科学都是为了拯救人类而诞生的。人类最早为了祈祷更多的猎物而在岩壁上作画，由此诞生了绘画；人类为了脱离动物界的生存状态而诞生了科学。

一切事物的本质是什么，我们是谁？到底从哪里来？这是人类用哲学和宗教终究没有彻底解决的，困惑人类最深沉的问题，如果我们想知道不带任何迷信色彩的答案，同时借助科学和艺术，也许是一个很好的出路。

假如探索成为人类最基本的幸福要素。

现代社会充满了司空见惯的东西：新城市规划越来越雷同，同化教育越来越普遍。这样，创新的可能性越来越小。越来越没有挑战的生活，让舒适的人们失去了探索的动因。

这是富裕起来的人们越来越不幸福的原因之一。我们越来越难以遇到不同的东西。生活变得没有激情。

幸福是人类的终极目标，可能也是宇宙所有生灵的终极目标。这里不涉及成就有意义的人生之类略显虚幻的幸福要素，只谈及科学意义上的幸福要素。人类最早的幸福要素是满足温饱，当人类发展到物质财富足够丰富的时候，人类的基本幸福要素将由是否满足探索需求来代替。

每个人都不会否认，爱就是幸福的所有源泉。但是，人们在寻求爱的时候，却出现了无数偏差，导致了数不清的伤害。因为，我们不知道爱是什么。也不知道如何才能找到真正的爱。

这个世界只有在每个人都以探索为基本素养，以对探索感到满足为幸福基准的时候，创新才会最大限度地被包容；才会在疯狂的同时不会让任何守旧的人感到害怕。因为探索是根除守旧病的良药。

但是，在这个过程的中间阶段，人类会在满足温饱之后，以满足优越感为基本幸福要素，换句话说就是比他人过得好一些。这个过程可能会持续相当长时间。不过，人类终究会发现，优越感的满足会让人类如同蚂蚁一般奔波一生而无法获得真实的幸福。人类总有一天会醒悟，当最基本的温饱感满足之后，真实幸福的基本要素是对探索感到满足。也许在这个阶段，人类才能实现更高级别的进化。

假如探索代替温饱，成为人类最大的本能，

假如探索代替灌输，成为人类最渴望的教育，

假如探索代替成功，成为人类最基本的追求，

假如探索代替争执，成为人类最有价值的沟通，

那么，请告诉我，所有伤害的来源都在哪里?

假如探索代替美貌，成为人类最性感的感受，

假如探索代替奢华，成为人类最美好的体验，

假如探索代替迷信，成为人类最科学的信仰，

假如探索代替优越感，成为人类最基本的幸福要素。

那么，善良的潜能终将浮出，真实的爱和幸福终将实现。

假如探索，而不是温饱，更不是优越感，成为人类最大的需求；假如践行探索成为每个人奋斗的主要

目标。那么，梁漱溟的问题：这个世界会好吗？也许可以用上面这首小诗来回答了。

张芳邨的BZ自组画被他的粉丝称为“爱之痕”，因为在一些BZ迷眼里，从这些画里能够找到“宇宙大爆炸”时最初最大的能量——“爱”随着星云膨胀而播撒的痕迹。每当他们凝视这些画的时候，就能感受到那种无言的爱痕，心中的伤痕和泪痕就会被悄悄地覆盖，滋生出幸福美好的体验。

为什么会有这种奇妙的感觉呢？

因为它用温柔美丽的方式，启发我们，激发我们的探索之心。假如我们每个人的人生都变成探索和寻求“爱之痕”的旅程，那么，这样的旅程会不会充满了奇迹和惊喜呢？这样的旅程就不会是以幸福为终点，而是在过程中就充满了幸福。

奥地利裔美籍科学哲学家费耶阿本德（Paul Feyerabend），被认为是当代科学哲学中的最大异端。他最后一个妻子波利妮是一位沉静的物理学家，最初听到费耶阿本德的理论时也曾极为愤怒：“竟然有人刚从我手中抢走打开宇宙大门的钥匙”。但是，当仔细读了他的著作后，她嫁给了费耶阿本德，并与他生活了近5年时间，直到1994年费耶阿本德因脑瘤去世。费耶阿本德在他最后的传记《不务正业的一生》中最后总结道：“生命的意义在于爱”。这是这位著名的科学哲学家——反科学的哲学家，其思想至今仍然给科学家和哲学家

带来无尽启示的智者最后的遗言。

翻阅了无数这类文章和著作后，发现那些伟大的科学家和哲学家的观点——悲观也好，乐观也好——都趋于一个类似的观点：未来哲学和科学很可能会朝着反讽的、文学的方向发展。而BZ艺术的诞生，为我们开启了一个全新的视角。基于同样的思考，我们有理由认为，科学和哲学在未来也极有可能会朝着艺术的方向发展，而这个发展方向会让历来充满辛辣辛酸的科学和哲学发展史进入一个比文学领域更浪漫，更多爱和温情，而少有反讽的时代。

这也是这本书的主题，也是BZ艺术的主题，将来也许会被认为是宇宙万物以及所有生命的主题吧。

我们永远都可以去探索，不仅用科学，还可以用艺术。到底，能将这个世界解释到哪种程度?

根据达尔文理论，科学起源于人类控制环境，以便增大基因传播可能性的愿望。但是，未来科学将受到各种制约而进步缓慢，甚至被认为有可能终结。但是，如果人类保持旺盛的探索激情，科学将会因为人类为了探究真理的驱力而得以延续。因为，只有以探究真理作为幸福体验的第一驱力，科学才会像它最初蓬勃发展时那样，继续为人类获得持续的、平和的幸福而服务。

科学家们期待将来除了数学之外，人类可以找到其他模拟宇宙的方式，比如说艺术。玻姆更坚持“娱乐性”在科学和生活中的重要性。这和航空航天科学技术专家高歌教授不谋而合。高歌教授认为，有朝一日，科研和艺术将替代所有娱乐方式，也就是说，人类社会曾经和现在存在的所有引诱人类堕落的娱乐方式，将不再吸引人类。只有埋头科学研究和艺术创新的人才会被认为是最性感的。那时，每个人只对艺术和科学痴迷，再也没有人会对金钱和名利感兴趣，也没有人愿意在纷争和仇视上浪费时间，相信那时候每个人都会得到幸福的工作和生活。在那样的星球上，才有可能造出真正的UFO，实现《星际穿越》里面的科幻世界。霍金所预言的，探访其他星球的时代，也许才会真的来临。

## 宇之爱，爱之痕

探索是无止境的。

我们常常说，爱会伤人。伤人的“爱”里一定少有探讨的含量，缺乏敬畏的成分。

实际上，所有的有着思维的生命体,每时每刻都在探索并实践着宇宙给我们的种种暗示:科学，艺术，哲学，宗教……人们用各种形式、建立各种学科去探求的宇宙奥秘、人生真谛，殊途同归，都是为了寻求宇宙大爆炸后扩散出去的爱的痕迹，而那股驱使每个为了意义去探求的生命之源泉就是大爆炸的起点——宇之爱。

宇之爱带着宇宙间最强大的能量散发出去，变成爱的痕迹扩散到宇宙中。于是，“爱之痕”在不同人的眼里，会呈现出不同的范式。

在数学家眼里，它是数字，公式，拓扑结构，极限环……无懈可击、精致绝伦的公式便是至善至美的境界。无穷大维度空间，便是这些爱之痕的源头——宇之爱。

在物理学家眼里，它是黑洞，灰洞，是平行宇宙，是多世界，是导波，是超弦，是时间……

在文学家眼里，它是情怀，是爱情，是亲情，是大自然，一禽一兽，一草一木，风花雪月，是诗情画意……

在舞蹈家眼里，它是爱痕雕刻的曼妙身姿，是旋转飞扬的衣袂飘飘……

在音乐家眼里，它是跳动的音符，婉转的旋律……

在母亲眼里，它是萌化了的笑靥，是牵肠挂肚的小脚丫……

在恋人眼里，它是脉脉含情的每一个回眸，是痛彻心扉的每一缕思念……

在画家眼里，每一支画笔，每一滴色彩，每一寸画布，每一幅精美的作品都是爱的痕迹……

……

张芳邨用他的BZ艺术，孜孜不倦地去捕捉那散落在浩淼宇宙的各个角落里的——爱之痕，这些爱之痕在经年累月的生命长河中，有些被泪痕、伤痕淹没了，张芳邨放飞颜料的自由，让它们自然而然去循迹最原始的宇之爱，自组织呈现宇之爱刻印的本色、真性的痕迹。

为什么看到很多BZ自组画的人都会感受到幸福和温暖？因为爱痕正在覆盖他们生命长河中的泪痕和伤痕……

苦寻爱之痕的每一个灵魂，遇到了无数泪痕，伤痕，污痕……但是，无论他们多少次轮回，几度前生后世，他们终究会找到他们最初在宇宙大爆炸之始刻印上去的爱痕，当爱痕覆盖所有泪痕、伤痕时，他们归根复性，复归宇之爱的源头。

#诗歌# “有人负责繁衍生息 / 有人负责星辰大海”

——摘自@灿妞儿叨哔叨长微博

## 参考文献


1.修•昂纳(Hugh Honour)，约翰•弗莱(John Fleming)，吴介祯等. 世界艺术史(第7版修订本)平装. 北京：北京美术摄影出版社，2013.

2.李家祺等，何政广.世界名画家全集:波洛克.石家庄：河北教育出版，2005.

3.王瑞芸.从杜尚到波洛克.北京：金城出版社，2012.

4.欧文•斯通 (Irving Stone)，常涛. 渴望生活:梵•高传. 北京： 北京十月文艺出版社，第2版，2014.

5.梅拉妮•米歇尔(Melanie Mitchell)，唐璐. 复杂. 长沙：湖南科技出版社， 2011.

6.Steven Johnson. How We Got to Now:Six Inovations That Made the Modern World. New York: Riverhead Books

7.John Horgan. The End Of Science: Facing The Limits Of Knowledge In The Twilight Of The Scientific Age. New York: Basic Books, 2015.

8.Stephen Wolfram. A New Kind of Science .Champaign: Wolfram Medi, 2002.

9.R.J.Field and M, Burger, Oscillations and Traveling Waves in Systems[M]. Wileg, New York, 1985.

10.鲁传华,李全,许志强,谢复新. 丙酮酸一葡萄糖一乳酸混合体系的B-Z 反应.安徽大学学报(自然科学版),No•1 ,1995.

11.范少华，安从俊，庄林，甘南琴，林智信. 维生素B_1对B-Z振荡反应的影响及反应动力学. 《物理化学学报》 02期，1999.

12.灵紫.天幕：一个宇宙信息记录员的日记，水木科幻文库.北京：清华大学出版社，2015.

13.史蒂芬•霍金，列纳德•蒙洛迪诺，吴忠超.大设计.长沙：湖南科学技术出版社，2011.

# 附记

## 张芳郇的情感经历

WISDOM

# 张芳邨的情感经历

资深记者 东来

情感是什么?

情感是上天赋予人类的一种美妙独特的思维特质，是人类运用这种天赐特殊礼物的一种切身感受!

它是人类普遍共有的，并且对人们的心态与行为有着巨大的影响，在人类中间有着极强的感染力！它能够令失望者唤起生活的信心，让悲观者增添无穷的勇气！使冷淡者重燃火样的热情，甚至可以感召敌对的双方结成深厚的友谊!

在情感的历程中，不乏艺术的痴迷者被推上事业的巅峰沐浴着辉煌，也有不少曾经的艺术宠儿陷入情感的漩涡里不能自拔！在张芳邨三色的生命长河中，偶尔也会飞溅出朵朵绚丽的浪花。

对一个艺术家而言，他生命中所经历的每一段情感，在某种程度上，将会决定着他的艺术生命，他所创作出的每一件完美的艺术作品，都在默默地向世人展示着其生命与情感浪花飞溅出的点点滴滴。他们所

走过的一段段感情之路，描绘出了艺术家的生命轨迹；而他们所展现出的一个个情感片段，却粘贴着艺术家一次次独享的甜蜜！

徐悲鸿的画作《箫声》《琴课》《静读》浸满了对谁的思念？那“大慈大悲”的印章、红豆戒指、《台城月夜图》《燕燕于飞图》又是为了哪位红颜知己？到底是谁让他创作出了一幅超凡脱俗的《初度前夕》？

还有那幅举世闻名的《蒙娜丽莎的微笑》，是哪一位绝世美女的笑容，激发了达•芬奇的创作欲望？牵动着他手中操控自如的画笔？

马蒂斯身边的艾美利亚•诺埃莉•帕拉里（Amelie Noellie Parayre）曾给了他的艺术生涯未曾有的经验支持和保证。还有那个来自西伯利亚的流浪孤女莉迪亚•迪莱托斯卡娅（Lydia Delectorskaya），也曾抚慰了马蒂斯孤独的心灵，一度成为支撑他家庭和工作的守护女神。

当他身患癌症，又有一个妙龄女护士莫尼克•布尔如瓦（Monique Bourgeois）走进了他的轮椅世界，四幅油画和多幅素描便陆续诞生在了马蒂斯的笔下。

我们不禁暗自感叹：曾经爱过，有谁还会记得它曾是夜晚肆虐的狂风？有谁还会期望它是否会成为未来路途上的一盏盏明灯？又有谁还会在乎它是否已经变成了昨天的绵绵细雨？

然而，张芳郜所走过的感情之路与偶尔显现的情感片段，却无法让人清晰地捕捉，他是那么扑朔迷离！也不知哪个剪裁巧匠，会毫无遗漏地穿起他一生？更不知哪位丹青高手，能完整地描绘出他的那段生命轨迹？

众所周知，一个天赋超群的才子身边，永远不缺众多的仰慕者；一个风流倜傥的成功男士周围，也永远不乏翩翩起舞的彩碟煽动着美丽的翅膀；而一个在学海荡舟的杰出船手身侧，则更是挤满了共济前行的妙龄女郎。

身为学生干部的张芳郜，不仅以聪慧的天资与勤奋，成绩名列前茅！还因其善良的本性与谦谦君子的气质，获得了极高的人气！运动场上他时时闪过的矫健身影，无不牵动着众人关注的目光！尤其是他独辟蹊径的解题方法，更是让老师们惊叹不已！

终于有一天，他那高频振动的琴弦，被其中一个最高音符所捕获，随即与之产生了共鸣，奏出了美妙动听的旋律。

从此，校园里的每个白天，在图书馆、食堂中、小路旁、操场上……都留下了一对金童玉女的身影和足迹。

他们在路边的长椅相拥而坐，望着婉转枝头的小鸟，感觉那声声清脆的啼鸣，好似唱出了彼此对爱的呼唤！而在每一个隔帘听雨的夜晚，相互之间的思念，更像那涓涓溪水执着东流般对大海的深深依恋。

一年之后，两个人的诺亚方舟终于驶向了岸边，他们虽然怀揣着优异的成绩单登上海岸，却又造化弄人地分别跨上了两条不同的冲浪小船。

这就是被一位资深记者采访到的张芳邨的一段青涩懵懂的感情经历。

每一个人在回首自己的人生时，都会无奈地发现：人生原来没有笔直的通天大道，留下的都是高低不平九转崎岖的蹒跚足迹。

世事难料，就是这段朦胧的感情经历，时时撞击着芳邨的心扉，让他渐渐地走进了一条荆棘丛生的通幽曲径，从而改变了他原本规划好的人生轨迹。

每到夜深人静，张芳邨总会隔窗遥望着天幕上的点点繁星，回忆着那些曾经逝去的甜蜜。

他常常向自己发问：为什么美好的时光总是那么短暂？为什么我期盼的生活总是那么久远？我该如何留住那些渐渐遗忘的记忆？

芳邨在一张纸上随意地勾画着、涂抹着，一个惟妙惟肖的绝色美女凸显在画面，同学们一眼就认出，

画中美女就是被大家一直暗恋的校花。

在张芳邨的宿舍里，堆积起越来越多的绘画作品，画中的主角，是他心中神圣的女神！他的每一幅画作里，都在默默地讲述着他和她那段甜蜜的过去。

然而，在女神离去的日子里，他却常常后悔自己为什么没有和她同登上那一叶扁舟？他更恨自己为什么没有选择和她携手共走未来的人生之旅！

在无尽的感情折磨下，他最后做出了一个让全校师生都瞠目结舌的决定！他要报考艺术院校，学习美术。因为他知道，时间的脚步永远不会回返，自己再也无法重新触摸已经逝去的情感。他要把自己记忆中的一切美好景致和心中的女神，永远地刻在画布上面，这一切，只是为了纪念那段美好而纯洁的滴滴点点。

这个惊人的决定，在缺失母爱的家庭里顿时掀起了狂涛巨澜。亲人们的不支持和不理解，让张芳邨更加留恋那段曾经逝去的甜蜜情感！他轻轻地抚摸着伤痛的肌体，偷偷地擦拭着腮边的泪痕，默默地舔舐着心中的伤口，却只是为了精心守护着的那个坚定不变的信念！

张芳邨从众星捧月般的学府之巅，来到重新起步的地面，他忍受着来自周围人们的奚落与嘲笑，挺过了屡考不中的打击与生活的艰难。

在美院求学深造的日日夜夜，从来没有一个漂亮姑娘能够走进他的心里，也从来没有哪个妙曼女郎能够拨动他尘封的琴弦从此不再沉寂。

张芳邨凭借着自己的天分与多年的刻苦努力，又开始重复着自己曾经辉煌的过去。

在1989年的夏季，张芳邨和这一届同窗好友纷纷走出了中央美院，他们离开了熟悉的环境，不由得感觉到有些迷茫。

这些怀揣着艺术梦想的年轻人走向社会，他们面临着如何选择生存与实现心中的理想。当美好的梦想被眼前的现实摧残得只剩下一颗未萌芽的艺术火种时，他们本能地选择了生存而不再彷徨。他们纷纷走向不同的岗位，憧憬着未来，等待着时机，重新点燃艺术火种实现人生的伟大梦想。

一直引人注目的张芳邨也不例外，他一头扎进了波涛汹涌的商海，孤身一人，他要用自己的双手去成就未来，实现自己的梦想。此时，又有一个美丽的姑娘执着地闯进了他的心房。两个惺惺相惜的年轻人，共同闯过了无数的惊涛骇浪。从遥远的哈尔滨，来到了首都北京——一个让人能够实现梦的地方。

张芳邨重新审视着他熟悉的城市，准备着在这里大干一场。物钱交易的游戏规则，造就了艺术天才的诚信品格。在充满人性与欲望的殊死博弈中，并没有泯灭他执着追求一生的理想。

他手捧凝聚着自己滴滴汗水的希望，在这个既可以成就人生愿望也能够终止生命轨迹的地方，每天都要面对温饱的种种压力，忍受着寄人篱下的屈辱和

痛苦，走过了穷困潦倒的大街小巷，不但要经历着肉体上的折磨，还要时时抚摸精神上的块块创伤。他也曾经怀疑过暴力能否解决一切阴暗与丑恶的现象，因为他曾经看到过拳头的力量。

然而，受到的高等教育与善良的本性，最终让他领悟到“爱”是宇宙间战无不胜的强大能量！

在这个需要智慧与能力的社会里，无论是生活的困顿，还是情感的挫折，抑或是心路历程的曲折坎坷，都不能使他放弃最初的艺术梦想。张芳邨面对人生百态，终于练就了喜怒无形、宠辱不惊的心肠。

他给自己立下一个信念：失败，不找任何借口，但一定要找理由支撑自己的希望！就像一只等待冲天的潜龙！

在寄人篱下的日子里，张芳邨倍加努力地劳作，每日忍受着他人的嘲笑与讥讽。当夜深人静的时候，他便会独自品尝着精神上的痛苦与辛酸。尽管如此，他仍然会在劳作之余，念念不忘拿起心爱的画笔，用一张张唯美的画作，维持着一个艺术家尚存的尊严。

张芳邨不懈的坚持终于有了回报：在1992年牛刀初试，他的作品在台湾高格画廊和香港云峰画廊展出。

第二年，他的多幅绘画作品又在金孔雀艺术中心参加了画展。

特别让他激动不已的是他的一幅名为《长发少女》的作品，后来还参加了北京的国际拍卖会。

好消息接连不断，在1994年，他的绘画作品又在北京音乐厅画廊展出。

辛勤的付出，让他摘得了第12届和第13届的“中国艺术博览会金奖”的桂冠。

在“金奖艺术家”的称号面前，张芳邨并没有迷失了方向，他要超越自己，要寻找一个新的突破点。他决定结束自己寄人篱下的生活状态，他要像鸟儿一样飞上蓝天。

张芳邨离开了低矮的屋檐，挺起坚实的胸膛，昂首阔步地融入熙熙攘攘的人群，他即将开启自己人生新的篇章。

在窄小的寓所中，他却感到从未有过的轻松与舒畅。曾经的屈辱与痛苦、心灵上的折磨与创伤，让他懂得了什么叫作不懈的坚持！更知道了何为意志的坚强！

记得爱因斯坦有句名言，他告诉我们，想象力比知识更重要。当然，知识是前人的总结，想象是一种未来的时尚概念，但想象能够赋予人们前进的动力，推动我们运用前人的知识，去呼应未来的召唤。它是科学发明创造的必经之路。同时，更是艺术家的创作源泉。

张芳邨清楚地知道，在美术领域中，什么样的人才有资格登上这个五光十色的艺术舞台。他也知道，每一个角色在这个舞台上的位置排列，既不靠学历、也不靠官职、更不靠拼爹！要想成为一个真正的艺术家，靠的是灵魂深处对艺术的狂热与感悟，是锲而不舍的勤奋与能够不断创新的天才！唯有如此，他才不会遭到美术史上大浪淘沙般的无情淘汰。

步入社会之后的八年期间里，他积蓄了足够的社会经验与创作资本，他要给自己插上遨游蓝天的翅膀，在茫茫宇宙中创造新的奇迹。

他常常会躺在床上，双手托在脑后，深情地望着窗外的天空一隅，静静地遐想……

突然间，灵感飞来，他好像发现了什么？是两朵白云？还是一对飞碟？张芳邨的脑海里，顿时闪现出记忆中“UFO”的影像。

如果是飞碟，怎么会轻慢地飘来飘去？如果是白云，又怎会像金属般闪闪发亮?

想着，想着，他悠然进入了梦乡……

啊！原来真的是两只飞碟临近，悬浮在自己的头顶上方，从飞碟里走出一位蓝光笼罩的老者，自称是芳郇天上的爷爷！只见他优雅地飘降到芳郇的身旁。他用手指着身后的飞碟，让芳郇仔细看清飞碟的形状。芳郇用眼飞快地一瞥，发现一只飞碟的船体上标着一个大大的“B”字，另一只则刻着英文字母“Z”的模样。

自小失去爱抚的张芳郇，望着慈祥的爷爷，满脸泪痕地扑到他的怀里，享受着片刻的温暖与爱的柔光。

还没等芳郇细细体会到那难得的亲情共振，爷爷却瞬间不见了踪影。当他举目仰望着浩瀚的星空，却发现两架蓝色的飞碟在空中悠悠起舞。看着看着，飞碟突然分解成细细的幻彩金沙，互相缠绕、渗透，在宝石般的幕布上，划出了道道绚丽的彩痕！凸显出一个迷离光耀的玄幻图像。

梦幻般的图景，吸引了张芳郇的目光，他顿时惊呆了！他很想上前去问个究竟，于是便对着彩光闪耀的太空，大声地呼唤着爷爷……

芳郇那深情的声声呼唤，在茫茫夜空震荡回响……

梦中的张芳郇突然被自己的喊声惊醒！

他起身愣愣地坐在床边，突然又跳起来冲到窗前，幻想着真的能够看见梦中的飞碟，真的有一个蓝光笼罩的慈祥的爷爷来到自己的身旁。

但是，映入眼帘的还是那两朵静静的白云，在窗外飘浮，散射着柔和的白色光芒。

从此，张芳邨就像着了魔一般，到处去寻找梦中的答案。“功夫不负有心人”这句话，最恰当地用在张芳邨的身上。他终于想起了飞碟船身标刻的两个英文字母，也许，这个“BZ”是梦中爷爷留给自己的什么启示；也许，它们有着更深的内涵在其中隐藏。

从此，在文化气息浓厚的首都，在大大小小的图书馆和书店，都留下了张芳邨驻足的身影和沉思的目光。在一个阳光灿烂的日子里，他终于在一本书中得到了解开谜团的答案。原来，“BZ”竟然代表的是一种化学反应！它的基本原理，是由前苏联科学家别罗索夫和柴波廷斯基在1959年共同发现的“化学钟”，那是一种化学元素之间的一种化学震荡。看到这里他突然明白，原来自己画画时出现的颜料相融与变幻，竟然还有一个化学原理叫“BZ”！它就是元素之间的那个“化学震荡”！

因为“B”和“Z”是两位科学家名字的第一个字母，从此“BZ”就成为一种新的元素之间振动方式的代名词，他也给芳邨的艺术思维注入了更高追求的梦想。

张芳邨的创新理念与众不同，他常常这样说：

“创新是一个艺术家的灵魂，是一个艺术家成长发展不竭的动力。艺术家狂热的激情超越了人类的灵魂，达到宇宙创世纪时期的沸点，使艺术家也变成了最微小的粒子。在沸腾中共同留下创世纪的痕迹！这就是艺术家心灵深处灵魂浮现时所产生的运动！这才是沟通宇宙万物最高境界的思想表达的印迹。”

张芳郇如饥似渴地吮吸着科学知识的乳汁，　一遍又一遍地实验着新的颜料之间的“BZ”震荡。他饶有兴趣地观察着器皿中的红黄蓝三色颜料，不断地辐射出了焕彩缤纷的波纹荡漾！

张芳郇看到一本《从混沌到有序》的书，那是一位比利时物理化学家和理论物理学家伊.普里戈金与人合著的一本书。里面介绍了一种“混沌论”：一个与周围环境有物质、能量、信息交换的开放系统，是远离平衡的非平衡状态，对系统进行微小的扰动，或系统自身的波动，使某个性质的变化超过了一定限度，系统便可能发生突破，会由原来的无序混沌状态变成时间、空间等方面有序的新状况。

正如荣剑先生解读张芳郇的“BZ艺术”时所说：“实际上，物质世界的一切体系，从基本粒子、

原子、分子到微生物、动物、植物、人类和人类社会，不论是生命体系还是非生命体系，在由低级到高级进化和发展过程中，都存在着这种自组织的共同特性。”

为了深入探讨“B”与“Z”的物理特性，张芳邨时常会在无眠的夜晚，仰望着繁星密布熠熠生辉的穹顶，静静地倾听着夜幕与自己交流时的窃窃心声。他在夜的星光舞台上充当着神秘之王，挥舞着仙棒用勤奋悄悄地洗刷着人们偶尔懒惰的心灵。他在乏味的单调音阶里，敲击出悦耳动听的旋律；用物质独有的色彩，呼唤着人心善与美的觉醒。他用独有的超前意识，牵引着自己蹒跚的脚步；以宇宙红、黄、蓝三原色编织着自己多彩的艺术人生。

在多学科的理论指导之下，经过不懈的努力、探索与实验，张芳邨终于有了新的发现。就在1997年，他成功地创造出多种新的“BZ”颜料，还有一种特殊的自组画法也同时出现。他决心要超越以往的艺术大家，登上艺术领域的那座最高的峰巅！

对新发现的“BZ”艺术无比痴迷的张芳邨，几乎达到了疯狂的地步！他让自己的思绪挣脱了所有的羁绊，感受着星空宇宙的神秘与浩瀚无边。他忘记了身边的一切，不记得自己是否曾经吃饭，也不再去区分白昼与夜晚。

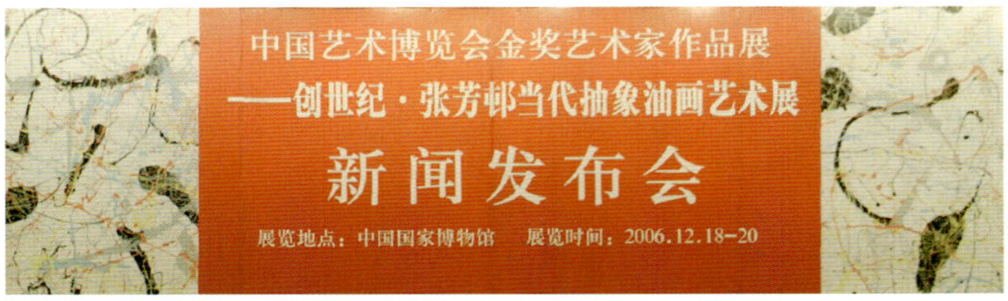

张芳邨疯狂的举动，不料却把自己的情感纽带扯断，女友远走高飞，最终都离开了他的视线。

作为众佳丽追逐的“白马王子”，从没有想过会在自己身上发生情变，张芳邨从美丽的梦想中回到现实，发现自己在人生的舞台上，需要进行多种角色的转换。他曾经想过要为了感情而放弃理想，也曾经对逝去的一切有过无限留恋。但当他的目光扫过一张张绚丽的作品时，个人画展的热烈场景又在脑海中向他频频召唤。

何去何从的念头，一直在脑中盘旋。张芳邨痛苦地走出家门，决心要结束自己年轻的生命，嚎啕着走在门前马路的中间。他此时只有一个念头，希望能有一个好心的司机，帮助自己将所有的痛苦都留在人间……

没有了活下去的希望，失去了对世界的留恋。他此刻不知道该怎样交出自己的生命，更不知该如何祈祷上天。他只是盼望能早日见到天堂的妈妈，一次次迎着飞驰而来的车流，挥洒着眼中飞溅的苦涩辛酸。

这时，有一个热心的大学生，躲避着放慢行驶的车流，跑到绝望的芳邨面前。他伸出了温暖的双手，拉着他走进了附近的校园。在大家的帮助之下，他住进了学校的水房，在食堂中与那些好心的学生深情结缘。

学校放假了，他把自己关在学校的水房，思考了整整三天，他发现情感和事业的选择，竟然是如此艰难！

第四天，张芳邨在两者之间做出最后的决断，他要献身“BZ”艺术！他要继续为自己的理想买单！从此他的身边就没有离开过那个新的伴侣——云雾缭绕的一根根香烟。

张芳邨在只身闯荡的日子里，尝遍了世态的炎凉与人情的冷暖。虽然他十分刻薄地对待自己，但对朋友却总是真情一片！

他在为办个展筹资的过程中，到处应邀辛苦地绘画挣钱。他曾将高额的绘画作品，降低了价格去变现；他也曾满怀希望地真情付出自己的心血与劳动，结果换来的却是冷漠，昧着良心让他上当受骗！

张芳邨为了自己痴迷的“BZ”艺术，达到废寝忘食的地步，当他高高兴兴地把绘画颜料和工具都准备齐全之后，才发现自己的兜里仅仅剩下了两元钱！今年孤独的除夕夜该怎么度过？两元钱又该如何撑过这年的最后一天？他第一个想到的是自己至亲至爱的家人，一个个电话打过去，听到的却是一个个令人难以接受的冰冷答案！当他求助于往日的好友时，听筒里的回答竟然更让人心寒！

张芳邨的脑子里顿时又蹦出了一个“死”字，世界冷冷地不再让他留恋。他默默地回到孤独的蜗居，环视着墙壁上几乎不能实现的誓言。他缓缓地拿起

了水果刀，移向曾经挥动画笔的粗壮手腕。看着渐渐沁出的血珠，他蓦然想到了租下的画室里储藏着自己的诸多理想和未了的心愿。他将拿起的小刀又轻轻地放回了厨案，听着腹内传出的饥肠辘辘，不由得更加渴望那年末的除夕晚餐！巡视的目光落在了自来水龙头上，他用一只茶杯接着凉凉的流水，看着杯中自己孤单清澈的倒影，混着咸咸的泪水送到了嘴边。一股冰冷的溪流，直搅得五脏六腑不住地打着寒颤。

张芳邨听着窗外不断噼啪炸响的爆竹声，缓缓地跪在了窄窄的床边，他默默地将双手合十，抬头向着天堂的母亲祈祷，让自己能够熬过年关！

就像天堂的慈母听到了爱子的呼唤，邻居大哥突然敲门进来，一碗热气腾腾的年夜饭菜端到芳邨的面前。芳邨含泪望着邻居大哥，悄悄地放下喝了一半的凉水，内心涌起一股久违的温暖。滴水之恩，必将加倍偿还！

只因未到伤心处，男儿有泪不轻弹！

除夕夜邻居大哥的真情解囊，让芳邨不由发出深深的感叹：难道人间友情能够化解世态炎凉？难道人间友爱能够胜过骨肉亲缘？

这一天刻骨铭心的经历，让芳郸改变了以往对社会人情的偏见。从此他不再有轻生的念头，立下一个新的志愿：要努力积累新的“BZ”绘画作品，将来一定要在钓鱼台国宾馆举行盛大的新闻发布会，一定要在中国最大、最权威的博物馆里举行我一个人的“BZ”艺术的绘画画展。

为了这个迟来的温情与感动，他又鼓起了理想的风帆。张芳郸含辛茹苦地作画，就是为了自己“BZ”个展的早日实现。他有了逐渐增长的积蓄与人脉，各路“豪杰”陆续聚集到他的身边。他们吃遍了人间的高级美味，游走于灯红酒绿之间；习惯了一掷千金的声色犬马，浮游在没有白天只有黑暗的夜晚。昼伏夜出的刺激与享乐，终于让他感到了极端的厌倦。

芳郸有时会向自己发问：难道这就是我想要的生活？却为什么心中总是有点儿惴惴不安？

他不想再混迹于每日嘈杂的应酬，渴望一个心灵停靠的温馨港湾。

就像冥冥之中的上天，早已对芳郸的苦苦坚持与渴望偷偷看穿！

一个偶然的机会，最后的一顿告别午餐，芳郙环视身边的昔日好友，不由得心情有些黯然。就在他起身离去的时候，一位楚楚动人的姑娘，送上一张精美的名片。原来她是一家时尚公司的首席模特！那无可挑剔的身材和俏丽的脸庞，就像是“一缕春风虽未动，却已吹得众人酣”。

芳郙睿智儒雅的翩翩风度、漂亮帅气的骄人外表和东北人特有的豪爽气质，都深深地吸引了年轻的姑娘。为了追随神秘的“BZ”艺术，她竟毅然辞去了人们艳羡的工作，要陪伴心中的偶像，在茫茫的艺海闯荡扬帆。

望着才二十多岁的纯真的笑脸，年近不惑的芳郙怀疑自己置身梦幻？当他面对拿着辞职书的年轻女孩儿时，不由心中满满的全是感动与无端地感叹：她就像一朵娇嫩的花朵，散发着春意盎然的芬芳，让芳郙那久已关闭的心房，开始渐渐融化回暖。

两个志同道合的年轻人，快乐地把生活大餐的酸甜苦辣一起品尝。从此以后，芳郙不用再惦记家中的生活琐事和锅碗瓢勺，专心致志地去实现自己独创的“BZ”梦想。

一次陪同模特女孩去医院的经历，让芳郙偶然听到她竟然是一只红尘不染的珍稀凤凰！

长时间的耳鬓厮磨，竟让芳郙把一直以来坚守的初恋，暗暗封存在一个小小的角落。

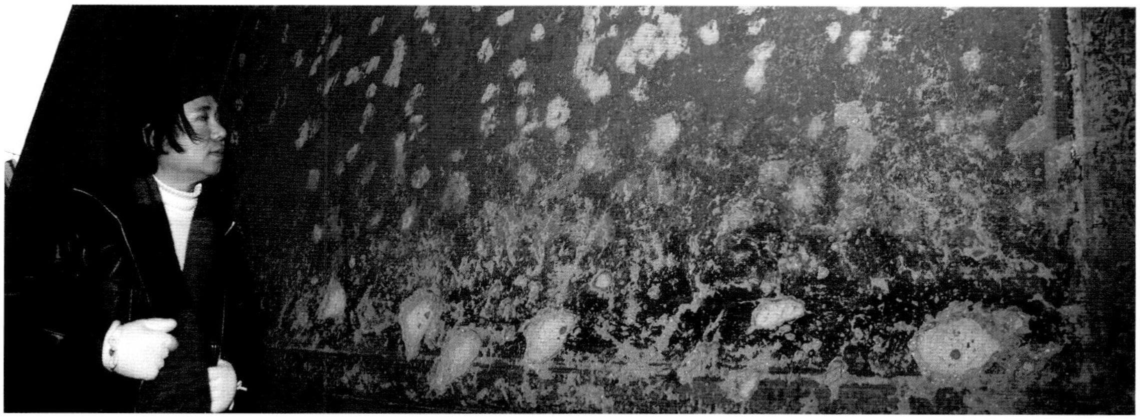

“小姑居处本无郎，神女生涯原是梦！”不知为何，他忽然想起了唐朝李商隐的《无题》，思维深处搅起了黑洞般的漩涡。

他决定敞开久闭的心扉，迎接愿为自己的理想奉献一生的纯洁姑娘。两个人相拥立誓：要把自己白璧无瑕的童真，在新婚之夜献给深爱着的对方。

有了爱的关心和鼓励，两个人的辛苦没有白费。在2006年12月12日那天，张芳邨在钓鱼台国宾馆举行了规模盛大的个人画展的新闻发布会。

紧接着，在18日那一天，他又在国家博物馆，举行了轰动京城的个人“BZ”绘画艺术展！实现了2003年除夕曾经立下的誓言！

为此，著名的艺术评论家方振宁先生有感而发：“让我们只要回顾一下十九世纪以来的艺术史就会发现，近代绘画，如果没有科学的启示，可能永远在酱油调子里爬行。是科学对光的发现，让意象派开拓了眼界，而把真正的光带进了绘画。”

方振宁先生告诉我们，捷克神秘主义先锋派画家弗朗蒂塞克•库普卡（Frentisek Kupka 1871～1957）对中世纪的神秘主义和宇宙的起源产生兴趣，并醉心于牛顿的科学学说，创作了直接描绘牛顿理论和逻辑的作品。

他还告诉我们，艺术是要表现另一种现实，艺术的伟大内涵是将人作为宇宙的一分子始终在追求着无限，怀着科学的精神进行创作，是艺术家的基本姿态，张芳邨的BZ艺术是艺术史上艺术和科学的联姻继续，也是库普卡所说的，艺术要求由发明出来的成分组成的实证。

听到著名艺术评论家对自己的高度评价，信心满满的张芳邨，身披国人唯一一位亮相国博金奖艺术家的光环，他的作品在一次中鼎拍卖会上曾拍出71.5万人民币的高价。他不想让自己参展的佳作低价出售，开了两家大画廊，自己来宣传BZ艺术这一高雅的稀有文化。

命运有时真的会把人捉弄，让你在汹涌波涛中逆水行船。弱者会在风浪里随波逐流，强者却把命运掌握在自己手边。

张芳邨画廊开业的前几年颇有斩获，除了2008年在北京798锦都艺术中心和在FANGART举行画展之外，还在德国、法国、奥地利举行了巡回个展。不巧的本该BZ艺术生涯扬升之际，却无端地赶上了国际金融市场下滑连连。在2006年赶上了美国房地产市场吹起破灭的泡沫和次贷危机的酝酿阶段；在2007年又赶上次贷危机全面爆发；在2008年国际金融危机全面爆发的势头则更加凶险。

这场金融风暴吹到全球的千家万户，涉及人们生活的方方面面。它把多少殷实的企业吹得破了产，又把多少同气连枝的家庭吹得曲终人散。

张芳邨两个几百平方米的画廊入不敷出，工作人员每每口出怨言。庞大的支出难以维持日常开销，随着一个画廊的忍痛关闭，善解人意的模特女孩儿只好暂时回家。临行前，两个海誓山盟的年轻人相拥而泣，无言相对难舍难分滴漏声残。他们再一次重复久盼的婚约，再一次立誓风浪之后再续前缘。

时间在那一刻悄悄凝固，他们在泪水中诠释着爱的痛苦：聚时的泪花，别后的孤独；不舍的回眸，思恋的消瘦；雨中的等待，街边的翘首！

这一切何尝不是爱的潇洒写意，但这一切却又带着爱的苦涩忧愁！芳邨认定了这份情感是在自己的人生旅途中，上天送给自己的一份珍贵礼物！他要在记忆的硬盘上刻下脑海中的滴滴感悟。

张芳邨和模特女友如何也不会想到，这次分别之后，便再也无缘相见。女友形单影只双垂泪，无力抗争父母之命媒妁之言。

苍天悲泣怜影瘦，月照挥剑斩情缘。

突如其来的婚变传入京城，芳邨顿迷云雾里，灰缸里掐灭的烟头回忆着逝去的离合与悲欢。

张芳邨百思不得其解。

为何人们都可以享受到家庭的温暖？唯独我不能拥有可以停靠的宁静港湾？

也许，我应该效仿那些曾经的朋友，重新审视他们饭桌上的笑言？

也许，我早就应该去品尝身边的禁果，不该死死守着那份轰轰烈烈的初恋？

也许，婚姻在一些人的眼里就是一张并不神圣的薄纸，也许我不该把它与道德混为一谈？

张芳邨不断地调取、整理着记忆U盘里的情感文件：打开自己倍感温暖的校园初恋；打开了陪伴自己北漂的第二次情感；目光驻留在那个圣洁高雅不染红尘的模特女友，同自己款款情深的婚前誓言！

难道这一桩桩一件件的情感片段，竟然是上天给我开的一个个玩笑？难道在我的艺术生涯中，这都是上天对我的一次又一次的残酷考验？

他的思绪就这样后悔着……飘飞着……

忽然睡意袭来，他不知不觉地闭上了红肿的双眼。

我们人类的情感真是奇怪？为了一个伟大的理想可以疯狂得忘记白天与黑夜！为了感情的丢失也可以痛苦地无视饭桌上的美味大餐！

此时他分不清看到的是海市蜃楼还是迷茫的梦幻，他竟然又看到了久违的蓝色飞碟，悠悠地漂浮在遥远的天边。啊！莫非是蓝光爷爷感知了孙儿的悲苦？抑或是爷爷飞来为孩儿排忧解难？

芳邨终于想起来了："也许这一切的一切，都是缘于我曾经对天发誓，要为那个'献身BZ艺术'的理想买单！"

当他把自己的思绪都整理清楚，发现自己所有的困扰，都突然烟消云散。

从此以后，无论有多少娇艳佳丽在身边围绕，他都会目不旁视，匆匆而过不再驻足。张芳邨开始懂得要坚守自己的梦想，就会注定有彷徨与孤独。

他早已做好了心理准备：在未来的独行路上，既少不了他人的嘲笑会伴随自己，也少不了忍受他人眼中的种种质疑。哪怕是弄得遍体鳞伤，也要尽心尽力。他要让逝去的情爱，沉醉得如同醇酒般绵长甜蜜。他要在孤独的人生旅程中，演绎着宇宙运动在BZ艺术里显现的真谛。

就像听到他心灵深处的坚定信念与真诚的祈祷，冥冥之中好像突然有一股力量非常神秘，在默默地为他显示与宇宙智慧感应时的种种奥妙与神奇。

2013年4月的一天，在高占祥老师的热情介绍下，张芳邨遇到了闻名海峡两岸的女企业家、两岸文化使者——王茗茗！

爱好收藏的王茗茗，在一次文化交流中与丈夫洪宗邻巧遇前文化部常务副部长高占祥，两人因为医疗知识的咨询与耐心的解答而结为莫逆之交。高占祥立志于弘扬中华民族文化，向他们介绍了张芳邨。

在丈夫洪宗邻的支持下，王茗茗开启了自己作为两岸文化使者的新的创业生涯。

在与文化使者王茗茗相处的日子里，张芳邨发现，她总会在饭前深情地祷告。他奇怪？为什么台湾人会把自己的父亲称为“天父”？原来，茗姐是一个虔诚的基督教信仰者！她身上所体现出的无私的爱，都是来自于她那伟大虔诚的对主耶稣的信仰与奉靠。这让芳邨切身地感受到最真实的关爱，是心灵深处的语言，是无言的眷恋。它就像是病中的一杯热茶，冷时的一件披肩；它是无助时的一个依靠，孤独时的挂念。

爱是这个世界上最珍贵的礼物！爱，是孕育这世界最温馨最纯洁的感受。爱，融化在我们心灵深处，撒遍在世界的春夏冬秋。

张芳邨的心态有了很大的改变，无私之爱的高频振动频率，吸引了更多与之共振的人来到他们的身边。

一次张芳邨和王茗茗去国博参加毕加索的画展，突然听到一个人在发表着对每幅画的评判。让他感到惊喜的是，那个人竟然能够读懂画中晦涩的内涵。更加令人惊奇的是刚刚与之交谈片刻，就能强烈地感觉到其头上闪烁着智慧的光环。原来是史青星在品评着毕加索的画面。

他们就像遇到久别的知音，对着画作抒发着己见。张芳邨邀请史青星来到自己的画室，每一张BZ艺术唯美的斑斓色彩，都让史青星与喜爱的粒子物理学家们的思想相互对应。

面对着那种流动的色彩，史青星的脑海中不时地闪过新的灵感!

这一天张芳邨的画室迎来了几位央视记者，《天幕：一个宇宙信息记录员的日记》的作者灵紫也跟在央视记者后边，只见她十分钟不到就连呼惊奇忍不住啧啧赞叹：“我的小说足足等了十年，终于等到了最满意的插图画面！”

不断寻找着绘画艺术盲点的张芳邨，要给自己的BZ艺术插上翅膀，他不仅仅在宣纸、画布等介质上作画，还想创作出高温颜色釉作品，尝试着把红黄蓝三色交汇的轨迹烧在1500度高温的瓷板上。

张芳邨的景德镇之行在短短的时间里便取得了骄人的成绩。高温颜色釉瓷板出窑的那一天，蜂拥而至的电视台和诸多媒体，纷纷相约在景德镇聚集，长枪短炮统统瞄准了窑口，无论是记者还是编辑，为了等待震撼人心的那一刻，每一个人都渴望着把这一切尽收眼底。

窑门终于打开了，2m*1m的瓷板画就像一个绝世美女，缓缓地揭开了她神秘的面纱。她那光彩夺目的斑斓色彩，是不可思议的奇迹！

现场的人们都将眼睛睁大屏住了呼吸，侧耳倾听着瓷板出窑的优雅韵律，那不断冲击着视觉神经的绚丽色块，悄悄地向现场的每一个人诉说着高维世界里的那些小小秘密。她就像音乐水幕高低起伏的悠扬旋律！她又像被渲染的朵朵云霞，幽蓝高雅幻彩绚丽！

人们看到芳邨的瓷版画，感到他是在用才情去挥洒颜料，用梦幻一样的色彩去追逐美丽。他彰显柔雅、展示豪放，舞动灵巧、陈述深邃，展现着宇宙智慧对我们人类的种种恩赐。

画面中那轻快跳跃的炫动与宣泄，被时间锤炼出每一个微小生命的感人含义！扑面而来的是令人屏息凝神的唯美气息。那火红淡绿的韵味层层叠叠，金碧辉煌的色彩洒脱俏皮！波澜壮阔的幻影摄人心魄，若隐若现的彩云璀璨迷离……

她给人们展现出的一切，竟是那么空灵、梦幻与瑰丽！

张芳邨在用自己研制的矿物质颜料，将物维空间的生命粒子挥洒得尽致淋漓。在人心躁动的后面，游动着千般不驯；在孤独寂寥的每时每刻，演绎着宇宙

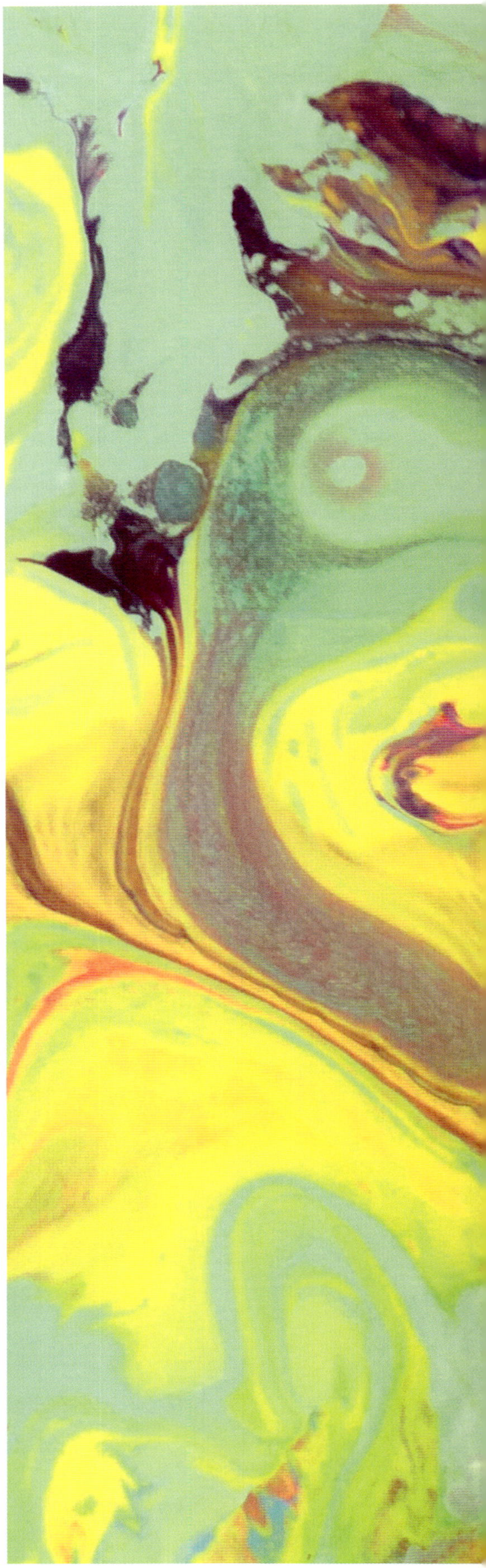

中智慧生命活泼妩媚的灵动轨迹。

一位央视的资深记者，诗人——姜诗明，被眼前的画面激荡，他的思绪徜徉在诗的海洋，脱口而出："这就是BZ！"人们静静地欣赏着回荡在浩瀚太空的优美旋律……

这就是BZ
每一次原色的交融分离，
都能给你超越自然的神奇。
每一次分子的撞击相吸，
都会给你超越艺术的瑰丽。
画面简直就是上天的恩赐，
形成的轨迹好像写下了
宇宙的秘密。
你走进她，
仿佛就飞翔在了星际，
看见广袤的天域，
如你穿行于
宇宙的未来和过去，
恍若还听见
遥遥银河和幽幽黑洞间的窃窃私语。
这就是BZ！
无论是写于画布
还是宣纸、瓷板或大地，
她已重构了完美的定义，
留下永恒震撼的美丽。
这就是BZ！

一个待破解的宇宙之谜！ ——姜诗明

张芳邨的BZ艺术在宇宙间翻卷着黑白漩涡涌向了世界各地！

她吸引着立志弘扬民族文化的爱心大使王茗茗，驱动着她娇弱的身体奔波在中国台湾大陆海峡两地。

她吸引着史青星为之挥动手中的生花妙笔！

BZ艺术蒸蒸日上、熠熠生辉，每一幅画作都让人手捧着加快的心跳与呼吸，每一个瑰丽色块都透露出漫步在宇宙中那久远的时空记忆。

谁能告诉我？在变幻莫测的BZ自组画面里，还将蕴藏着多少咀嚼后的甘甜与惬意！

这就是“爱之痕”BZ艺术流派献给人类的无价之宝！她驱使着每一个微小的生命粒子彰显出无限的浓浓爱意！

踏着“爱”铺就的心路历程，追寻着“爱”留下的光辉足迹，仰望着浩瀚宇宙与玄色的星空，他们即将迎来一位充满“爱”的心灵之母，给孩子们诉说着星河间的种种秘密。

这位心灵之母，有着一种涌动于血液之中的母爱，一种与生俱来的赋予人类每一位女性的母爱，那是一种刻在灵魂深处矢志不渝的伟大的母爱。

她的爱冷静得就像是一池清澈的秋水，又像是一支悠扬清远的乐曲，用自己长长的一生，以其特有母性的细腻情感，为芳邨撑起了一片晴空与创作的心灵天地。

在这种无形的庇护之下，使芳郇的灵感充满了爱的飞絮，让更多的“爱之痕”BZ艺术作品凌空出世，飞旋在世界的每一寸土地！

在芳郇的艺术生涯中，常常会遇到神秘的命运之神，她会在他每个命运的转折点调整着运行的轨迹。她让人们从中体悟出：上帝若给你关上了一扇窗，必会为你打开通往成功的那扇门！她让你不要怀疑，要时时牢记！这就是张芳郇的感情经历，这是BZ艺术带给我们的心灵启迪！

# REVIEWS

## 点 评

### 色彩的解密与革命

张芳郁“BZ艺术”解读

BZ反应的基本原理是由苏联科学家别罗索夫和柴波廷斯基在1959年共同发现，并以他们名字中的第一个字母命名。

BZ反应简称化学钟，是一种化学振荡。在适当的催化剂如锰和铈作用下，用丙二酸氧化溴化钾，在皮氏培养器中混合溶液后，可以看到培养器中间不断辐射出有颜色的波纹，溶液先变成蓝色，接着变成红色，然后又变成蓝色，如果继续添加物质反应将不断进行。这个反应完全是一种化学钟。这种反应就是所谓的自身催化，也就是说反应的生成物能够催化反应，加快自身的合成。BZ反应说明了两个重要问题：反馈可以作为一种提供振动的方式；非生命系统中的简单成分可以产生自发的复杂模式和结构。

BZ反应长期不被科学界所关注和重视，就像化学振荡反应的发现虽然可以追溯到十九世纪，但却长期被单调的科学思潮所压抑。若不是化学钟、化学波被观察到了，那么也许永远也没有人像普朗克预计光子，泡利预言中微子那样意识到有这么一种奇妙的反应。

伊•普里戈金在《从混沌到有序》中指出，化学钟、化学波向传统化学提出了挑战。他在对物理、化学和生物有序现象系统研究的基础上，提出一种全新的理论。其理论观点是：一个与周围环境有物质、能量、信息交换的开放系统是远离平衡的非平衡状态，对系统进行微小的扰动，或系统自身的波动，使某个性质的变化超过一定限度，系统便可能发生突破，会由原来的无序混沌状态变成时间、空间等方面有序的新状况。这一理论很快受到各门学科的重视，对科学界产生了很大影响，更是指出化学发展的必然趋势——非平衡态化学。这就是“耗散结构”理论。

实际上，物质世界的一切体系，从基本粒子、原子、分子到微生物、动物、植物、人类和人类社会，不论是生命体系还是非生命体系，在由低级到高级进化和发展过程中都存在着这种自组织的共同特性。这是世界物质统一的又一佐证。

能量的运动，宇宙万物的运动，就是不平衡的表现，完全平衡的宇宙将会凝结。对生物来说，变化终结的平衡态就是死亡。

混沌论在现代科学技术发展中起到十分重要的作用。正如美国科学家施莱辛格所说：“20世纪的科学将永远铭记的只有三件事，那就是相对论、量子论和混沌论”。物理学家福特也认为混沌论是20世纪科学上的第三次革命。他说：“相对论消除了关于绝对空间和时间的幻象，量子论消除了关于可控测量过程的牛顿式的梦幻，而混沌论则消除了拉普拉斯关于决定论可预测性的幻想”。化学振荡是开启化学混沌论的一把钥匙，BZ反应的发现使这一切的发生成为可能。普里戈金1968年提出的耗散结构理论在1997年获得了诺贝尔奖。

BZ反应在艺术色彩、构图、自然肌理上会有怎样的表现呢？这或许就是张芳邨的“BZ艺术”的奥秘之所在。

红、黄、蓝是宇宙当中的三原色，人的肉眼可辨别的两千多万种颜色都是由三原色组成的。张芳邨把三原色稀释到适当程度（可反应的程度），注入空白画布上色彩呈现出千变万化、丰富多彩、奥妙无穷，构图形式呈现出混沌无序、自然生成、无律可循，自然肌理呈现出螺旋状海浪式有序的波纹。

这个自然生成的绘画注定是抽象的，它排除一切主题、意念、情感的注入（这种注入总是有限的），还原了它的纯粹，恢复了它的本质，展现了它的无限。偶然性是它的实现手段，内在韵律的交互达到了艺术所追求的气韵生动，在平面上推向极致。

这个发现也许是一个能够超越由印象派所开创的色彩革命，它真正洞察到了色彩生成、变化、合成的原理和机制，使艺术真正还原到天人合一、自然生成的境界，艺术家潜意识情感的发挥、心灵的介入和观念的主导，均以“物化”的形式由物理化学的自组织运动达到一种和谐与呈现。在这个“BZ”反应的过程中，一方面是物质颜料的自我催化，另一方面又是主体和客体的交融，最后使非生命系统中的简单成分被演化为一种复杂的模式和结构，形成大自然和人类都难以想象的美丽壮阔的图画。

—— 荣剑

北京锦都艺术中心负责人

## 艺术和科学的振荡

——

张芳邨的BZ抽象绘画

### BZ绘画问世

“抽象艺术”一词是20世纪现代艺术中出现的词汇，但作为一种思维方式，“抽象”的思维早就出现在人类社会发展的早期，特别是那些文明的古国，如果没有抽象的思维能力，文明不会进步到今天。抽象是人类的高端思维形式，它是把具象的事物经过提炼之后，加以符号化的传达，在视觉方面显示为文字和艺术，所以，起源于20世纪的“抽象艺术”成为一种独立的艺术门类，是人类文明发展的必然的结果。

中国除了象形文字之外，在古代艺术中有诸多的抽象表现，除了人为的绘制图案之外，也通过偶然的发现来建立新的美学标准。例如，通过高温让釉自然变色，以及冰裂纹的制作方法等，都是艺术和科学的振荡结果产生出来的传世艺术品。为什么要特别提到中国古代艺术中科学和艺术的个案？是因为本文的题目是关于艺术和科学的振荡，这是简单概要的梳理一下艺术和科学的历史关系和脉络，从而说明这一论述和历史的文脉关系。

艺术家张芳邨的BZ抽象绘画是中国当今美术界出现的新话题，因此BZ绘画引发了一系列的议论和关注。关于BZ绘画我们必须就此做一下简单的“扫盲”，首先，“BZ”是什么?

## 自组织现象

“BZ”是化学中Belousov- Zhabotinskii反应的简称。我们需要把时间回放到半个世纪之前的1958年，前苏联化学家别洛索夫(Be-lousov,B.P.1893～1970) 首先在一次实验中发现了“化学振荡”，他的形式显示为“自组织现象”，但当时并没有得到科学界的承认，在那之后，生物学家扎鲍廷斯基（A. M. Zhabotinskii）再次证实了这一现象，即参加反应的分子，在宏观上好像接到某种统一命令之后自己组织起来，形成空间和时间上的一致行动。所谓“自组织现象”是指自然界中自发形成的宏观有序现象。在自然界中这种现象是大量存在的，科学家们认为，这种现象渗透到了宇宙的每一个角落和每一个时刻。

被称为BZ反应的自组织现象是科学世界中的一种学说，它是关于化学过程演化的科学，自20世纪50年代 以来就在化学科学中得到广泛的运用，BZ反应出乎意料的现象显示，假设我们有两种化学溶液，一种是“琥珀色”，一种是“蓝色”。由于掺混之后分子的混乱运动，我们可以想象在给定瞬间有较多“琥珀色”位于容器某一区域，过一会儿，会有较多“蓝色”聚集。这样，我们观察到的溶液呈现为“黑或灰色”，有可能偶然而不规则闪现“琥珀色”或“蓝色”。但是，事实并非如此，在这里，系统开始完全无色，然后它突然把颜色改变为琥珀色，然后又改变为无色(相当短暂)，迅速又改变为蓝色，溶液的颜色就在琥珀色与蓝色之间振荡，并且所有这些改变都以有规则的时间间隔发生，维持着一个恒定周期自动变化。它们会自动产生非常美丽的、周期性变化的花纹，像钟摆一样作规则的时间振荡，这些好像“组织化”的现象完全是由内部的原因产生的，并没有一个外来的设计者或操作者。这种现象在实验中被称为“化学振荡”或“化学钟”。

自组织现象这一研究结果引起了人们对经典热力学理论提出了质疑。1969年，直到现代动力学奠基人，比利时著名科学家诺贝尔化学奖获得者伊里亚•普里戈金（(Ilya

Prigogine)）提出了耗散结构理论，人们才清楚地认识到振荡反应产生的原因，这一理论就是研究了从混沌向有序转化的机理和规律，其基本思想都在《从混沌到有序》这本书中有所阐述。从此，振荡反应赢得了重视，它的研究得到了迅速发展。然而到了七十年代，化学家们又陆续证明了化学振荡中存在的混沌现象，并逐渐形成了化学混沌论，可以说，化学振荡是开启化学混沌论的一把钥匙。近20多年来，自组织化学反应的研究，已经成为很时髦的一门学科。

然而我们所举例的只是自组织现象的很小的范例，自组织定律是与熵增定律同等重要的两大定律之一，一个有关宇宙的死，一个有关宇宙的生。而这种自组织定律的现象启发了艺术家对绘画方法论的认识和对新的领域的开发，张芳邨的BZ抽象绘画原理就来源于此。

## 科学：艺术的启明星

我们考察一下张芳邨的经历，会发现到20世纪90年代中期为止，他一直从事具象绘画，那么是什么让他改变了绘画风格？这其实是一个顿悟的开始，对艺术和科学关系的探讨，让他认识到，科学以数学为语言，而艺术以感觉为语言。感觉是人的精神和意识的结果。科学以数学为语言的结果就是，它可以解释超乎人类视觉和想象范围内的世界，并预测未来。张芳邨认为："如果没有力学提供的抽象描述，那么物理学永远也不会超越简单的数学。"他进而对自己的过去的艺术进行了否定。他说："如果没有感觉提供的抽象描述，艺术永远也不会超越简单的描摹。"（张芳邨《对艺术的感言》2006）

让我们只要回顾一下十九世纪以来的艺术史就会发现，近代绘画，如果没有科学的启示，可能永远在酱油调子里爬行。是科学对光的发现，让印象派开拓了眼界，而把真正的光带进了绘画。

## 艺术要求发明

曾是马塞尔•杜象（Marcel　Duchamp，1887～1968）的启蒙老师的捷克神秘主义先锋派画家弗朗蒂塞克•库普卡（Frantisek Kupka 1871～1957），1895年就到巴黎定居，他对中世纪的神秘主义和宇宙的起源产生兴趣，并醉心于牛顿的科学学说，创作了直接描绘牛顿理论和逻辑的作品。库普卡曾说：“作为本身就是抽象现实的艺术作品，要求自己由发明出来的成分组成。它的意义来自于形态学原型（morphological archetypes）与适合于它内在机能的构筑形式（architectonic conditions）的一种结合。”库普卡的抽象艺术作品被评价为是对奇特生命的表现。在此列举库普卡的例子是想说明，艺术是要表现“另一种现实”，艺术的伟大内涵是将人作为宇宙的一分子始终在追求着无限，那么怀着科学的精神进行创作，是艺术家的基本姿态，张芳郇的BZ抽象绘画是艺术史上艺术和科学的联姻继续，也是库普卡所说的“艺术要求自己由发明出来的成分组成”实证。

从表面上看，张芳郇的抽象绘画好像类似美国抽象主义画家杰克逊•波洛克(Jackson Pollock，1912～1956)的风格，但在本质上是不同的。波洛克在绘画史上的贡献是对绘画重力的解放。他是第一次使绘画的笔在不接触画布的情况下自由作画。而张芳郇关注的是物质元素之间产生的BZ反应，也就是元素之间的“自组织现象“是他的绘画的核心。这有些像数码建筑设计中的“自律生成设计”，即最小限度地控制材料和人工操作，来达到自动设计的结果。使用调色油混合颜料来作画是传统绘画的常识，即使是印象派使用点彩的方法，也要先进行配色，而BZ绘画则是让不同的颜料，在画布上自由流动，渗透，遭遇，让它们在振荡中“自我组织”，这种振荡的结果会产生混沌的视觉结果，而这种结果是我们所不能控制和预料的抽象绘画。

## 自我组织即生命化

我们可以把“自我组织”的过程理解为“生命化”。经过人工组织的过程是一个经验的过程，它会成为我们的记忆，我们强化某些部分，并把它作为逻辑来记录下来，这种自成系统的做法，使得我们在即成观念的惯性中，不容易接受那些“自律生成的绘画”，也就是会对“自组织现象”加以抵触，即使是在别洛索夫-扎鲍廷斯基的BZ反应被承认之前，科学家都对“自组织现象”嗤之以鼻。其实无论是传统的调色和配色，还是BZ绘画，都是从不同的角度，利用颜料的化学作用来达到表现和传达审美的目的，传统绘画和BZ绘画的区别在于，前者可以直接控制在何处停止，而后者则是施以有限的颜料，继续观察自然反应的过程，而它的结果总会比我们想象的要混沌和美得多，因为这种自组织现象是宇宙自然运动的一部分，人类只是发现和利用它而已。

既然自组织现象是宇宙自然运动的一部分，而艺术的创造也不止于绘画，艺术家或许会以别的方式参与到永恒的宇宙运动中去，这就是我们所期待的近未来。

张芳邨的BZ抽象绘画，是当前中国抽象绘画艺术界中稀有的存在，把他的实践比做艺术和科学的振荡，我以为是再合适不过的。

——方振宁

后现代城 2008年8月14日

## Oscillating between Art and Science
## -The BZ Abstract Paintings of Zhang Fangcun

### The Emergence of BZ Painting

The term abstract art only emerged in the 20th century modern art vocabulary. Abstract thinking, however, has long been in the development of human society, particularly in ancient civilizations. Civilization would not have advanced to this day but for abstract thinking. Abstraction is civilization’s elevated form of thinking. Text and art are revealed from a visual perspective by abstracting the definite and conveying the symbolic. Therefore, abstract art originated in the 20th century and became an independent category of art. It is the inevitable result of humanity’s evolution.

In China, apart from the image based pictographs, there was prolific abstract expression in ancient art aside from man-made painted patterns. Through accidental discoveries, a new art standard was established. For example, the production method of using high temperatures to allow glaze to naturally change color and the process leading to ice cracks are the result of the oscillation between art and science that produced works of art that have continued through generations. Why this special reference to science and art in ancient Chinese art? As the subject of this essay is on the oscillation between art and science, this simple summary of the historical relationship of art and science illuminates the cultural pulse and relationship of this topic to history.

Artist Zhang Fangcun's BZ abstract painting has presented a new theme in China's contemporary art world. BZ paintings have triggered a series of discussions and attention. We must do some simple educating regarding BZ painting, firstly, what is "BZ"?

Self-Organizing Phenomena

BZ is short for the Belousov-Zhabotinskii reaction in chemistry. We need to go back half a century in time to 1958, when the chemist B.P. Belousov (1893~1970) of the former Soviet Union first discovered chemical oscillation during an experiment, which displayed self-organizing phenomena. At the time, however, it was not recognized by the science community. Thereafter, biologist A.M. Zhabotinskii substantiated this phenomenon: namely, from a broad perspective, the molecules organized themselves into a unanimous operation in space and time as if in response to a certain unifying command.

So-called self-organizing phenomenon indicates that there is a spontaneous formation of macrocosmic ordered phenomena, which exists on a large scale in the natural world. Scientists believe that this kind of phenomenon pervades every corner and all times of the universe. Self-organizing phenomenon also known as a BZ reaction is a theory in science; it concerns the science of progression in a chemical process. Since the 1950s, it has been widely used in the study of chemistry. The BZ reaction has surpassed expectations in the phenomena that have been revealed. Suppose we have two kinds of chemical solutions: one is amber colored and the other is blue. As a result of mixing the two solutions, the molecules are jumbled together. We can imagine at a given moment, there are more amber colored areas in the container and after a while, there will be more blue. We observe that this solution shows black or grey and will randomly turn amber colored or blue. However, in reality, this is not the case. Here, the system begins to become colorless. It then suddenly changes to amber and then becomes colorless (only briefly) before quickly turning blue. The solution's colors oscillate between amber and blue at set times and alternating intervals. The changes are self-maintained in set periods and cycles. They will automatically produce beautiful, changing cyclical patterns like a pendulum that formulaically swings back and forth in time. This is like the organization of phenomenon which is produced as a result of internal causes. There are no external designs or manipulations at work. During experimentation, this phenomenon is called chemical oscillation or chemical clock.

Self-Organizing Phenomena

The results of this research have led to the questioning of accepted thermodynamic theory. It was not until 1969 that modern kinetics founder and Belgian Nobel Prize Winner in Chemistry Ilya Prigogine, put forward dissipative structure theory that people clearly recognized the cause of oscillation reaction. This theory investigates the mechanisms and formulas that describe the transformation from chaos to order. This fundamental ideology is expounded in his book Order out of Chaos. Since then, oscillation reactions have won recognition and this research has developed rapidly. In the 1970s, chemists proved the phenomenon of chaos within chemical oscillation and gradually formed chemical chaos theory; it could be said that chemical oscillation was the key that unlocked chemical chaos theory. In the past twenty years, self-organizing chemical reaction research has already become a popular field of study.

However, the example that was raised is only an example of self-organizing phenomenon. Self-organization and entropy are equally important theories as one relates to the life of the universe and the other concerns the death of the universe. Self-organizing phenomenon has provided a basis for a new understanding of painting technique theories as well as the development of a new horizon for artists. Zhang Fangcun's BZ abstract painting principles are rooted in this.

Science: The Light of Art

If we examine Zhang Fangcun's experience, we will discover that he had been engaged in realistic paintings up to the 1990s, but what made him change his painting style? It started with a sudden realization. As he probed the relationship between art and science, he realized science uses mathematics as a language just as art uses emotion as a language. Emotion is the result of spirit and consciousness. Mathematics as a language of science forecasts the future and explains something beyond human vision and the imagined boundaries of the world. Zhang Fangcun believes, "If mechanics did not provide a description of abstraction, then physics would never have surpassed simple mathematics." He says, "If there is no emotion to provide a description of abstraction, then art will never be able to surpass a simple imitative sketch." (Zhang Fangcun On Art 2006)

When we go back to the 19th century art history, we discover that if modern painting did not have science as its inspiration, perhaps painting might have been forever stagnant. It was through the scientific discovery of light that Impressionism broke through the visual world and brought true light into painting.

Art Demands Invention

Frantisek Kupka (1871～1957), the Czech avant-garde artist who was Marcel Duchamp's (1887～1968) mysticism teacher settled in Paris in 1895. He was very interested in medieval mysticism, the origin of the universe and was also engrossed in Newton's scientific theories. He created a work directly depicting Newton's theories and logic. Kupka once said, "An artistic work of abstract reality is being oneself; it is made up of the components of what you require yourself to invent. Its meaning comes from the integration of morphological archetypes and architectonic conditions. Kupka's abstract art work has been evaluated as expressing the peculiar side of life. Kupka exemplifies how art expresses another kind of reality. The grand meaning within art is that man is a part of the universe and always pursues the infinite. The artist's fundamental demeanor is to create amidst this scientific spirit. Zhang Fangcun's BZ abstract painting is the sustained relationship between art and science throughout art history. Kupka also said that art required evidence composed of discovered elements.

On the surface, Zhang Fangcun's abstract paintings resemble the style of the American abstract expressionist painter Jackson Pollock (1912～1956), but they are essentially different. Pollock's contribution to art history was the release of gravity in painting. He was the first to paint freely without having the brush come in contact with the canvas. The core of Zhang Fangcun's painting, however, is his focus on the BZ reaction produced in material elements, which is the self-organizing phenomena among elements. This is similar to self-generated design in digital architectural design where the least manipulation and control is exerted over the materials to achieve a self-generated design result. Mixing pigments is common knowledge in traditional painting. Even though the impressionists used a color stippling technique, they still needed to match colors. BZ paintings, however, allow different pigments to flow freely, to saturate and meet each other and to "organize itself" within oscillation. This produces a raw, chaotic visual result in abstract paintings, which we can neither control nor anticipate.

Self-Organizing Life

We can understand the process of "self-organizing" as "life." To go through a process of artificial organization where we logically record our memories by highlighting certain parts of it is an experiential process. Turning this into a system makes us enter into conceptual inertia, so it is difficult to accept self-generated painting and self-organizing phenomena. Before Belousov-Zhabotinskii's BZ reaction was accepted, scientists turned up their noses at self-organizing phenomena. Regardless of whether it is BZ painting or the traditional mixing and matching of colors, they both utilize the chemical properties of color through different angles to achieve expression and communicate an aesthetic purpose. The difference between traditional painting and BZ painting lies in the fact that in the former, it is possible to directly control where it ends while the latter uses finite colors to continue to observe the process of natural reactions and its end result will always surpass our imaginings of chaos and beauty. As people have discovered that this self-organizing phenomenon is only a part of the natural movement of the universe, they are now utilizing this information.

Therefore, as the self-organizing phenomenon is a part of the natural movement of the universe, then the creation of art does not end with painting. Artists will perhaps find other ways to engage in the eternal movement of the universe; this is what we hope for the near future.

Fang Zhenning

Post-modern City August14th,2008

# 大观

## 张芳邨的BZ釉画艺术

2013年秋，张芳邨老师来艺术馆参观时，我们偶然相识。相谈甚欢，看了几幅他的釉上彩瓷板画，令我眼睛一亮。其用色之大胆及丰富的变化是我从未看过的，不像是在瓷板上所作的画。然而，作品构图张合度、色彩及色阶的丰富变化看起来却又那么自然舒适，一下将我带进一个没有任何束缚，可以放下身心的梦幻世界。

被张芳邨老师画作和其温文尔雅的风度所吸引，继而了解了一些我首次接触的BZ绘画艺术。BZ艺术及理论是张芳邨老师首创并提出的绘画界科技与艺术结合的产物，其在这一领域获得的专利见证了张芳邨老师在艺术探索中所付出的心血和取得的成就。BZ艺术作为绘画艺术的一个新流派，可以应用到多媒介的绘画艺术中，如油画、国画、水粉、瓷画等，这一重大变革或许会带来深远的影响。

在和张芳邨老师的交谈中，我甚感兴趣于他的创作思想。如果说他发明的专利使色彩更加绚丽的话，那是这个画派在科学技术上的突破。为什么整幅作品使人如置身茫茫宇宙中，而欲无穷无尽地遨游？如张芳邨老师所述，其创作过程中始终以满腔的爱与宇宙交流，正是在这种爱心与信念的作用下，从根本上解决了科技上（BZ绘画应用材料）的问题，进而促使艺术上达到意想不到的提升。

那么，在1300多度的窑温下，张芳邨的BZ艺术还能否应用到高温釉画呢？张芳邨老师说这正是他要攻克的一个课题。他此次来景德镇就是采集各项数据回京继续研究，来年秋以为期，再来创烧高温釉画。

光阴荏苒，这期间，已成为好友的我们亦曾数度联络，彼此关切。

2014年的深秋，张芳邨老师如约来到景德镇。经历几次釉色调配和创作试烧，终于迎来了出窑万彩的那一刻。一幅幅磅礴奇妙的釉画作品如天外来物般地令人惊叹，无以言表，无需言表，唯有放下身心，遨游于作品间，张芳邨老师的高温颜色釉瓷版画，打破了高温釉画颜色不相融的千年魔咒！给绚丽的色彩以新的活力！我甚至自私地想，BZ艺术是最适合釉画的，神奇的窑变不是给BZ艺术中的震荡和自组合原理提供了一个绝妙的世界吗？作为一名陶瓷研究者，我衷心地希望张芳邨老师的这一成果及早地转化应用，此乃陶瓷艺术界一大幸事也。

有感于此，赋诗以记之。

大观

宇宙之神奇，
造化于万一。
大地夫宏映，
生生者不息。

程仁发，男，1974年10月出生。国家文博馆员，景德镇陶瓷历史研究院院长。从事陶瓷文化艺术研究20余年，发表多篇论文论著，对现当代陶瓷文化艺术的交流传播做出过积极的努力。

## 艺术与科学的一场邂逅

每次看到芳邨的作品，总是被深深震撼，被一种极有境界的美所震撼。

每次见到芳邨本人，总是被深深吸引，被一种特别单纯的友善所吸引。

我一直把芳邨当一个画家，因为他的作品表现出了卓越的艺术才华。但我发现自己错了，因为当他给我解释BZ反应的时候，他俨然是一个科学家！当他运用BZ原理独创了BZ自组绘画的时候，我相信：他是一个发明家！他促成了艺术与科学的一场邂逅，用科学表达艺术，用艺术理解科学，完美结合的结果是如此惊艳！

芳邨的作品带来震撼，源于其境界。

## 首先是率真境界

艺术作品，贵在自然率真。庄子说“真者，精诚之至也”，不精不诚不能动人。绘画是从不同的角度，利用颜料的物理化学作用来表现和传达美。BZ绘画和传统绘画的区别在于，传统绘画是画家直接控制颜料停在哪里。而BZ绘画最奇妙的地方是元素之间的“自组织现象”，是画家让不同且有限的颜料，在画布上自由地流动渗透、遭遇交融，让它们在振荡中“自我组织”，吐纳天地精气，展现造化神功，从而产生混沌纯粹、自然和谐的境界。品鉴BZ艺术之美，一定能够深深地感受到这一份率真境界，体验到自然生成的真情实感，陶冶出至真至诚的超然心态。在超越世俗的静观品味中，享受到老子所推崇的“道法自然”的幽远玄妙，沉醉于庄子所描绘的“物我两忘”的自在逍遥。

## 第二是意趣境界

意境是中国艺术的美学追求。南北朝刘勰评说“既随物以宛转，亦与心而徘徊”，唐代张彦远提倡“外师造化，中得心源”，刘禹锡描述“境生象外”，司空图界定“超以象外，得其环中”，意境一直都是我们欣赏和品评艺术作品的标准。芳邨的BZ绘画真正洞察到了色彩生成、变化、合成的原理和机制，使艺术真正还原到天人合一、自然生成的境界，艺术家潜意识情感的发挥、心灵的介入和观念的主导，均以“物化”的形式由物理化学的自组织运动达到一种和谐与呈现。最后使非生命系统中的简单成分演化为一种复杂的模式和结构，形成我们难以想象、不可预计的壮美图画。这样的情景确实如明末王夫之证悟的“景者情之景，情者景之情”一样，是一种“心物一元”的奇妙意境。BZ艺术呈于象、感于目、会于心，通过纹彩流变，让人体悟到一种难以名状，妙不可言的情愫和感想。

## 第三是神妙境界

美术之“美”的超越，在于独具神韵、微妙玄通。中国人的美学取向，深受易、道、佛家思想的浸染，追求神妙的境界，或称“妙境”、“化境”。《易经》曰“阴阳不测谓之神”，老子说“故常无欲以观其妙”，“玄之又玄，众妙之门”，佛家将自修的最高境界称为“妙觉”。这是一种高深莫测的境界，是自然灵气恍惚而来，天地精神不思而至。

自组织现象是宇宙自然运动的一部分，被称为BZ反应的自组织现象是关于化学过程演化的科学。如果两种溶液相互融合，它们会自动产生美丽的、周期性变化的花纹，像钟摆一样作规则的时间振荡。芳邨在1997年画具象油画时发现和创造了BZ画法。他潜心探索研究十多年来完善这种画法。在绘画过程中，他把矿物质的颜料稀释到适当的程度，让各种颜料在画布上自然反应，呈现出色彩斑斓、肌理鲜活、混沌和谐的图案画面。这种画面神秘莫测、独一无二，堪称“神来之笔”，不可重复，更不可能产生所谓绘画中的赝品。从古代岩画到当代艺术无一不是表现事物的表象以及所谓的思想观念，而BZ艺术探索追求的是艺术自身的本源，和艺术在物理化学特性中所呈现出的自然演变结果，使艺术作品通过自组织现象完成“生命化”的过程。这种生命化就如清人郑板桥所说“画到精神飘没处，更无真相有真魂”。BZ绘画是有“真魂”的艺术！

这一场艺术与科学的惊艳邂逅，将留下遥远的回声！

——李逸龙

2015年6月4日

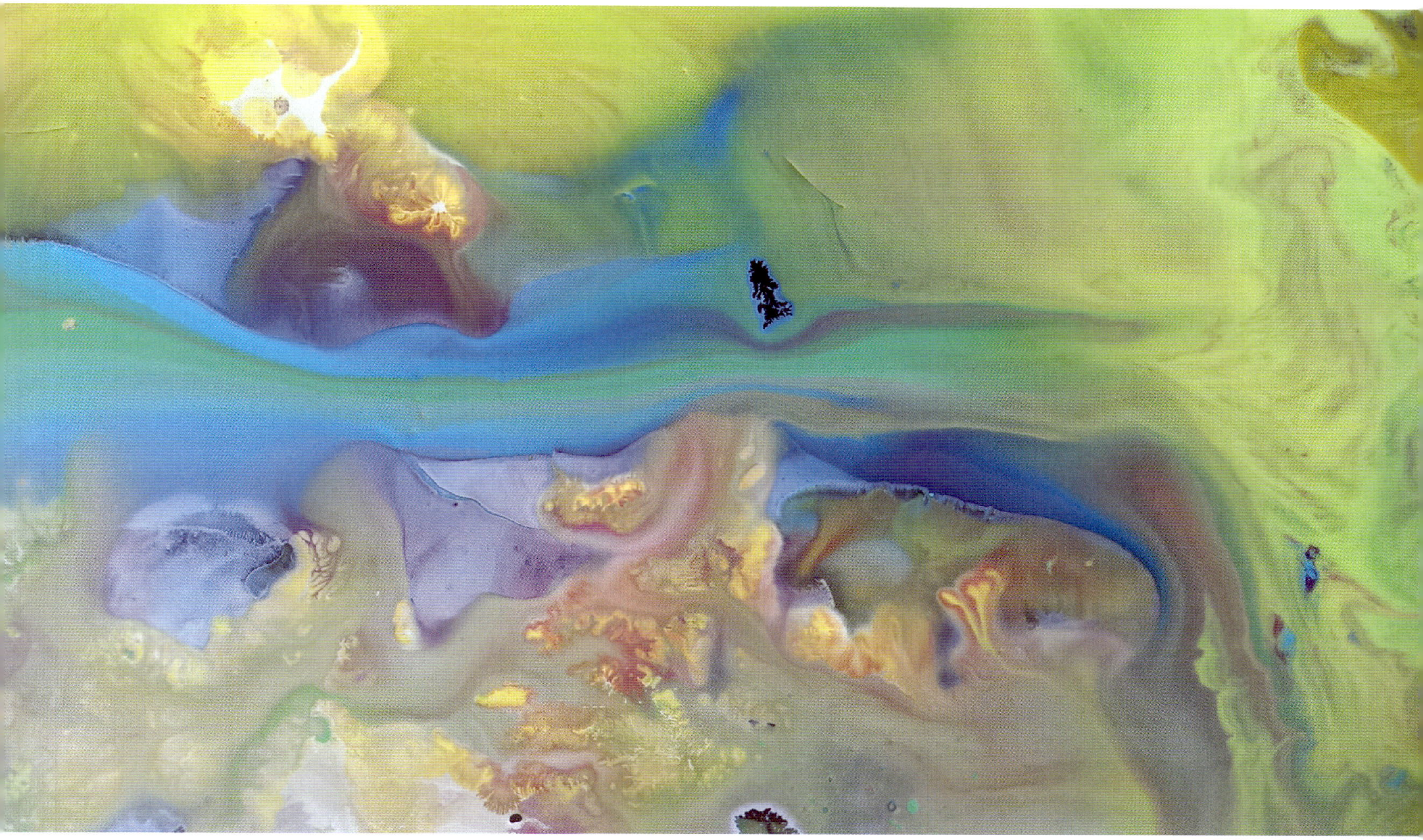

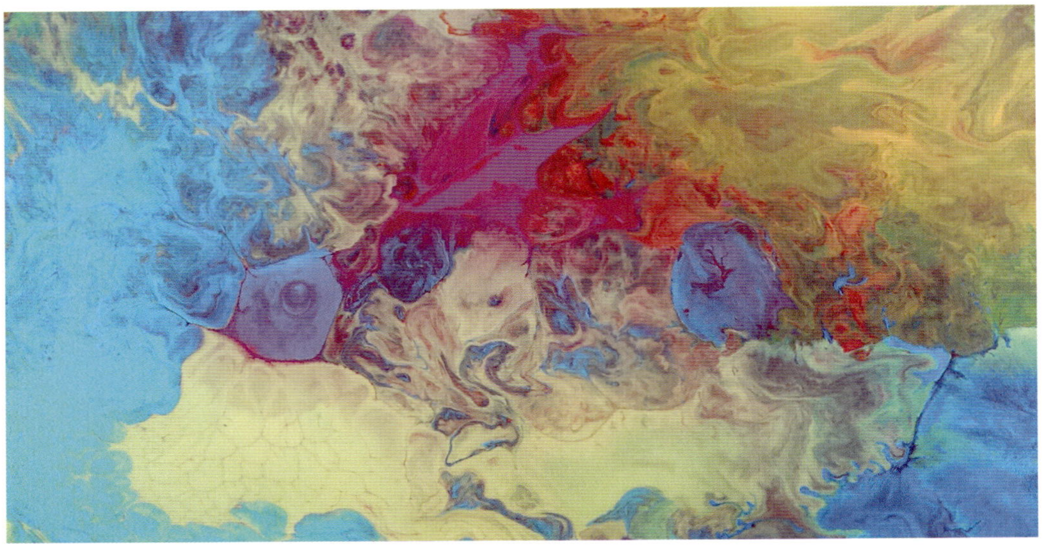

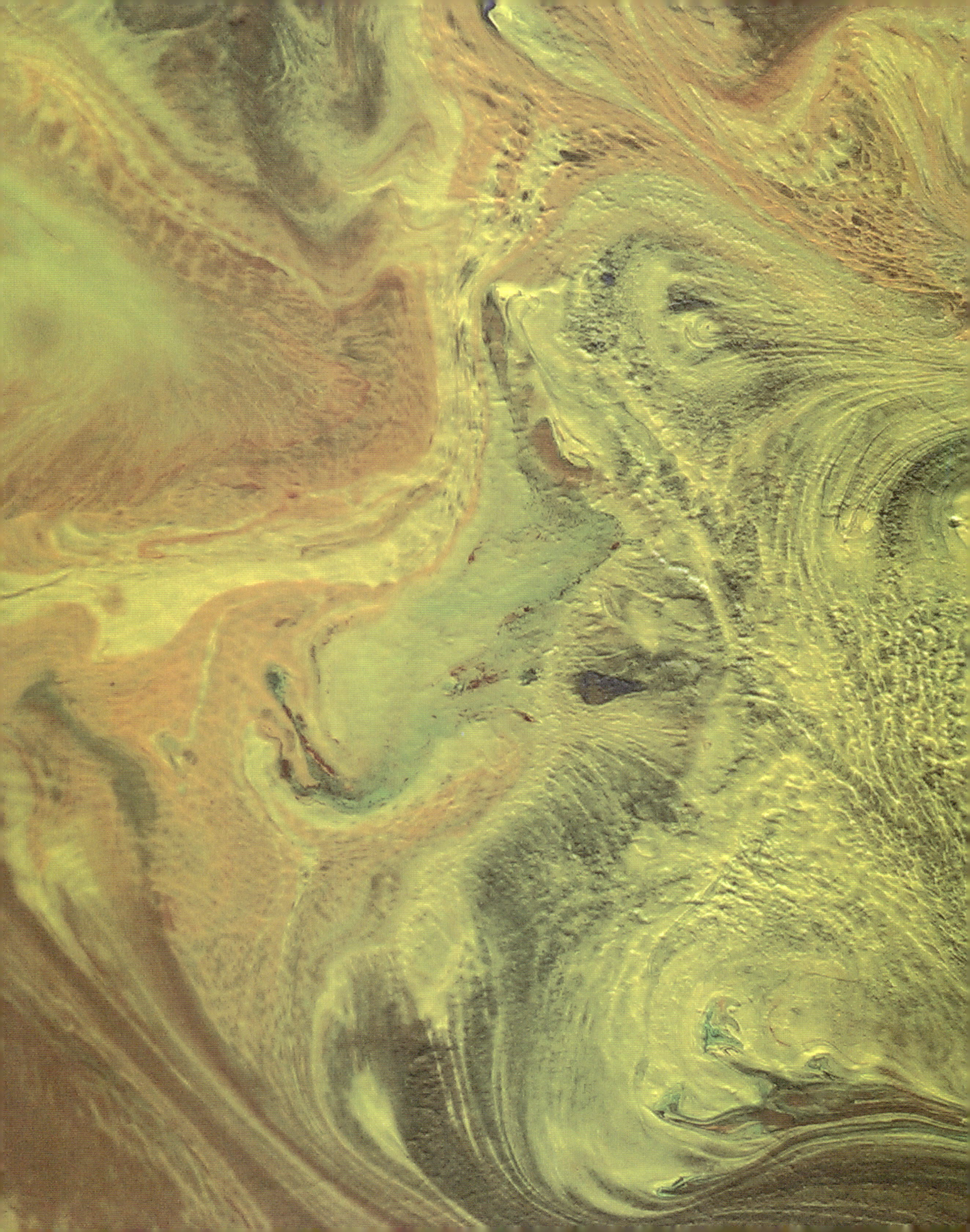

BZ 11号作品，有机玻璃，75cm×38cm，2015 年创作/局部

BZ 5 号作品，有机玻璃，75cm×38cm，2015 年创作/局部 ▶

BZ 1 号作品，有机玻璃，180cm×120cm，2015 年创作

BZ 2 号作品，有机玻璃，180cm×120cm，2015 年创作

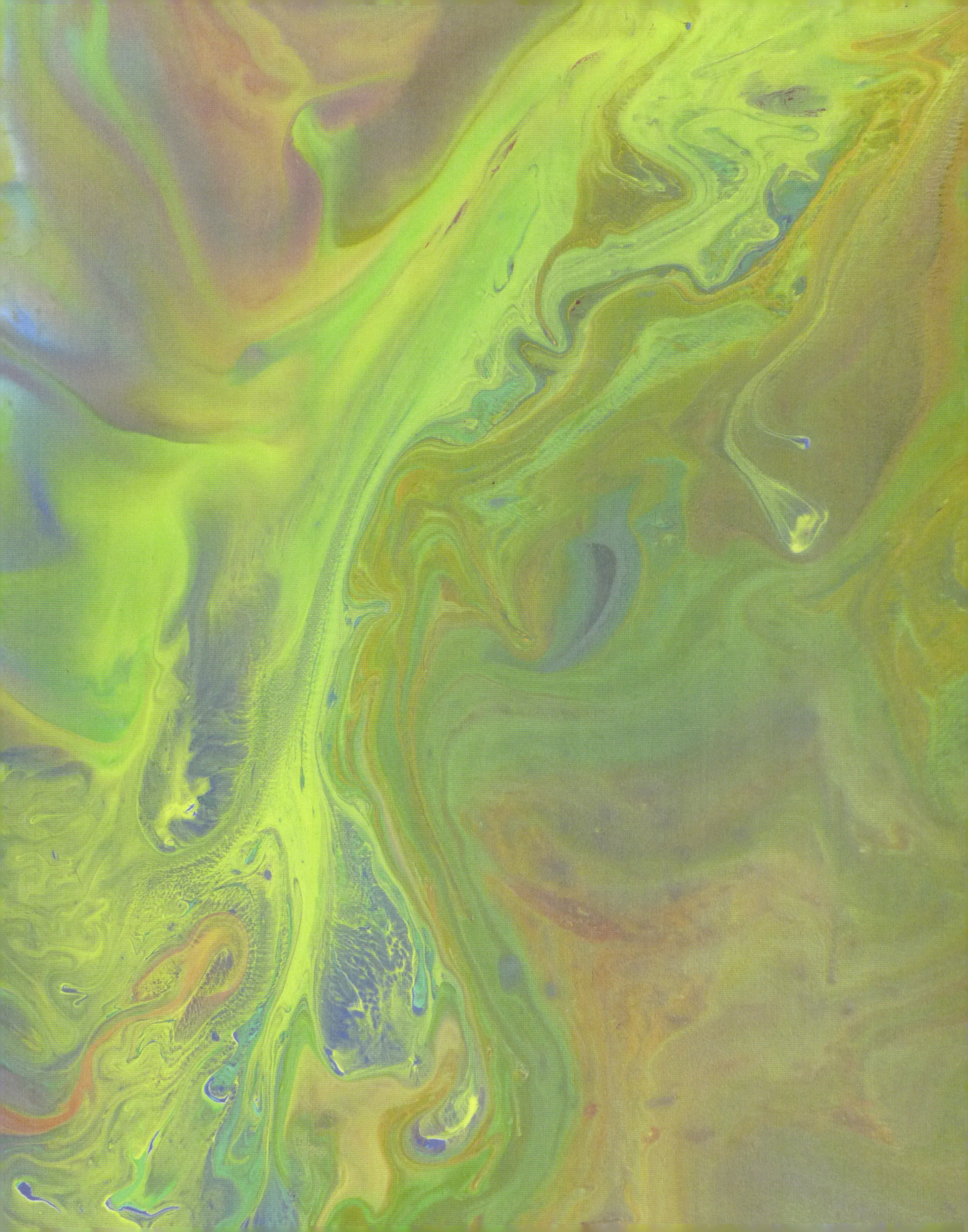

BZ 1 号作品 - 高温颜色釉瓷板画 - 170cm×84cm，2014 年创作／局部 ▲

BZ 有机玻璃组画共五幅 - 180cm×120cm，2015 年创作／局部 ▼

▲ BZ高温颜色釉瓷板画4号作品，170cm×84cm，2014年创作/局部

BZ 7 号作品，高温颜色釉瓷板画，170cm×84cm，2014 年创作/局部

BZ 9号作品，高温颜色釉瓷板画，170cm×84cm，2014 年创作/局部 ▶

▲ BZ高温颜色釉瓷板画7号作品，170cm×84cm，2014年创作

▲ BZ高温颜色釉瓷盘/瓶，2014年创作

▲ BZ高温颜色釉瓷瓶，2014年创作

▲ BZ釉上彩瓷板画-c1/c9/c8/c7号作品，55cm×55cm，2013年创作

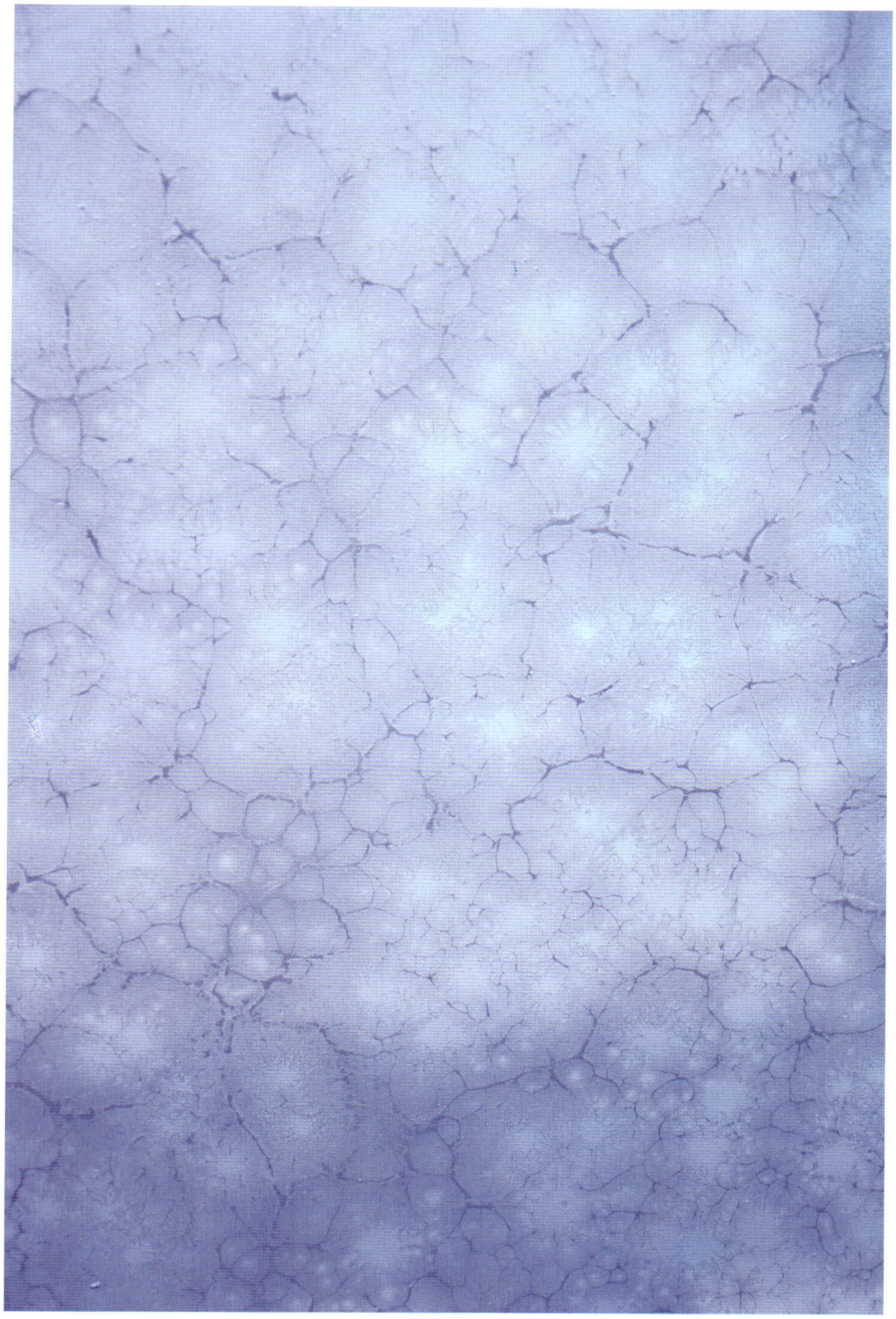

▲ BZ画布-宇宙中闪耀着的蓝宝石裂变80cm×100cm,2008年创作

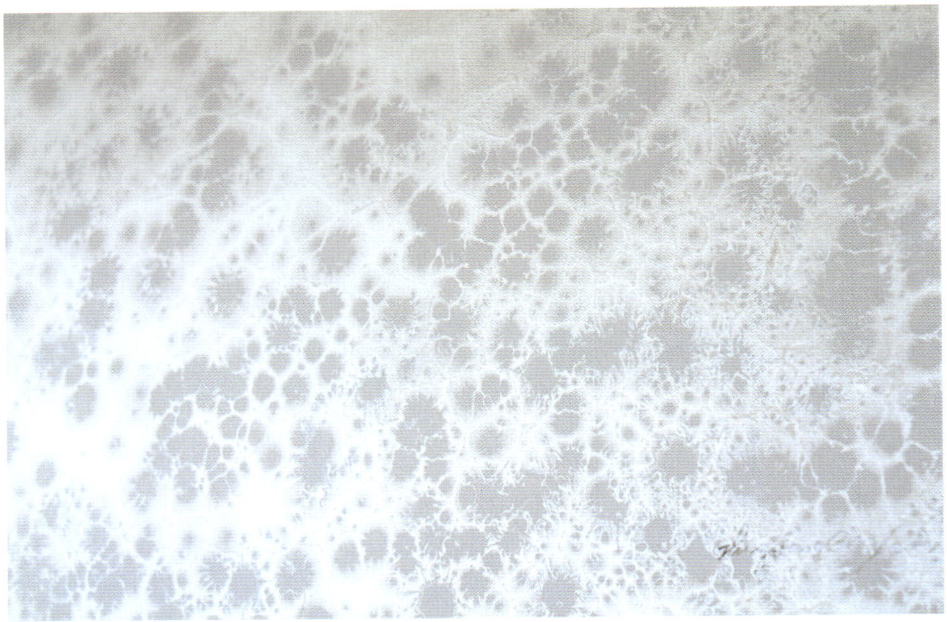

▲ BZ画布-12神奇宇宙孕育出的高能量宇宙细胞核130cm×80cm,2008年创作

▲ BZ,画布1,120cm×100cm,2012年创作

▲ BZ,画布,120cm×100cm,2012年创作

▲ BZ,画布,92cm×70cm,2012年创作.

▼ BZ宣纸画 作品局部 2014创作

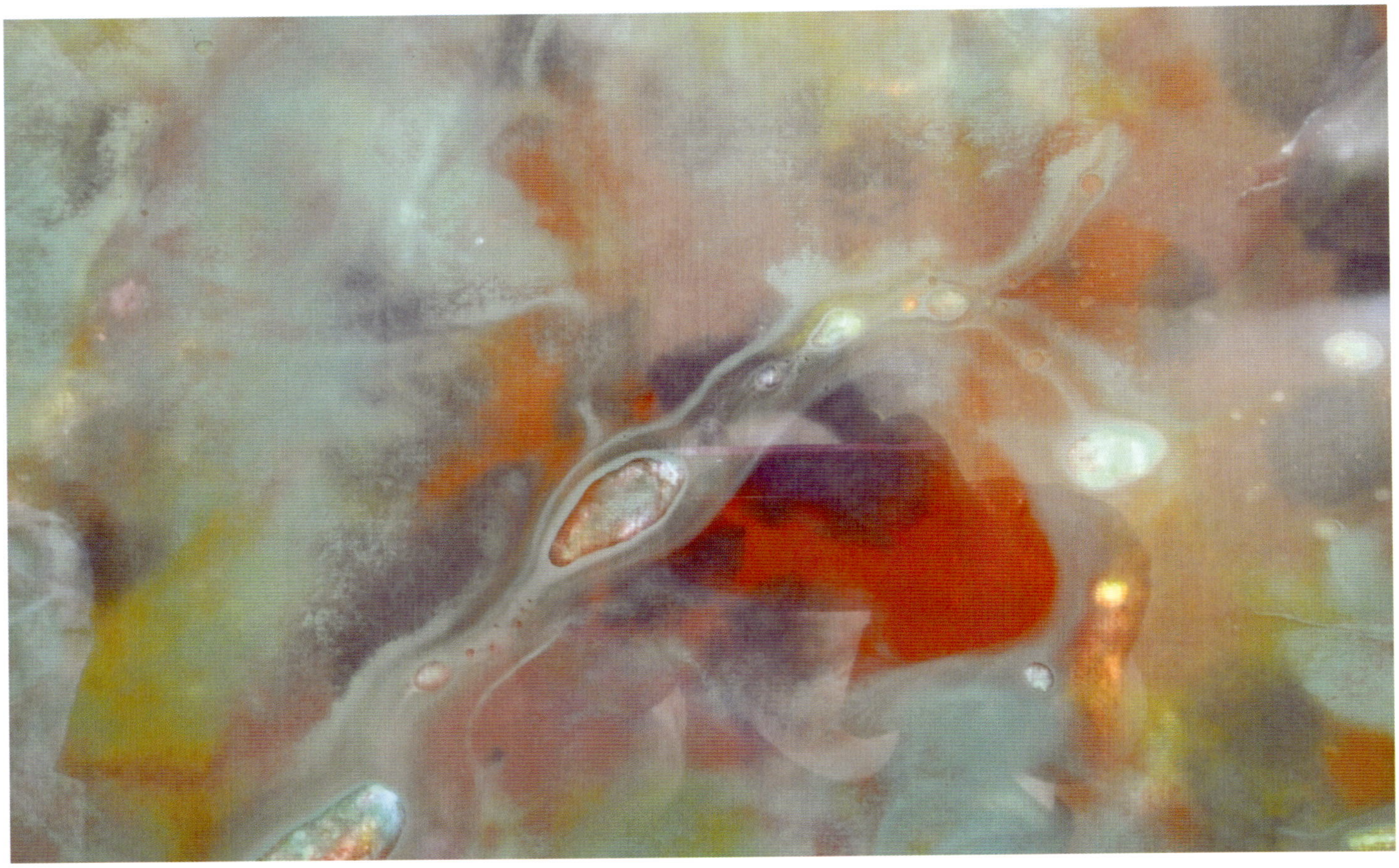

▲ BZ宣纸画7号作品局部  140cm×80cm 2014创作

▲ BZ宣纸画,物维空间宇宙粒子碰撞时所产生的各个时区 180cm×95cm 2014创作/局部